全过程工程咨询
数字化转型探索

Digital Transformation in the Whole Process Engineering Consultation

主　编　姚佳丽　朱剑锋　蒋廷令　严国飞　董永贤
组织编写　五洲工程顾问集团有限公司
　　　　　浙江科技学院

中国建筑工业出版社

图书在版编目（CIP）数据

全过程工程咨询数字化转型探索 = Digital Transformation in the Whole Process Engineering Consultation / 姚佳丽等主编；五洲工程顾问集团有限公司，浙江科技学院组织编写. — 北京：中国建筑工业出版社，2022.9

ISBN 978-7-112-28053-7

Ⅰ.①全… Ⅱ.①姚…②五…③浙… Ⅲ.①建筑工程—咨询服务—研究 Ⅳ.①F407.9

中国版本图书馆CIP数据核字（2022）第200360号

责任编辑：朱晓瑜　张智芊
责任校对：张辰双

全过程工程咨询数字化转型探索
Digital Transformation in the Whole Process Engineering Consultation
主　　编　姚佳丽　朱剑锋　蒋廷令　严国飞　董永贤
组织编写　五洲工程顾问集团有限公司
　　　　　浙江科技学院

*

中国建筑工业出版社出版、发行（北京海淀三里河路9号）
各地新华书店、建筑书店经销
北京锋尚制版有限公司制版
北京云浩印刷有限责任公司印刷

*

开本：787毫米×1092毫米　1/16　印张：20　插页：1　字数：380千字
2022年12月第一版　　2022年12月第一次印刷
定价：**75.00**元
ISBN 978-7-112-28053-7
（40157）

版权所有　翻印必究
如有印装质量问题，可寄本社图书出版中心退换
（邮政编码100037）

本书编委会

主　　编：姚佳丽　朱剑锋　蒋廷令　严国飞　董永贤

副主编：钟　敏　鲁　嘉　孙　勇　戴　琰　徐　佳
　　　　项庆辉

组织编写：五洲工程顾问集团有限公司
　　　　　浙江科技学院

编委人员：汪正清　杨　浩　郑琪琦　陶燕丽　陈洪祥
　　　　　丁康俊　吴　华　钟加晨　孔勃文

前言

全过程工程咨询作为业主侧的项目集成管理模式,改变了以往要素碎片化、目标难统一的困境,成为引领并统筹其他工程参与方的主线,为实现项目管理从注重工程实施阶段转向注重工程全生命周期创造了必要条件,符合供给侧结构性改革的指导思想,有利于革除影响行业前进的深层次结构性矛盾、提升行业集中度,有利于集聚和培育适应新形势的新型建筑服务企业,也有利于加快我国建设模式与国际建设管理服务方式的接轨。然而,目前全过程工程咨询行业存在整体性服务能力不强、系统化管理落实不足、信息化普及程度差等诸多问题,其涉及要素盘根错节,牵一发而动全身。而随着国内外加速推动数字经济发展、各行各业进入数字化转型的大趋势下,工程建设行业已迎来数字化变革的重大契机。在此背景下,亟需通过数字化建设创新咨询组织实施模式,将业务、应用、数据、技术等领域紧密关联结合,对市场做出快速、正确响应,推动工程咨询由"碎片化"向"全过程"直至"数字化全过程"的大力发展,为全过程工程咨询转型提供一条有效路径。鉴于目前国内外关于全过程工程咨询数字化转型的书籍极为匮乏,五洲工程顾问集团有限公司根据自身在全咨行业数字化建设方面的多年规划、构思与探索,结合浙江科技学院在工程建设领域数字化建设方面的科研成果,编写了《全过程工程咨询数字化转型探索》一书,可为全过程工程咨询数字化转型发展路径提供重要依据和有效参考。

本书在编写时针对全过程工程咨询的特点和发展瓶颈,结合数字化建设的优势，论证了全过程工程咨询数字化转型的必要性，介绍了全过程工程咨询各阶段的主要内容，构建了基于数字化的全过程工程咨询基本框架，对全咨数据中的通用数据和流式数据进行采集、储存、计算，进而提供相应的数据服务，形成全咨数据资产，对其开展分析整合，按照全过程咨询的标准体系进行数据管控，构建了全咨数据资产价值评估模型，开展全咨数据资产运营、数据服务和咨询赋能，以期实现全咨数字化转型目标。本书最后以五洲工程顾问集团有限公司全过程工程咨询数字化建设为例，系统介绍了其数字化转型的时代背景、历程、天目数智全咨平台建设概况、应用成效及升级规划，具有较强的系统性、实践性、可操作性及较好的参考价值。

本书由五洲工程顾问集团有限公司和浙江科技学院组织编写，由姚佳丽、朱剑锋、蒋廷令、严国飞、董永贤担任主编，负责本书的整体章节策划和内容安排，并对全书编制进行统筹主导。全书共分6章，章节结构如下：第1章，概述了全过程工程咨询业务发展的背景，论证了全咨数字化建设的必要性；第2章，详细介绍了全咨各阶段内容；第3章，系统性地介绍了数字化全过程工程咨询平台规划、支撑体系和标准体系；第4章，重点介绍了全过程工程咨询数据架构的设计框架、支撑体系与标准体系；第5章，重点分析了全过程工程咨询的数字资产；第6章，分析了五洲工程顾问集团全过程工程咨询数字化转型案例。

书中引用了许多咨询企业、高校院所、科研单位、工业企业的研究成果和工程实例。在成书过程中，五洲工程顾问集团有限公司的钟敏、鲁嘉、孙勇、戴琰、徐佳、项庆辉在资料整合、调研分析、案例编写等方面开展了大量工作。此外，浙江科技学院土木与建筑工程学院的陶燕丽博士及研究生杨浩、汪正清和郑琪琦在文献搜索、组稿、绘图、校稿等方面提供了有效支持，在此一并表示感谢！

全过程工程咨询数字化转型方面的探索还很少，理论体系与实践均不完善。同时，受限编者知识、资料与时间，本书还存在许多不足之处，有待进一步完善。本书旨在抛砖引玉，引起行业对全过程工程咨询数字化转型的关注，促进全过程工程咨询数字化建设相关研究。敬请各位专家、同行批评指正，不吝指出书中错谬，编者将不胜感激！

目 录

1 绪论 ··· 1
  1.1 全过程工程咨询概述 ·· 2
  1.2 数字化建设概述 ·· 15
  1.3 全过程工程咨询存在的问题 ··································· 19
  1.4 全过程工程咨询数字化建设的必要性 ······················ 21
  1.5 本章小结 ··· 23

2 全过程工程咨询的内容 ·· 25
  2.1 总控阶段工程咨询概述 ··· 26
  2.2 前期策划阶段工程咨询 ··· 30
  2.3 设计阶段的工程咨询 ·· 35
  2.4 报批报建阶段的工程咨询 ······································ 50
  2.5 招标采购阶段的工程咨询 ······································ 55
  2.6 投资管理阶段的工程咨询 ······································ 61
  2.7 现场管理阶段工程咨询 ··· 72
  2.8 项目进度管理工程咨询 ··· 80
  2.9 信息与文档管理工程咨询 ······································ 84
  2.10 竣工交付及运维管理 ··· 86
  2.11 本章小结 ·· 93

3 基于数字化全过程工程咨询基本框架 …… 95
3.1 数字化全过程工程咨询平台规划 …… 96
3.2 数字化全过程工程咨询支撑体系 …… 100
3.3 数字化全过程工程咨询标准体系 …… 130
3.4 本章小结 …… 133

4 全过程工程咨询数据架构 …… 135
4.1 全过程工程咨询数据架构概述 …… 136
4.2 全过程工程咨询数据采集 …… 152
4.3 全过程工程咨询数据存储 …… 152
4.4 全过程工程咨询数据计算 …… 153
4.5 全过程工程咨询数据服务 …… 154
4.6 本章小结 …… 156

5 全过程工程咨询数据资产 …… 157
5.1 全过程工程咨询数据资产的概念 …… 158
5.2 决策阶段数据资产 …… 162
5.3 设计阶段数据资产 …… 165
5.4 发承包阶段咨询数据资产 …… 169
5.5 竣工验收阶段数据资产 …… 177
5.6 运营阶段数据资产 …… 184
5.7 全过程工程咨询数字管控 …… 194
5.8 全过程工程咨询数据资产价值评估 …… 229
5.9 全过程工程咨询数字运营应用 …… 237
5.10 本章小结 …… 252

6 案例分析——五洲工程顾问集团有限公司全过程工程咨询数字化转型 ·········· 253

6.1 五洲工程顾问集团全过程工程咨询数字化平台转型背景 ·········· 254
6.2 五洲工程顾问集团数字化转型历程 ·········· 259
6.3 五洲工程顾问集团数字化平台建设 ·········· 266
6.4 五洲工程顾问集团全过程工程咨询数字平台应用成效 ··· 294
6.5 五洲工程顾问集团数字化平台迭代升级规划 ·········· 302
6.6 本章小结 ·········· 307

参考文献 ·········· 308

1 绪 论

1.1 全过程工程咨询概述

1.2 数字化建设概述

1.3 全过程工程咨询存在的问题

1.4 全过程工程咨询数字化建设的必要性

1.5 本章小结

1.1 全过程工程咨询概述

1.1.1 全过程工程咨询产生的时代背景

1. 国内外工程咨询行业发展历史

（1）国外工程咨询行业发展历史。工程咨询诞生于18世纪末19世纪初的第一次产业革命，主要是一部分工程师凭借自身的专业技能和丰富的经验专门提供建筑工程咨询的服务。此后，随着从事工程咨询人数的逐渐增多，建筑领域开始出现了行会组织：1904年，丹麦首次成立了国家咨询工程师协会，随后美国、英国、比利时、法国、瑞士等国家的工程咨询协会也如雨后春笋般先后成立；1913年，国际咨询工程师联合会的成立标志着工程咨询已经成为一个独立行业。第二次世界大战以后，工程咨询业从专业咨询发展到综合咨询，从工程技术咨询发展到战略咨询，从国内咨询发展到国际咨询。同时，也出现了一批著名的工程咨询公司，如福陆公司（FLUOR）、柏克德公司（Bechel）、奥雅纳工程顾问公司（ARUP）等。20世纪50年代，信息技术的产生和发展掀起了第三次产业革命的热潮，促进了工程咨询业的进一步演进，各行各业使用工程咨询越来越普遍，促使工程咨询业在数量和规模上均出现了新的飞跃。此外，由于经济的发展越来越突破民族经济和地缘经济的概念而变得日趋国际化，工程咨询也逐步走向国际化。随着国际经济技术交流与合作不断加强，发展中国家的工程咨询业也迅速崛起，并吸引了AECOM（艾奕康）、SWECO（斯维可）、福陆公司、BV（必维）、柏克德等一大批国际工程咨询企业进驻我国。

（2）我国工程咨询业始于20世纪80年代初期。1992年，我国工程咨询协会的成立及1994年《工程咨询业管理暂行办法》的颁布标志着我国工程咨询行业正式形成；2002年，人事部、国家计划委员会决定对长期从事工程咨询工作、具有较高知识技术水平和丰富实践经验的人员，进行注册咨询工程师（投资）执业资格的认定工作；2005年，国家发展和改革委员会颁布实施《工程咨询单位资格认定办法》，并首次将工程咨询单位资格认定纳入行政许可；2008年，国家发展和改革委员会编制印发的第一个工程咨询业发展纲要——《工程咨询业2010—2015年发展规划纲要》，标志着一个法律法规、运行制度日益完善的行业发展态势和政府指导、行业自律、市场运作的工程咨询市场正在形成；2010年，国际咨询工程师联合会和我国工程咨询协会共同正式启动了FIDIC工程师培训和认证试点工作，进一步加快了我国工程咨询行业的国际化进程；2012年，工程咨询行业成为国家鼓励类产业目录并被列入《服务业发展"十二五"规划》；2016年，我国工程咨询协会在出台的《工程咨询业2016—2020年发展规划》中提出了工程咨询行业发展的总体要求、具体内容和政策措施建议。经过40余年的发展和积累，工程咨询产业化、工程咨询单位市场化步伐明显加快，行业规模显著扩大，人员素质不断提高，服务质量和水平稳步提升，已形成具有鲜明特色的管理咨询模式。

2. 传统工程咨询行业存在的问题

传统的工程咨询模式是以项目的建设进度需求分别委托各阶段所需的咨询单位，从项目启动开始，包括项目决策阶段、设计阶段、施工准备阶段、施工阶段、保修阶段、运营维护阶段，过程中所对应的是投资策划、立项核准、可行性研究报告审批、勘察设计咨询、绿色建筑咨询、建筑信息模型（BIM）服务、施工图概预算、招标采购、工程监理、项目管理等。传统分段式工程咨询行业存在的问题主要体现在以下三个方面。

（1）质量难以得到保障。

传统工程咨询模式都是将项目质量、进度、投资、计划等目标分阶段落实到每个单一咨询个体，每个单位的规范与标准都是独立的，存在较大的差异性。而作为参与整个建设生命周期的建设方，并不足以将其串联和统一，这就导致了咨询服务的局限性，固有模式使项目管理不得不割裂开来。由于一个项目除五方责任主体外，还有各阶段纷繁复杂的服务单位，所以通常会导致项目的沟通不顺畅和信息不对称，以致整个建设项目缺少统一的计划和控制系统，进而使项目衔接不到位，业主也因此无法得到贯穿项目全生命周期的整体咨询服务，同时受招标投标政策影响，业主还不得不接受小微企业的中标，使服务质量更加无法得到保障。

（2）先进管理手段比较欠缺。

以项目为主导的临时项目机构仍是多数建设项目业主的主要管理模式，这种模式具有一次性、临时性、不稳定性的特点。首先，临时组建的组织机构并不能确定是否胜任项目的管理，项目管理人员大多不是工程管理的专业人士，对项目建设流程、关键阶段把控、招标投标程序、法律法规等项目建设的必要专业掌握较少，更不要说投融资、设计策划等领域；其次，项目管理人员即使具备相应的管理知识，也建立了相应的管理制度与作业手册，但临时组建的团队往往也会因成员间缺少默契使管理决策迟缓甚至产生矛盾或冲突；最后，项目管理者经验匮乏以及缺乏先进的管理手段也制约了项目管理的品质，经常伴随着项目的质量、安全、超投资等风险。

（3）咨询单位风险承担能力弱。

在项目的全生命周期建设过程中，投资决策、功能需求、施工工艺等因素均可能出现重大的损失，而一些隐性的损失往往比可见的更大。由此可见，咨询单位的意见至关重要。如按阶段性的分散式委托，咨询单位受合同限制，没有为结果负责的职责和能力，同时承担过失赔偿的能力有限，使因咨询单位导致的过失往往需建设方埋单，或产生的隐性损失根本无从追责。

随着市场的发展，"项目代建+专业咨询"的管理模式越来越多地被业主接受并应用，以期望专业的代建咨询单位能弥补业主在管理过程中的不足。但从市场实践来看，在传统咨询模式下，咨询方和建设方之间增加了一个代建方，代建咨询单位缺少管理的自主性，反而因沟通不及时、不顺畅造成信息的准确性在传递过程中发生严重衰减，业主、代建方与其他咨询单位在管理中并不站在同一个角度，甚至有时还是博弈关系，所以没有从根本上解决传统模式分段式和咨询局限性的问题，大多数咨询单位陷入固有的服务模式中，市场的需求得不到满足，价值越来越少，价格越来越低，形成恶性循环，做大做强成了"橡皮图章"，不仅制约了行业的发展，还给业主方的工程管理造成以下混乱。

①各咨询单位对项目理解不一致。不同的利益诉求与矛盾，导致建设目标的不统一，缺乏协调运行和系统化管理。业主方往往需开展大量协调工作，导致管理协调事倍功半，并且往往无法取得预期效果。

②工作界面划分模糊，存在"信息孤岛"、资源使用重叠、管理真空等现象，一旦出现追责，各方就会频繁争论并推诿责任，让业主无法区分责任，最后损失往往由业主埋单。

③项目建设信息多渠道发散容易泄露，使得业主招标工作极为被动，各利益方的博弈，往往会让业主处于尴尬地位。

④项目缺乏整体规划。项目在整个建设过程中经常有许多问题在建设后期才会暴露，此时再进行弥补往往会造成工期延后、投资亏损等诸多现象，甚至造成无法挽回的损失。

近年来，随着建筑行业简政放权改革，提高了行政审批效率，进一步简化了工程建设企业资质，优化、取消一批建筑咨询资质等系列举措得到实施，使得建筑咨询企业数量急剧增加，竞争更加激烈。同时，国家取消各地区、各行业在规定外对建筑业企业设置的不合理准入条件，打破区域市场准入壁垒，加快了国外大型咨询企业在国内市场的发展速度；而国内咨询企业失去了政府指导价格的保护，缺少议价能力，人才的流失也极大地影响咨询企业的水平，往往与国外咨询企业在大型项目的竞争中劣势凸显。因此，亟须发展一种新的工程咨询模式来适应国内外激烈竞争的需要。

3. 全过程工程咨询的诞生

针对传统建筑业能耗大、成本高、效率低等粗放型增长的特点，集约型经济增长方式的能耗和成本均较低,投资效益和质量能得到进一步提升。实现建筑业集约型经济增长方式的重要途径之一是通过建设项目的全过程集约化管理,实现投资决策科学化、实施过程标准化、运营过程精细化,于是全过程工程咨询行业应运而生。

如图1-1所示,全过程工程咨询是将项目策划、投融资服务、可行性研究分析、设计地勘、项目管理、招标采购、造价审计、工程监理、资产运营及管理等全流程业务整合起来,以全流程业务链覆盖建设项目全生命周期,凭借专业化、综合性工程管理实力为业主提供全过程、全委托的一种工程咨询。建设方或投资方根据工程项目特点和自身需求,可以将项目实施总体策划、投融资咨询、立项核准、可研批复等前期咨询、报批报建管理、合约管理、勘察管理、规划及设计、设计优化、工程监理、招标采购、造价审计、验收移交、运营管理等全部或部分业务一并委托给一个咨询企业。全过程工程咨询的提出,转变了建筑业经济增长方式,促进了工程建设实施组织方式变革,提高了项目投资决策科学性,增加了投资效益并确保了工程质量。

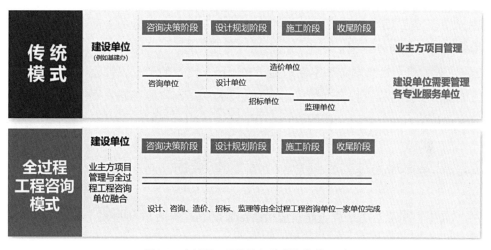

图1-1 全过程工程咨询与传统咨询的区别

于是,培育一批具有国际化高水平,提供集约化、专业化的综合大型全过程工程咨询企业,是推进我国建筑咨询业持续健康发展的首要目标和主要任务。2017年2月,国务院办公厅印发《关于促进建筑业持续健康发展的意见》(国办发〔2017〕19号);同年4月,住房和城乡建设部印发《建筑业发展"十三五"规划》(以下简称《规划》)。这两份文件先后对培育全过程工程咨询指明了方向,鼓励投资咨询、勘察、设计、监理、招标代理、造价等企业采取联合经营、并购重组等方式发展全过程工程咨询,同时明确了全过程工程咨询是完善工程建设组织模式的重要组成部分。国内大型咨询企业受行业传统建筑咨询组织模式的制约，只能提供分散式的咨询，与国际先进的咨询模式相比，缺乏充分的竞争力。2017年5月、2018年3月和2019年3月，住房和城乡建设部等部门先后出台了《关于开展全过程工程咨询试点工作的通知》（建市〔2017〕101号）文件、《关于征求推进全过程工程咨询服务发展的指导意见（征求意见稿）和建设工程咨询服务合同示范文本（征求意见稿）意见的函》（建市监函〔2018〕9号）文件、《关于推进全过程工程咨询服务发展的指导意见》（发改投资规〔2019〕515号），以及紧跟其后各省、市出台的相关文件，进一步明确全过程工程咨询模式具体管理办法和实施细则。

全过程工程咨询企业目前主要有两种形式：一是由一家咨询企业实施；二是由多家具备不同专业优势的咨询企业形成联合体实施。根据《全过程工程咨询指导意见》规定，国家鼓励投资咨询、招标代理、勘察、设计、监理、造价、项目管理等企业，采取联合经营、并购重组等方式发展全过程工程咨询。从相关统计年鉴可以看到，2018年，我国全年全国固定资产投资（不含农户）635636亿元，比上年增长5.9%，我国全行业发展水平已经达到全球平均发展水平所应当具备的规模。同年我国工程咨询行业总收入约为7000亿元，发展水平明显有所欠缺。"十三五"期间，我国固定资产投资增速有所放慢，但是工程咨询行业发展稳步增长，但与发达国家相比，差距仍然明显，提升空间仍然很大。随着PPP、BOP、EPC等项目管理方法不断地提出和发展，传统的工程咨询已经满足不了业主的要求。全过程工程咨询模式为咨询企业指明了与国际接轨发展的方向，可助力企业转型升级，增强企业的综合实力。

1.1.2 全过程工程咨询概念

《国务院办公厅关于促进建筑业持续健康发展的意见》（国办发〔2017〕19号）明确提出："加快推行工程总承包和培育全过程工程咨询"；住房和城乡建设部在发布的《工程勘察设计行业发展"十三五"规划》中再次明确：培育全过程工程咨询。住房和城乡建设部《关于征求推进全过程工程咨询服务发展的指导意见（征求意见稿）和建设工程咨询服务合同示范文本（征求意见稿）意见的函》（建市监函〔2018〕9号）对全过程工程咨询作出定义：全过程工程咨询是对工程建设项目前期研究和决策以及工程项目实施和运行（或称运营）的全生命周期提供包含设计和规划在内的涉及组织、管理、经济和技术等各有关方面的工程咨询。全过程工程咨询可采用多种组织方式，为项目决策、实施和运营持续提供局部或整体解决方案。

2019年，国家发展改革委、住房和城乡建设部联合印发《关于推进全过程工程咨询服务发展的指导意见》(发改投资规〔2019〕515号),提出在房屋建筑和市政基础设施领域推进全过程工程咨询,针对项目决策和建设实施两个阶段,重点培育投资决策综合性咨询和工程建设全过程工程咨询企业,为推进全过程工程咨询指明了发展方向和实施路径。

全过程工程咨询主要包括投资决策综合性咨询、工程建设全过程工程咨询和项目运营咨询三个阶段(图1-2)。

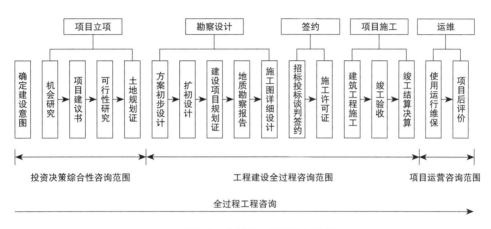

图1-2 全过程工程咨询各阶段

1. 投资决策综合性咨询

投资决策综合性咨询是指综合性工程咨询单位接受投资者委托,就投资项目的市场、技术、经济、生态环境、能源、资源、安全等影响可行性的要素,结合国家、地区、行业发展规划及相关重大专项建设规划、产业政策、技术标准及相关审批要求进行分析研究和论证,为投资者提供决策依据和建议。投资决策综合性咨询可由工程咨询单位采取市场合作、委托专业服务等方式牵头提供,或由其会同具备相应资格的咨询机构联合提供。

2. 工程建设全过程工程咨询

工程建设全过程工程咨询是指咨询单位提供招标代理、勘察、设计、监理、造价、项目管理等全过程工程咨询,满足建设单位一体化服务需求,增强工程建设过程的协同性。全过程工程咨询单位应当以工程质量和安全为前提,帮助建设单位提高建设效率、节约建设资金。工程建设全过程工程咨询单位提供勘察、设计、监理或造价咨询服务时,应当具有与工程规模及委托内容相适应的资质条件。工程建设全过程工程咨询项目负责人应当取得工程建设类注册执业资格且具有工程类、工程经济类高级职称,并具有类似的工程经验。工程建设全过程工程咨询中承担工程勘察、设计、监理或造价咨询业务的负责人,应具有法律法规规定的相应执业资格。

3. 项目运营咨询

项目运营咨询是指咨询单位结合运营维保情况对建设项目进行评价，判断其是否属于优质建设项目，实现决策阶段设定的建设目标，将运营人的运营需求进行总结，并反馈到下一个项目的决策阶段，为建设项目的前期决策提供依据。

1.1.3 全过程工程咨询范围与主要内容

全过程工程咨询的主要内容包括投资咨询、勘察设计、招标代理、施工监理、造价咨询、项目管理等；其范围包括项目前期投资决策阶段、工程建设阶段和项目运维阶段。

投资决策综合性咨询的时间范围是从建设意图产生到项目立项这一过程。具体内容可以分为三类：一是项目咨询类，主要是发展改革委员会、财政等政府部门的程序审批文件编制，包括项目建议书、可行性研究报告、项目申请报告、资金申请报告、PPP项目立项一方案两论证等。二是规划咨询类，有些项目会通过规划的形式进行项目论证、代替机会研究与项目建议书等，如总体规划、专项规划、区域规划及行业规划等的编制与管理。三是策划研究类，对一些影响项目决策的重大事项，只单纯依靠可行性研究等是不能满足决策需求的，而需要开展专题策划或研究，如项目决策策划、投融资策划、运营策划与风险分析报告等。

工程建设全过程工程咨询是以工程建设环节为重点推进全过程工程咨询，包括招标代理、勘察、设计、监理、造价、项目管理等咨询，满足建设单位一体化需求，增强工程建设过程的协同性。在工程建设全过程平台上，统一控制工程质量、进度和效益。此阶段主要以工程建设实施、工程技术和管理为咨询的主要内容。

项目运维全过程工程咨询是评估该项目是否达到投资人目标、是否实现较高的经济效益。全过程工程咨询企业收集客户需求和意见，为后续项目的顺利运营提供经验。与此同时，全过程工程咨询企业负责为使用者解答项目功能、作用和注意事项，以及解决客户的各种问题。此阶段的主要内容主要包括项目交付后评估、项目效益评价、设施管理、资产管理等。

1.1.4 全过程工程咨询的原则与目标

1. 全过程工程咨询的角色定位

全过程工程咨询的内涵可以理解为"1+N+X"。其中，"1+N"是指业主方项目,"1"包含的内容有项目统筹总控管理、项目策划、控制、组织、协调等内容;"N"是指项目管理中专业管理板块,如设计管理、投资管理、采购合约管理、风险管理、信息管理等;"X"是指单项咨询的实施业务,通常可以包含可行性研究、环评等各类专项咨询报告、设计、招标代理、造价咨询、工程监理、BIM专项咨询。业主方根据项目的规模、重难点以及自身管理能力的实际情况,考虑"X"的范围和工作内容。通常项目采用的常见"X"工作内容有招标代理、造价咨询和工程监理。

全过程工程咨询的"1+N"就是"业主方项目管理的补充"。该模式是为了帮助业主方提升项目管理,而不是代替业主方进行项目管理。大多数的全过程工程咨询模式都是由业主的项目管理团队和咨询方的项目管理团队实现融合式的管理机构,有适当的界面分工,更多的是融合成一个完整的项目管理整体系统于项目。

(1) 业主项目管理

①业主项目管理概念。在建设工程项目的全生命周期内,不同阶段的任务往往由不同参与单位完成,而各单位工作性质、任务和利益不同,于是形成不同目标类型的项目管理。

业主是建筑市场的主体,作为工程项目的投资方,应对建设工程项目的组织实施全过程管理;而建设项目的实施是一个复杂的系统工程,有其内在的客观规律,需要采用与之相适应的管理模式和管理方法。

业主项目管理位于各种目标类型项目管理金字塔的顶端,具有以下特点:

a. 业主项目管理是贯穿整个项目的纽带,集成并整合各方面资源;

b. 管理范围覆盖项目建设全过程,对项目管理范围的理解从过去注重产品生产转向注重产品全生命周期;

c. 业主项目管理包含了对各类承包商和咨询的管理,内容多、周期长,是综合性、系统性、集成化的管理过程;

d. 业主项目管理一般是指导性、决策性的工作,涉及经济、技术、行政、法律等诸多知识领域。

②业主项目管理的重要性及现状。科学、高效和规范的业主项目管理对规范我国建筑市场、提高建筑从业人员的技术和管理水平具有积极作用,其管理效率影响建筑市场管理能力。项目建设因存在对项目进行全过程操作的需求,业主项目管理有利于在各参建单位、供应商等各方功能发生变化、整合的情况下,达到进度、质量、投资目标的最佳结合。业主项目管理是实现与国际工程惯例接轨、增加建筑行业国际竞争力的必由之路。

目前,大型工程项目管理往往重点只在于通过招标投标选择好的施工企业,对业主管理的研究和重视度远远不够。建设单位决策层对项目管理的模式仍在探索中，尚未形成有效的制约机制。决策层过度依赖项目管理层和项目经理部，对项目实施管理与指导帮助有限，过程审计与财务监督控制不够，导致政令不通与信息不畅，使决策层的触角得不到有效延伸，其要求得不到有效落实。

（2）铁三角格局。

在全过程工程咨询模式下，现行的五方主体责任被集中到建设方、咨询方和承包方三者身上，形成"铁三角"格局。"铁三角"格局具有三角结构的稳定性特点。首先，咨询方是咨询合同的执行人，对向建设方提供的具体咨询成果负责；同时又是建设方的利益代表，对工程建设的全过程管理进行监督，向建设方汇报所有与其利益密切相关的重要信息，以确保专业品质和建设方利益。其次，建设方对基于咨询方意见、建议和自身经验所做出的最终决策负责。最后，承包方接受咨询方的管理、监督和审查，对其所承包工程实体质量负责。

另外，在全过程工程咨询模式下，贯穿工程项目全过程的全面技术和管理咨询需要充分集成于一个主体，这是一种理想的状态。由于实际项目条件和建设方要求不同，会出现全过程工程咨询业务中部分业务剥离的情况。被剥离的咨询业务或作为全过程工程咨询合同的分包，或由建设方直接发包给其他咨询机构。在这种情况下，咨询方和被剥离的咨询业务中会增加一层新的审核管理界面。全过程工程咨询业务承揽方对该剥离业务的把控能力要求并不随剥离而削弱，否则只能流于外行管理内行的无效形式。

2. 全过程工程咨询的遵守原则

依据国家发展改革委发布的《工程咨询行业管理办法》，将全过程工程咨询划入工程咨询服务范围，并遵循以下原则。

（1）独立性原则。

独立性原则是指工程咨询单位应具备独立法人地位，不受客户和其他方面偏好、意图的干扰，能独立自主地执业，对所完成咨询成果独立承担法律责任。工程咨询单位的独立性是坚持客观公正立场的前提条件，是其所从事市场中介服务的法律基础，是赢得社会信任的重要因素。

（2）科学性原则。

科学是指工程咨询的依据、方法和过程应具有科学性。工程咨询的科学性要求实事求是，了解并反映客观与真实的情况，据实比选，据理论证，不弄虚作假；要求符合科学的工作程序、服务标准和行为规范；要求运用科学的理论、方法和技术，使咨询成果能经受时间与历史的检验。工程咨询的科学化程度能决定其水准质量，进而决定咨询成果是否可信、可靠与可用。

（3）公正性原则。

公正是指在工程咨询过程中，坚持原则与公正立场。公正性并非无原则地调和或折中，也不是在矛盾的双方简单持中立态度。工程咨询是原则性与政策性很强的工作，咨询工程师既要忠实地为委托方服务，又不能盲从其所有想法和意见，完全以其满意度作为评价工作好坏的唯一标准，当委托方的想法与意见不正确时，咨询工程师应敢于提出不同意见，或在授权范围内进行协调或裁决，支持意见正确的一方。特别是对不符合宏观规划和政策的项目，要帮助委托方优化方案，敢于提出并坚持不同意见，甚至做出否定的咨询结论。这是对委托方负责，更是对国家、社会和人民负责。

3. 全过程工程咨询的实现目标

通过高度整合服务内容可助力项目实现更快工期、更小风险、更省投资、更高品质、更绿色运维等目标，同时也是政策导向和行业进步的体现。

（1）更快的工期。

一方面，可大幅减少业主日常管理工作和人力投入，确保信息准确传达并优化管理界面；另一方面，可有效优化项目组织并简化合同关系，规避传统模式中冗长繁多的招标次数和期限，有效解决了设计、造价、招标、监理等相关单位责任分离等矛盾，有利于加快工程进度。

（2）更小的风险。

作为项目主要负责方，服务商将发挥全过程管理优势，通过强化管控以减少生产安全事故，进而降低建设单位主体责任风险；同时，也有利于规范建筑市场秩序，规避因众多管理关系伴生的腐败风险。

（3）更省的投资。

采用承包商单次招标模式能使其合同成本远低于传统模式下设计、造价、监理等参建单位多次发包的合同成本。此外，咨询企业高度整合建设全过程各阶段的咨询内容，将更有利于实现全过程投资控制。通过限额设计、优化设计和精细化管理等措施提高投资收益，确保项目投资目标的实现。

（4）更高的品质。

各专业工程无缝链接，进而弥补了单一模式下可能出现的管理疏漏与缺陷，提高了项目的质量和品质。此外，还有利于激发承包商的主动性、创造性与积极性，促进新技术、新工艺和新方法的应用。

（5）更绿色的运维。

通过一站式整合服务能更好地发挥限额设计、优化设计、绿色设计等作用，有利于促进BIM、装配式建筑、绿色建筑等新技术、新工艺、新材料的应用，在建设过程中遇到的不确定因素前置，减少返工和浪费；同时能在运维阶段实现长期绿色效应。

1.1.5 全过程工程咨询与其他工程咨询行业区别

1. 全过程工程咨询与监理、项目管理一体化

建设工程监理与项目管理一体化是指工程监理单位在实施建设工程监理的同时，为建设单位提供项目管理服务。由同一家工程监理单位为建设单位同时提供建设工程监理与项目管理，避免建设工程监理与项目管理职责的交叉重叠。工程监理企业通过接受业主委托，将建设工程勘察、设计、保修阶段项目管理与建设工程监理一并纳入建设工程监理合同；也可单独与建设单位签订项目管理合同，为建设单位提供建设工程勘察、设计、保修阶段项目管理，但建设工程监理与项目管理一体化，其工作内容仍限制在工程建设的实施阶段，而全过程工程咨询还包括前期投资决策阶段。

2. 全过程工程咨询与代建制

代建制是通过招标的方式，选择专业化的代建单位，负责项目的投资管理和建设组织实施工作，项目建成后交付使用单位的制度。在代建期间，代建单位按照合同约定代行使项目建设的投资主体职责，有关行政部门对实行代建制的建设项目的审批程序不变。代建单位主要履行建设单位业主方项目管理部分的职能，一般都不包含可行性研究、设计、造价咨询、招标代理、工作机制监理等单项实施业务。同时代建单位需代表政府发展改革部门履行对项目投资概算的控制职能，部分地方甚至由代建单位作为建设期法人与承包商签订合同，责任和风险较大。

而全过程工程咨询的范围包含项目前期投资决策和运维的全生命周期，除了承担业主方项目管理的工作内容外，还承担了部分阶段实施性业务服务。

3. 全过程工程咨询与国际咨询师业务

咨询工程师（Consulting Engineer）是以从事工程咨询业务为职业的工程技术人员和其他专业（如经济、管理）人员的统称。此外，绝大多数咨询工程师是以公司形式开展工作，因此咨询工程师一词在很多场合指的是工程咨询公司。

全过程工程咨询与国际咨询师的性质主要有两点不同：一是在咨询对象上，后者广泛而明确，既服务于业主又可服务于政府和贷款银行及援助机构，而前者虽未明确设立咨询对象，但从形式逻辑上可作最广义的理解；二是在咨询内容上，前者比后者狭窄，后者可以成为总承包商。

1.1.6　全过程工程咨询的牵头单位

国内全过程工程咨询市场只要资质满足要求，各类咨询企业都能发挥自身优势介入全过程。各类咨询企业充分竞争能够加大企业培养力度，提升管理能力和技术水平，促使企业之间的合作开发、互利共赢，推动我国咨询向着更高水平迈进。全过程工程咨询的牵头单位主要有以下四类。

1. 监理单位牵头全过程工程咨询

监理企业是服务于建设项目具体实施阶段的全过程，较其他咨询企业服务周期长，对法律政策理解透彻，能够较好地控制工程施工质量并保障施工安全。在协调工程进度时积累了丰富的经验，能够合理安排全过程工程咨询进度。在项目实施过程中，监理咨询与各参与方建立了良好的关联，具备全过程工程咨询协同管理的能力。

监理企业转型全过程工程咨询的途径即向上游探索。监理企业服务项目的阶段在后期，可通过施工监理向前延伸到设计管理，由设计管理拓展至前期策划管理，开展招标代理业务和全过程造价咨询业务实现咨询范围的延伸。

目前，国内较为推荐采用监理牵头发包其他机构组成联合体进行全过程工程咨询。监理报酬研究较为成熟，监理是建设单位项目管理的延伸，其作为中介机构获取报酬，要负担必要的支出，其经营活动需要达到收支平衡且略有节余，与全过程工程咨询机构的报酬获取原则基本一致，因此监理作为牵头单位可以很好地实现报酬机制的探索。

2. 设计单位牵头全过程工程咨询

设计是投资人意图的直接表达，全过程工程咨询以设计为牵头单位，设计的好坏能够对建设项目的整体起到决定性的作用，从决策阶段可研、项目的初步设计，至施工阶段的施工图深化设计，均应具有良好的贯穿度，项目全局观明显。此外，设计还能够有效管控造价。因此，设计单位具有从事全过程工程咨询的能力。

设计单位转型全过程工程咨询有天然的优势，但是存在专业性发展的缺陷，普遍的勘察设计单位没有项目管理的经验和团队，对集成化管理的认识不深入，单位人员多为设计类专业人才，而全过程工程咨询复合型人才缺乏，从企业内部建立全过程工程咨询团队较困难。

3. 造价咨询牵头全过程工程咨询

造价咨询单位从项目的前期至竣工阶段对项目成本进行了控制，对项目的全过程有了一定的认识。在全过程工程咨询中，全过程的造价咨询贯穿建设项目，从项目立项起至项目实施运营，以投资控制角色在咨询中起到重要作用。全过程工程咨询实施需整合投资决策、勘察设计、造价等专业，也会促进各阶段造价人员的配合和衔接。但是，由于工程造价咨询的专业性，使其扩展业务形成具有全过程工程咨询能力的联合体时，只能通过发包业务，不能形成自身的全过程工程咨询团队，并且由于对其他咨询报酬机制的不熟悉，在确定全过程工程咨询报酬时，在投资人与发包的咨询机构间难以达到平衡。

4. 招标代理牵头全过程工程咨询

招标代理机构也可以进行全过程工程咨询，从招标代理所处的咨询中间阶段出发，招标代理机构提供的咨询处在工程项目的中间阶段，在咨询产业链中向上游延伸和向下游延伸都提供了路径，可逐步扩展为全过程工程咨询。

1.1.7 全过程工程咨询的特点与优势

1. 全过程工程咨询的特点

全过程工程咨询的最大特点是集成管理。全过程工程咨询的核心理念包括工程咨询的整体集成和工程设计在其中所起的主导作用，这改变了以往碎片化咨询的状况，进而引领其他工程咨询业务的开展。碎片化整合是全过程工程咨询的外在表现，发挥工程设计的主导作用是全过程工程咨询的内在要求。全过程工程咨询业务的内涵即让内行做管理，实现提高效率与精细管理目标。采用全过程工程咨询模式有利于工程咨询企业较早介入工程中，以便其能更早熟悉图纸和设计理念，明确投资控制要点，进而预测风险并制定合理有效的防范措施，以避免或减少索赔事件。

2. 全过程工程咨询的优势

（1）有利于提高建设工程管理水平以实现投资效益的最大化。

全过程工程咨询方作为项目总控方，对项目结果负责，迫使其必须从业主角度系统规划、全面管理，发挥其专业化、集成化、前置化的优势，全面深刻地分析工程项目管理的重点、难点和关键点；确定经济、可行的设计总体方案和重大施工方案；系统、全面、综合地分析影响建设工程目标的各项风险因素，确定具有针对性的主要应对措施；全面深入地理解设计意图并促进其全面落实；将建设工程项目全过程的管理理念融会贯通于建设工程项目各阶段、各专业管理中，有利于实现建设工程项目质量、进度、安全管控目标，有利于节省建设工程项目整个生命周期的投资，提高投资效益。

（2）有利于为项目业主提供优质高效的工程咨询。

全过程工程咨询能充分调动工程咨询企业的积极性和能动性，可将大部分的专业化咨询企业间的协调转变为全过程工程咨询企业的内部协调，有效协调各环节间的关系，有效协调与工程总承包单位（或设计单位、施工单位）、主要设备和材料供应方之间的关系，减少项目业主的协调工作量和矛盾，以提高效率。

（3）有利于相关政府行政主管部门的管理。

推行全过程工程咨询，需要有关主管部门克服对工程咨询行业条块分割管理的问题，有利于促进政府相关部门改进工作作风、实现简政放权。对国有投资的建设工程项目，采用全过程工程咨询，可大幅度减少政府直接干预或管理建设工程项目具体事务的现象。

（4）有利于提升工程咨询企业的综合实力和竞争力。

开展全过程工程咨询可促进工程咨询企业加快转型升级，加强资源整合，实现强强联合；通过对标国际，可更好地为建设工程项目业主提供优质的工程咨询，也便于持续提升建设工程管理水平。

（5）有利于降低项目系统性风险。

全过程工程咨询方对项目全过程负责，能避免责任不清、互相推诿的问题，可帮助业主从专业角度避免一些政策风险、技术风险和财务风险等，降低项目主体责任风险。咨询方在项目初期就开始介入，有利于在前期发现问题，优化设计方案，发挥全过程管理优势，通过强化项目管控、感知预警风险、制定风险应对措施，有效降低系统性风险。

1.2 数字化建设概述

1.2.1 数字化建设的时代背景

数字化的诞生可以追溯到20世纪40年代，克劳德·艾尔伍德·香农（Claude Elwood Shannon）证明了在一定的条件下，一个连续的函数完全可以被一个离散序列所代替，此结论就被称作采样定理。其为数字化的建设奠定了理论基础。1995年8月，英国政府发表了《关于数字地面电视的政府建议》，从而正式启动电视的数字化进程。1996年6月，英国广播公司颁布了《数字时代的广泛选择》的文件，制订了全面实现数字广播电视的计划，在采编制作各个环节加大应用新技术的力度，进而开办了包括选择频道、知识频道在内的数字频道，并把其他频道的节目也制作了数字版播出。以后经过几年不断发展，在有线电视领域，英国最大的三家有线电视经营商（Telewest、NTL、CWC）先后在1999年推出数字业务。之后，英国政府先后于2012年、2014年和2015年分别颁布了《政府数字化战略》、实施了《政府数字包容战略》和启动了"数字政府平台"计划。

鉴于目前世界正在进行基于数字革命的第四次工业革命，工业企业依靠智能感知、信息挖掘、网络协同认知决策优化调度的智能化系统来解决规模化生产与定制化效率提升与成本控制的问题，于是我国提出了要建设创新型国家的战略目标，依托创新驱动国家经济发展。2016年，在G20（二十国集团）峰会上，我国倡导签署了《二十国集团数字经济发展与合作倡议》，这是我国官方文件第一次使用了"数字经济"的提法。2017年"数字经济"正式被写入十九大报告。中国信息化百人会联合埃森哲、国家信息中心等多家机构组成的课题组发布的《2017中国数字经济发展报告》提到，2016年数字经济的总量已达到22.6万亿元人民币，占GDP的比重为30.3%。毕马威预测，到2030年，该比例将达到77%，GDP贡献中超153万亿元会是数字经济。2018年3月，中国政府的工作报告中提出了"为数字中国建设加油助力"和"发展壮大新动能"。浙江省早在2003年便已作出建设"数字浙江"重要部署；2014年，浙江率先建成省、市、县、乡、村五级全覆盖的一体化政务服务网；2016年，浙江全面启动"最多跑一次"改革，让数据多"跑路"、群众少跑腿；2018—2020年，浙江实施政府数字化转型，数字化改革加速并迈向深入；2020年12月，浙江省提出推动全域性数字化改革的战略目标，即充分运用数字化技术、数字化思维、数字化认知，对省域治理的体制机制、组织架构、方式流程、手段工具进行全方位、系统性重塑；2021年3月1日，全国首部以促进数字经济发展为主题的地方性法规《浙江省数字经济促进条例》正式实施，浙江省政府工作报告中，把"推进数字化改革"列为"十四五"开局之年全面深化改革开放的重要举措。

我国对于数字经济的定位不只局限于新兴产业层面，而是将之提升为驱动传统产业升级的国家战略。数字建设正引发建筑行业史无前例的变革，并为建筑行业创造了崭新的发展空间。

1.2.2 信息化与数字化的区别与联系

1. 信息化与数字化概念

（1）信息化概念。

1963年，日本学者Tadao Umesao在《论信息产业》中首次提出信息化，该学者认为，信息化是通讯现代化、计算机化和行为合理化的总称。1967年，日本科学技术与经济研究机构正式使用信息化概念，这个概念随后在我国、俄罗斯等国家风靡一时，除了俄罗斯外的其他西方国家却较少使用；直到20世纪70年代末才被普遍使用；林毅夫（2003）指出："信息化，是指建立在IT产业发展与IT在社会经济各部门扩散的基础之上，运用IT改造传统的经济、社会结构的过程"；赵苹等（2000）给信息化下的定义则是："信息化是指人们对现代信息技术的应用达到较高的程度，在全社会范围内实现信息资源的高度共享，推动人的智能潜力和社会物质资源潜力充分发挥，使社会经济向高效、优质方向发展的历史进程。"

综上，信息化是指通过计算机、通信和网络等信息技术，促进人们生产、生活的各种活动形成的信息快速交互、资源高度共享，把人、组织和社会之间的沟通交流效率和有效性大幅提高，使产业经济和社会交往所需的信息获取更加方便和快捷。所谓信息化，就是广泛应用信息技术来不断地改变生产生活方式、改造传统经济社会结构，使产业、经济和社会得以高速发展。

（2）数字化概念。

数字化指的是将任何复杂连续变化的信息（如图画或声音信号等）转变为一串可度量的数字或数据表达的分离单元，再通过建立数字模型，将它们转化为一系列用0和1表示的二进制代码，输入计算机，然后进行统一编码、存储、计算等处理，输出希望得到的有价值的信息。大数网认为，数字化是指将生产资料数字化的过程，需要借助ICT手段。这些生产资料（所有的元素）数字化之后，将以数据为中心，展开生产、经营、组织架构、营销管理、商业模式等公司各个方面的变革。云计算、大数据、AI和区块链是实现数字化手段的催化剂。麦肯锡全球研究院2017年12月发表了《数字时代的中国：打造具有全球竞争力的新经济》报告，这份报告提出的"数字化"包括资产数字化、运营数字化、劳动力数字化三个方面的内容。

2. 信息化与数字化的区别

"信息化"并不等于"数字化"，信息化是从"业务到数据"，数字化是从"数据到业务"。"信息化"到"数字化"最核心的转变是业务逻辑的数字化，将业务与技术相融合并最终实现管理的智能化。信息化注重的是各环节业务的结果与管控，本质上是对业务结果数据的信息化的再存储与控制，对业务流程的再造与优化。数字化则更强调对企业运营模式的转变。云计算、大数据、人工智能、移动互联网、物联网、区块链等技术的发展，使得业务流程更加注重客户导向，并融入生态系统，海量数据和智能分析能够为企业提供更具前瞻性的决策支持，更加精准地满足客户的个性化需求。

综上，百度百科给出的数字化概念：信息数字化（Digitization）是狭义的范畴，现在各界谈论的数字化内容更加丰富。在商业领域，数字化是指组织通过重新整合信息、资源，利用云计算、大数据、物联网、移动互联网、人工智能等技术，为客户（用户）带来独特价值，从而实现自身收入增长和业务成果，因此，与信息化相比，数字化范围更广，研究深度更深。

3. 信息化与数字化的联系

CIO在各大机构研究的基础上提出，数字化包括信息数字化、业务数字化和数字化转型三个演化阶段，给出了信息数字化、业务数字化与数字化转型的本质区别与内在联系，其演进过程如图1-3所示。

图1-3 数字化演进过程

（1）信息数字化（Digitization）阶段。

该阶段是将模拟信息转化成0和1表示的二进制代码，以便计算机可以存储、处理和传输这类信息。按照Gartner公司的IT术语显示，信息数字化是模拟形式变成数字形式的过程。

（2）业务数字化（Digitalization）阶段。

该阶段专注于改变商业模式。如果说信息数字化是利用云计算、大数据、人工智能等技术把缤纷的现实世界在计算机世界全息重建。现实世界什么样，人们就能力把它在计算机的世界里存储成什么样。那么"业务数字化"便是基于IT技术提供一切所需要的支持，让业务和技术真正产生交互而诞生的。按照Gartner的术语表，业务数字化是指利用数字技术改变商业模式，并提供创造收入和价值的新机会，它是转向数字业务的过程。

（3）数字化转型（Digital Transformation）阶段。

该阶段也称超越数字化阶段，目前建筑企业往往有一个常见的误区，它们会把某个应用或者业务的数字化称为是一个数字化转型。然而包含信息和业务的数字化与数字化转型截然不同：数字化转型并不是单纯的技术转型，而是更广泛的指客户驱动的战略性业务转型。数字化转型不仅需要实施数字技术，还需要牵涉各部门的组织变革。

1.2.3 数字化建设的发展阶段

在全球经济曲折复苏的大环境下，数字经济以数据带动高水平融合，以创新驱动数字化转型,以智能引领高质量发展,成为撬动经济增长的新杠杆,成为各国抢占未来发展主动权的关键选择。从历史及发展趋势上看,建筑企业数字化进程大概可以分为以下四个阶段。

第一阶段:业务操作电子化。电子化是指将建筑企业日常手工事务性繁重的工作转变为机器的工作,以提高个体工作效率的过程。该阶段为信息技术单项应用和企业上网前的准备阶段。主要表现在计算机在办公、财务、人事和部分生产经营环节等方面的单项应用,如财务电算化、生产制造自动化和CAD/CAM、BIM等信息技术的初步应用等。

第二阶段:业务流程信息化。信息化即通过建筑企业的管理重组和管理创新,结合IT优势将业务流程固化。该阶段是建筑企业信息化,尤其是网络化建设与应用的导入阶段。在各类建筑企业扩大计算机应用和推动企业上网,建立电子邮箱,鼓励企业利用信息网络技术开展经营活动和改进管理。广泛开展流程梳理和信息化建设,如ERP、MES、SCM等系统。这个阶段重点关注整个组织的流程,提升组织的效率。

第三阶段:业务和管理的数字化。其是应用数字技术,整合建筑企业的采购、生产、营销、财务与人力资源等信息,做好计划、协调、监督和控制等各个环节的工作,打破"信息孤岛"现象,系统形成价值链并按照"链"的特征实施企业的业务流程。对环境的变化做出灵活的反应,业务流程持续改善,全面提升执行力,获得持久的竞争力。它是现代数字技术与建筑企业管理相结合的产物。

第四阶段:业务决策智慧化。智慧化是指在建筑企业已有知识的基础之上,能够智能地创造、挖掘新知识,用于企业业务决策、企业日常管理等,形成自组织、自学习、自进化的企业管理体制。该阶段中,人工智能、专家系统的先进思想将应用在企业管理领域中。

综上,数字化既是信息化的产物,也是信息化的演进阶段之一,更是构建智慧建筑企业的首要前提,也是引领传统建筑行业升级和发展的重要手段。

1.3 全过程工程咨询存在的问题

由前述可知,与传统工程咨询模式相比,全过程工程咨询符合供给侧结构性改革的指导思想,有利于革除影响行业前进的深层次结构性矛盾、提升行业集中度,有利于集聚和培育适应新形势的新型建筑服务企业,有利于加快我国建设模式与国际建设管理服务方式的接轨。然而经大量实践发现,目前全过程工程咨询仍存在以下问题亟待解决并完善。

1. 整体性服务能力不强

（1）在工程咨询领域的勘察设计、招标投标、造价、监理等工作受行业传统影响，各管一段，导致服务不清晰、松散状、碎片化，造成管理存在重复和交叉，流程断点多，效率低下。

（2）人为的分割也不能有效提升咨询品质，使工程咨询服务产业链整体性不足。

（3）业务标准化程度低，不同渠道、不同业务条线难以形成一致的客户体验。

2. 系统化管理落实不足

（1）咨询企业对行业发展趋势不能及时进行服务标准调整与技术体系更新，未形成一套科学完整的管理制度，未改进原有企业管理制度中不适应的规范、规则与程序。

（2）企业内存在严重的部门墙、壁垒高筑，难以做到高效协同。

（3）系统建设和企业战略两张皮，信息化投资效果难以保证。

（4）咨询单位在工程技术领域的人员配置充分，但在市场、商务、经济、管理和法律等方面的专业人才较为薄弱，从而缺乏相关领域的系统知识，降低咨询质量，难以形成竞争力。

3. 数字化普及程度欠缺

（1）咨询企业仍依靠传统方式开展工作，未利用数字化手段来高效整合数量巨大、格式多样、来源分散的大数据，无法在短时间内对企业与行业间的信息整合提炼成有效的决策资讯；

（2）往往采取业务需求驱动的信息化建设模式，根据业务部门的需求来建设系统，导致烟囱竖井式系统林立。

（3）庞大的遗留系统难以快速响应业务创新，IT项目开发周期长。

（4）数据分散、数据缺失、数据标准不一，数据质量低，广泛存在"数据孤岛"。有多少数据、数据在什么地方都不清楚。难以形成数据资产，数据可用性差。数据分析人员花在找数据和清理数据上面的时间非常多，数据难以有效利用。

（5）数字技术引入存在为技术而技术的倾向，没有与业务场景深度结合，上线后没有发挥应有作用，使用量很低，成为作秀或者噱头式的项目。

目前全过程工程咨询行业出现的问题盘根错节，牵一发而动全身，关键问题在于全过程工程咨询企业难将业务、应用、数据、技术等领域紧密关联结合，对市场做出快速、正确响应。从行业发展趋势来看，推动数字化建设，将为全过程工程咨询转型提供一条有效路径。

1.4 全过程工程咨询数字化建设的必要性

随着我国社会经济持续高速发展,各种新技术和新业态不断涌现。2018年中央经济工作会议提出要加强人工智能、工业互联网、物联网等新型基础设施建设,2020年国家发展和改革委员会进一步明确了"新型基础设施建设"的内涵,即以新发展理念为引领,以技术创新为驱动,以信息网络为基础,面向高质量发展需要,提供数字转型、智能升级、融合创新等服务的基础设施体系。由此,5G、人工智能、物联网、区块链、大数据中心、云计算等一大批新技术、新业态快速进入市场,助力行业加速变革。因此,在国家大力推进新型基础设施建设的背景下,全过程工程咨询也迎来了变革契机,"数字化+全过程工程咨询"为工程咨询业提供了加速整合发展的广阔空间,可有效解决全过程工程咨询行业以下技术难题(魏德君,2021)。

1.4.1 BIM技术解决轻投资决策、重施工管理现象

从计划经济到市场经济,由于早期可行性研究报告缺乏科学严密的论证手段,内容大多专业枯燥,项目论证走过场的情形较为严重,建设方逐渐形成了重质量过程管理、轻事前可行性研究论证的习惯。随着社会的发展和进步,虽然科学投资决策早已成为普遍共识,但由于可行性研究等前期咨询常缺乏吸引人的内容表达,建设方走过场的情形仍未完全改观。然而数字新技术的应用将有效改变这一局面。作为建筑行业数字化建设的重要基础手段之一,建筑信息模型(BIM)技术可将事物多维立体呈现给受众,根据不同的建设阶段,相关信息随之变化。以建筑工程可行性研究项目为例,BIM技术可将地形地貌、地质构造、土地规模、人员收入状况、环境资源分布、上下游关联、投资影响、财务状况等各类信息参数通过三维可视化方式直观展示,项目参数变化对可行性研究影响显著,从而引导建设投资方清晰判断、科学决策。

1.4.2 数字化建设促进咨询机构独立、公正咨询

工程咨询机构理应为建设方提供独立公正的专业咨询服务,但由于"拿人钱财,替人办事"的思维作祟,咨询市场长期存在一面倒地站在建设方的立场违规咨询现象,少数咨询机构甚至不顾国家政策违法操作,最终沦为建设方的附庸和违法的帮凶,破坏了咨询市场的公正秩序。运用"区块链+二维码+信用系统"

可有效遏制这一情形。区块链技术可快速查找到问题源头和相关责任人，咨询机构、从业者个人的资质资信、财务状况、专业技术储备、业绩、经验、时效、完成项目类型、性价比效果指数、公正廉洁运作状况、独立完成情况等基本信息都将被纳入二维码。对于那些不能独立公正运作的机构和从业者将被列入信用系统，直至被记入黑名单并驱逐出咨询市场。

1.4.3 区块链技术促进全过程工程咨询提升

全过程工程咨询历经阶段繁多，包括前期的规划、可行性研究、项目资金申请，准备期的勘察设计、招标采购、融资、施工准备、合同签约及相关评估，实施期的合同执行、施工组织协调、工程监理、完工报告和绩效评价、工程竣工验收，运营期的自我评估、技改方案、运营服务以及绩效评价、后评价等。全过程工程咨询涉及的行业、上下游关联产业、人员等主体信息包括业主、承包商、供应商、生产运营部门、政府以及金融机构、公用设施、社会公众、内部各部门等。对尚处于整合发展期的我国工程咨询业来说，如何做好各阶段咨询内容的无缝衔接，更有效地进行咨询过程的组织管理，在确保建设质量和安全生产的前提下达到节约投资、缩短建设周期之目的，已成当务之急。区块链具有去中心化、分布式数据存储、点对点传输、共识机制、防篡改、可追溯等特性，区块链的去中心化特性使咨询阶段的每个节点操作都能不受任何外界干扰独立运作，整个过程职责清晰，公开透明；非对称加密特性使各咨询环节内容不能被篡改，确保内容真实；分布式存储特性使每个咨询环节信息处处留痕；点对点传输能够对咨询过程出现的问题快速溯源，真正做到问题和责任可查可追溯。因此，无论咨询各阶段内容的顺畅衔接还是施工现场的组织管理，区块链技术都能使全过程工程咨询做到真正有效管理。

1.4.4 大数据助力全过程工程咨询破解疑难问题

工程项目咨询涉及行业、人员、地域等繁杂众多的生产要素，由此产生的海量信息在云计算提供的存储和算力支持下，能有效实现数据的收集、分类、存储、分析、查询、共享等，形成功能强大的大数据。大数据可指导帮助解决实际问题，为科学决策提供有效参考。以工程设计咨询为例，控制工程造价是全过程工程咨询的重要内容，由于设计师多在方案新颖性和高精尖上下功夫，关注方案的可行性和结构安全较多，对建设方的投资要求大多控制不力，处理不好设计与投资控制的关系。为此，设计师常耗费大量时间对方案重新修改甚至推倒重来，不仅耗时费力，也会造成前期建设时间的拖延。大数据可提供同类建筑不同时期的投资控制参数信息，随着项目设计外观、结构类型变化和材料使用不同，相关投资数据参数随之变化。"大数据+BIM技术"可将不同建筑设计方案、投资额及相关信息参数做立体直观展示。"大数据+人工智能"将对超出投资控制的设计方案进行提醒，警示设计师，并给予空间造型、材料使用、技术改进等多种方案的修改建议，不仅能减轻设计师的工作量，提供多种方案新思路，而且彻底改变了设计阶段投资控制不力的状况。

1.4.5 人工智能促进全过程工程咨询行业变革

人工智能具有语言和图像识别、语言处理、专家系统等功能，已广泛应用于各领域。工程咨询领域通过人工智能的音、视频进行管理较为普遍，如视频会议、门禁系统等，招标采购咨询中的开评标现场、远程异地评标、不见面开标等。人工智能在全过程工程咨询中的应用，将促进咨询业变革发展。以工程项目招标投标采购咨询为例，智能系统可对招标投标主体身份、资信等基本信息进行辨识核对、辅助评标，还可参与包括测谎在内的投诉质疑调查；大数据能固化各种不同结构类型工程项目的评价标准及其性价比指标，存有现时各种材料价格；"智能系统+大数据"可有效辅助评委评标，纠正评委主观认知偏差。另外，5G技术具有数据传输速率快、接口延时短、网络容量大等特性，"智能系统+5G"将使图像音质画面传输更加迅捷、清晰。"智能系统+BIM"可多维度全息展示工程咨询的具体内容。"智能系统+物联网+二维码"可实现工程咨询信息的整体感知，也使个人手机在咨询活动中的独立运用成为现实。

1.5 本章小结

本章主要介绍了全过程工程咨询产生的时代背景、概念、服务范围与主要内容、原则与目标、特点与优势、数字化建设概念以及发展阶段等，分析了全过程工程咨询目前存在的主要问题，论证了全过程工程咨询数字化建设的必要性。

2

全过程工程咨询的内容

2.1 总控阶段工程咨询概述

2.2 前期策划阶段工程咨询

2.3 设计阶段的工程咨询

2.4 报批报建阶段的工程咨询

2.5 招标采购阶段的工程咨询

2.6 投资管理阶段的工程咨询

2.7 现场管理阶段工程咨询

2.8 项目进度管理工程咨询

2.9 信息与文档管理工程咨询

2.10 竣工交付及运维管理

2.11 本章小结

2.1 总控阶段工程咨询概述

2.1.1 总控管理的主要职责

总控管理是从公司项目管理办角度对项目或项目群进行项目目标的统筹监控、指导项目管理过程、积累项目管理过程数据和经验、形成企业层面的项目管理组织资产。通过项目管理问题不断反馈，持续完善企业的标准化和信息化成果。其主要职责包括：①负责项目整体管理目标的实现；②提出项目成员建议名单并编制人员需求计划；③参加项目信息交接会议；④负责向项目部成员进行合同交底；⑤负责提出合同变更和终止建议；⑥组织编制项目管理策划书；⑦组织、主持外部启动会与项目日常会议；⑧负责统筹项目各专业工作的实施推进；⑨负责签订项目考核责任书，开展考核自评工作；⑩负责进度计划的编制与审核，以及进度计划的检查、控制与纠偏；⑪负责干系人沟通管理相关成果文件的编制，并负责项目的沟通实施；⑫负责项目收尾工作计划的编制并组织实施；⑬负责项目管理总结报告的编制；⑭其他事项。

2.1.2 总控管理内容

1. 决策阶段

总控管理在决策阶段主要涉及以下内容。

（1）应建立总控服务机构，明确管理模式，确定管理团队或者聘请的专业咨询在整个工程项目中的角色和职责，明确与之相对应的管理权限和职责范围，各专业咨询服务单位按照职责分工开展各项工作，并按分工承担相应责任；

（2）组织拟定详细的管理实施方案、全过程工程咨询大纲以及各专项服务方案，建立沟通机制，初拟相关文件资料；

（3）投融资咨询工作内容，组织编制立项核准报批文件，编制、评估实施可行性、组织编制项目申请报告和资金申请报告等；协助客户进行项目前期策划、经济分析、专项评估与投资确定等工作、落实办理国土手续、规划许可以及红线范围内的所有审批手续，对前期工程咨询的成果负责，编制整个管理过程中的标准和制度，整理适用的规范和依据。

2. 勘察、设计阶段

总控管理在勘察、设计阶段主要涉及以下内容。

（1）勘察管理包括为完成具体勘察报告的所有工作以及后期设计、施工过程中的协调配合工作；

（2）设计管理，督促设计专业完成各阶段的设计及预算工作，满足各阶段报批报建的要求，配合招采阶段的参数指标制定，配合施工阶段的设计，包括变更、人员驻场等；督促设计专业按用户需求提交项目设计模型、演示动画、特殊规格展示图纸等；督促设计专业协助完成整个设计过程运用建筑信息模型（BIM）技术，预查各阶段设计中的错、漏、碰、缺，利用BIM技术进行管线综合平衡设计，要求实现项目参与各方在同一平台上项目信息数据共享，在BIM中插入、提取、更新和修改信息，确保各方协同作业，建立运营维护模型，指导实际运行、维护管理工作。熟悉本项目的BIM技术方案，运用从本项目方案设计开始建立的BIM模型对施工各个阶段进行监督管理；督促设计专业单位协助竣工图编制服务。

3. **实施阶段**

（1）督促监理单位建立项目监理规划和实施方案；

（2）督促监理单位做好质量、进度、职业健康、安全与环境管理；

（3）督促监理单位做好工程变更、签证及承包合同纠纷处理；

（4）督促监理单位信息和合同管理；

（5）协调有关单位之间的工作关系。

4. **运营维护阶段**

总控管理在运营维护阶段主要涉及以下内容。

（1）运营培训及运行维护，包括工程验收策划与组织、分部分项工程、单位工程验收、竣工资料收集与整理、工程质量缺陷管理；

（2）组织项目后评价工作。

2.1.3 项目组织总控

1. **项目人员配置统筹**

根据项目实施的阶段结合项目合同服务内容，安排项目人员配置，主要涉及人员有项目总咨询师、计划工程师、项目控制经理、项目经理助理、项目秘书、报批专员、设计管理工程师（结构、建筑、机电等）、造价管理工程师（土建、安装）、招标合约工程师（招标、合约）、现场管理工程师（土建、安装、装饰等）。

2. **项目人员计划**

根据项目阶段与合同服务内容组织编制项目的《人员需求计划表》。

3. **项目成员考评**

应对每个项目成员进行内部考评，主要针对员工的岗位本职工作和团队协作两方面来进行。

2.1.4 项目合同总控

1. 招标文件与合同统筹管理

对招标文件进行分析，内容包含歧义条款识别，合同风险与重大责任风险识别，相关法律、法规的符合性，服务范围内容与界面的清晰性，服务期限、管理目标的明确性，付款条款的合理性，责任、义务与权利的匹配性及增值溢价空间识别等，形成《招标文件分析表》。

对合同进行分解，主要包含项目概况、项目目标、商务条款、权责利、违约责任和风险管控等方面的内容。对识别出来的合同风险，应采取风险规避、转移、减轻或接受等手段，形成针对性管控措施。

2. 合同交底

项目管理办对合同进行深入的解读，分析合同关键条款，并编制《合同条款交底分解表》《合同条款风险识别表》等，组织对项目经理进行合同交底，项目经理在合同交底后编制《合同交底内容分工表》，并对项目部成员进行合同交底。

2.1.5 项目启动总控

1. 企业内部启动会

在确定项目经理、控制经理等主要项目管理部成员后，公司项目管理办应组织项目内部启动会，搭建项目管理策划的编制目录和框架，下达公司对项目管理部的考核指标，签订考核责任书。对策划书的编制进行分工和交底，项目管理办主任组织并主持召开内部启动会。

2. 项目管理策划

项目经理统筹组织各专业，依据包含招标投标文件、中标通知书、管理合同、设计技术文件、前期信息对接表、前期管理成果、管理标准以及当地规范性文件等。项目管理策划的主要内容包括项目概况、重难点分析、范围管理策划、项目目标策划、项目组织策划、设计管理策划、招标合约管理策划、投资管理策划、报批文档管理策划、进度管理策划、施工质量管理策划、安全文明管理策划、信息沟通管理策划等内容。项目管理策划主要以业主需求为导向，根据项目特性，有针对性地编写《总控进度计划》《WBS工作分解》、各专业的计划和实施方案、组织和程序等成果文件。

3. 项目正式启动会

项目正式启动会是项目完成项目管理策划书后,根据项目管理策划内容制作汇报材料,外部启动会会议由项目经理组织、主持并作主要汇报;参会方为项目部、公司项目管理办、业主、使用单位以及与项目相关的其他主体参加。

2.1.6 项目预算总控

项目管理办作为公司管理全过程工程咨询项目的主体部门,在经过系统的分析测算后,应下达项目管理成本和收入预算计划,项目经理在成本和预算框架下编制项目预算计划表,作为项目总成本控制和咨询收费的依据。

2.1.7 进度总控

1. 编制的依据

编制的依据包括合同、招标文件、补充协议、法律法规、项目所在地建设主管部门规定、项目原始依据资料(报批类成果文件)、设计成果文件、估算(概算、预算)等。

2. 进度计划体系

其由四级进度计划体系构成:

一级进度计划:控制性进度计划即《总控进度计划》。

二级进度计划:项目部编制的指导性进度计划,即各专业进度计划。

三级进度计划:实施性进度计划即设计院编制的设计进度计划、总承包商编制的施工总进度计划、招标代理编制的招标采购计划等。

四级进度计划:承包商、分包商提供的周期进度计划(年、月、周计划)。

3. 进度计划的管控

进度计划的管控是从四级进度计划→三级进度计划→二级进度计划→一级进度计划进行控制。

4. 进度计划的检查与纠偏

以项目建设关键线路的各项工作和主要影响进度因素作为项目进度控制的重点,若进度出现偏差,项目经理应组织项目部分析存在问题,根据分析结果,项目经理应采用例会、下发进度专项联系单、组织责任方协调会议、约谈责任方、处罚等方式进行进度控制,书面资料应同时抄送业主方,项目经理应将每月检查的结果、原因分析与控制措施以《项目月度动态表》形式进行上报,进度出现红色预警时,项目经理应编制《进度风险分析与控制措施表》报总控管理部批准。纠偏控制措施包括资源投入、技术、工艺、施工方案、施工组织的调整等。

2.1.8　沟通总控

1. 干系人识别

潜在干系人对象包括业主、使用单位、地方政府主管部门、项目周边居民或单位、施工方、监理方、勘察设计方等。干系人识别内容包括识别对本项目有影响力的个人或组织,分析干系人的需求与期望,编制《干系人识别登记册》。

2. 沟通的实施

按照《干系人识别登记册》,结合干系人的特性,对沟通方式、沟通时间、沟通地点、沟通主题、沟通内容进行策划,形成《项目干系人沟通策划表》,经审批后实施。

2.1.9　收尾总控

项目收尾工作主要包括工程清理、竣工验收及移交、资料归档及移交、项目部资产处置、竣工结算、管理费回收、保修、项目总结、项目部撤销等。

项目进入收尾阶段,项目部应制定《项目收尾工作计划》,明确责任部门(人员)、工作事项和完成时限,并按计划实施。

2.2　前期策划阶段工程咨询

2.2.1　项目管理策划概念

项目管理的主要行为可以分为项目管理策划和项目过程控制两大主要动作。其中,项目管理策划主要在前期阶段为指导项目管理过程而编制的纲领性文件,其内容贯穿整个项目建设周期的42个项目管理过程组和各项项目建设目标。制定项目管理策划是对定义、编制、整合和协调所有子计划所必需的行动进行记录的过程,项目管理策划确定项目的执行、监控和收尾方式,其内容因项目复杂性和所在应用领域而异。项目过程控制是指包括监控、测量和评价等动作在内,通过整体变更明晰项目管理信息,并跟踪行动计划实施过程,纠正项目管理成效,确保有效解决问题的管理行为。

《建设工程项目管理规范》GB/T 50326—2017对项目管理规划进行了明确界定，项目管理规划的内容和项目管理策划大同小异。

（1）作为指导项目管理工作的纲领性文件，项目管理规划应对项目目标、依据、内容、组织、资源、方法、程序和控制措施进行确定。

（2）项目管理规划应包括项目管理规划大纲与项目管理实施规划。

（3）项目管理规划大纲应由组织管理层或组织委托的项目管理单位项目经理及团队编制。

2.2.2 项目管理策划特点

项目管理策划是明确项目目标与项目管理基准的过程，项目建设过程中项目实际进展曲线通常会偏离计划基准线，而项目管理过程就是不断将实际进展把控至既定目标的纠偏过程。项目管理策划有以下三个特点。

（1）项目管理策划指规划目标及实现目标的路径。

（2）项目实际进展与项目策划可能存在偏差。

（3）项目管理控制的过程就是不断纠偏的过程。

2.2.3 项目策划和项目管理策划的主要差异

项目策划是一个逐渐明晰的过程，主要指项目可交付物的定义。项目策划通常包括对项目功能调研、设计任务书、设计方案、初步设计、施工图、建筑物或是匡算、方案估算、概算、预算清单和决算等交付内容的定义。随着项目不断推进，可交付物的定义也会愈发深入和明确。

项目管理策划包括确定目标、制订项目控制计划、搭建组织、明确管理模式、分解合同结构、识别项目干系人、做好风险管控、建立项目监控体系、组织控制措施九大内容。

（1）确定目标：明确企业内部目标和项目管理合同目标，包括项目进度、质量、投资、安全等。

（2）制订项目控制计划：优先进行WBS编制（工作分解结构），明确项目管理范围内容和管理路径，而后开展设计、采购、报批、施工、总控计划等专项计划的编制工作。

（3）搭建组织：确定项目整体的组织构架，制订人力资源计划。

（4）明确管理模式：确定项目具体的管理模式，例如PMC、PM、CM、指挥部+监理等，作为分解合同结构的前提。

（5）分解合同结构：将项目合同进行分解，清晰界定项目整体的合同情况，例如EPC、平行发包、施工总承包。

（6）识别项目干系人：项目干系人是积极参与项目或其利益可能受项目实施或完成的积极或消极影响的个人或组织。要做到识别、沟通规划、报告系统。

（7）做好风险管控：主要包含识别风险、分析风险、风险应对和监控。

（8）建立项目监控体系：包括监控评价体系、挣值法和前锋线法等。

（9）组织控制措施：包括组织、经济和技术等。

2.2.4 项目管理策划书的编制步骤

1. 实地调研搭建策划思路

开展项目管理策划的第一步，是进行实地调研，视项目情况、建设目标、专业工作等层面搭建项目策划思路。完成项目建设目标和定位、项目策划编制依据参考、特定领域项目建设要求、各专业管理等工作内容。

2. 梳理工作进行WBS分解

开展项目管理策划的第二步，是以可交付成果为导向对项目管理过程中的各专业工作进行的分组分解。从功能、项目管理、建安、合同包等维度进行WBS分解。对项目不同角度的范围有清晰的界定，将复杂的系统工程分解为单项可控的管理单元。具体的分工内容通常包括功能需求识别分解、项目管理工作分解、建筑安装与专业工程分解、合同包分解结构等。

3. 明确建设目标进行目标策划

开展项目管理策划的第三步，是基于明确建设目标进行目标策划，其是一种用来进行含有单目标和多目标的决策分析的数学规划方法。具体的目标策划通常包括质量目标、进度目标、安全目标、投资目标、运维目标、品质目标、创新目标和客户满意度等。

4. 明确团队需求策划组织架构

开展项目管理策划的第四步，是根据项目开展工作需求和建设单位要求进行项目管理团队架构策划搭建。具体的组织构架通常包括项目管理部组织构架、业务流程构架、专业人员组成情况、专业小组构成人员等。

5. 编制各专业工作控制计划

开展项目管理策划的第五步，是根据项目各专业内容编制"1+3"的工作进度计划，并以此指导工作。具体的控制计划通常包括总控进度计划、设计控制进度计划、报批报建进度计划、招标采购进度计划、现场施工进度计划等。

6. 管理措施与途径策划

开展项目管理策划的第六步，是制定项目具体的管理实施举措，以此开展项目建造体系策划。具体的管理措施策划通常包括快速建造体系策划、优质建造体系策划、智慧建造体系策划、绿色建造体系策划等。

7. 创新技术措施策划

开展项目管理策划的第七步，是落实绿色建筑、BIM信息技术以及智慧工地等创新技术策划。具体的管理创新技术措施通常包括绿色建筑评级策划、BIM信息技术应用策划、信息化平台应用策划、互联网展示技术策划等。

2.2.5 项目管理策划的编制程序和参考目录

《建筑工程项目管理规范》GB/T 50326—2017中要求项目管理大纲编制程序包括明确项目目标，分析项目环境和条件，收集项目有关资料和信息，确定项目管理组织模式、结构、职责，明确项目管理内容，编制项目目标计划和资源计划，汇总整理七个过程。

参考项目管理体系和有关规范文件。项目管理策划目录可以分为13个章节，分别为项目概况、项目范围管理规划、项目管理目标规划、项目管理组织规划、项目成本管理规划、项目进度管理规划、项目质量管理规划、项目职业健康安全与环境管理规划、项目采购与资源管理规划、项目信息管理规划、项目沟通管理规划、风险管理规划和收尾管理规划。

2.2.6 项目管理策划书的关键点

1. 交付物定义

交付成果是项目管理中的阶段或最终交付物；是为完成某一过程、阶段或项目而必须交付的任何独特、可验证的产品、成果或提供服务的能力。

在项目管理中，交付成果始终都是关注点。交付成果覆盖了全部的项目范围，并在极大程度上反映了项目目标需求。所有的项目活动与资源均为有效完成这些交付成果而发生的。基于此，项目管理更应关注图纸和实际建筑等交付物品质和质量的把控。

在项目目标推进过程中更应聚焦用户导向。项目交付后供用户使用，应更好地满足用户需求，在了解用户需求基础上逐步完善建筑功能和建设目标。在传统项目建设过程中，管理企业和人员更多着眼于内部资源管理和项目目标管理，即仅从项目层面考虑问题。而在当前行业大环境下，项目管理企业更应转变固化思维，并相应调整制度、体系和管理流程，主动倡导用户核心思维。

2. WBS工作分解

创建WBS是把项目工作按阶段可交付成果分解成较小的、更易于管理的组成部分的过程。以可交付成果为导向的工作层级分解，工作分解结构组织并定义项目的总范围。重点关注功能需求识别分解、项目管理工作分解、建筑安装与专业工程分解、合同包分解结构等。

3. 编制各层级计划

计划是分层次的，全过程工程咨询主导编制项目控制类计划，设计、施工等实施单位编制实施计划，实施计划需要在控制计划的节点要求内进行细化和资源配置深化。项目管理主导编制的通常有项目总控进度计划、项目管理工作计划、设计管理控制计划、报批控制计划、采购控制计划、施工控制计划，并对项目设计、施工等单位编制的实施计划，年、旬、月、周计划进行管理，做到实时更新、实时对照和有效把控。

4. 干系人的需求和期望

（1）干系人是指积极参与项目或其利益可能受项目实施或完成的积极或消极影响的个人或组织。干系人也可能对项目及其可交付成果和项目团队成员施加影响。依据《项目干系人等级册》识别干系人，识别需求与期望。

（2）鉴别项目建设需求是什么、业主最想要的是什么、项目使用方需求是什么、识别业主的建设期望是什么、项目关注方的期望是什么、哪些期望可以实现。

（3）干系人核心层通常包括建设单位、使用单位、主要参建方，紧密层通常包括周边主管部门、相关单位、其他参建方，松散层为周边百姓。

（4）制订沟通计划。管理好信息发布者是有效减少信息漏洞，提升沟通的关键点。日报、周报、月报管理过程文字留痕，定期组织项目管理例会，强化信息沟通，支持项目管理者进行策划、协调控制。

5. 风险管理

风险在项目管理过程中无处不在，风险管理是项目管理知识体系的重要内容，包括识别项目风险，制定《风险清单》，分析风险发生概率、后果、触发因素，落实风险应对管理等内容，编制《风险预控表》等。

6. 合同网络图

（1）通过详细合同网络图的绘制清晰认知项目的整体，建立项目的宏观认知，从俯视视角对项目的合同结构树有宏观的概念；

（2）合同包是项目管理的核心抓手；

（3）合同是以法律合约形式分解保障项目目标。

2.3 设计阶段的工程咨询

2.3.1 工程设计咨询

工程设计的咨询是指接受建设单位的委托，根据建设工程的目标要求，对项目设计工作进行全过程（前期阶段、设计阶段、施工阶段）的监督及指导，并对各阶段设计成果文件进行复核及审查，纠正偏差和错误，提出优化建议，出具相应的咨询意见或咨询报告。

工程设计咨询的服务项目主要包括设计任务书编制咨询、建筑专业设计咨询、结构专业设计咨询、机电专业设计咨询、专项设计咨询、设计阶段工程经济咨询。

1. 设计任务书编制咨询

设计任务书应当在完成项目可行性研究之后的设计准备阶段进行编制，要按有关规定执行，其深度满足开展设计的要求。由于设计任务书的编制需要提前对建设项目具有综合、系统、科学、全面的认识，而从我国建设行业的实际情况来看，许多业主在没有聘请相应的建设咨询顾问的情况下往往难以提出准确的、完整的设计任务书，不能给予建筑师明确的建筑设计要求，容易导致虽然建筑外观漂亮但不一定实用。因此，设计任务书的主要作用包括明确业主方的功能要求、明确设计范围、明确设计深度及论证基本技术经济性。

（1）设计任务书的主要内容。

国家计委、国家建委、财政部于1978年发布的《关于基本建设程序的若干规定》中对不同项目的设计任务书涉及内容进行了相关规定。但由于数十年来我国建设行业的迅速发展，该规定中的内容已难以完全满足新形势的要求，结合目前的行业实际情况，建设工程项目的设计任务书应主要包含以下五个方面内容。

①项目建设概要；

②规划设计条件与周边基础条件分析；

③项目功能空间的分析与分配；

④对各专业工种的设计要求及提交文件要求；

⑤对工程经济文件编制的要求。

（2）设计任务书的编制要求。

在设计任务书的编制过程中，应遵循任务书的主要模块，结合不同内容的具体要求与特点，针对性地采用定位、定性、定量等不同方法进行研究编制。其具体包括以下三个方面内容：

①既要重视传统经验借鉴，又要结合项目实际与现代技术方法的进步；

②既要强调建筑空间组合、比例、尺度等技术理性要素，又要结合建筑与社会、环境、文化等的融合感性因素；

③不仅要满足设计规范，保证项目设计方案的合理性与科学性，还应重视项目对市场、经济、环境等的综合影响。

2. 建筑专业设计咨询

建筑专业设计咨询是指在项目的方案设计、初步设计、施工图设计、招标投标、施工配合、竣工验收等全过程阶段，提供建筑专业的咨询、审查、优化、建议等服务，全面保证项目建筑设计的美观性、实用性、合理性、经济性。建筑专业设计咨询的服务内容主要包括以下五个方面。

（1）建筑方案比选。

进行项目的多方案比较，对建筑方案的外观、功能、技术、经济、社会等各方面的可行性、优劣性、影响性等进行全方位分析研究，提供方案可行性分析及比选报告，提出方案选择建议等。

（2）建筑设计策略相关研究分析。

在设计工作正式开展前和进行过程中，针对可能影响项目建筑设计策略的各项相关因素进行研究分析，编制相应的分析报告或提出对策建议，以辅助设计策略的生成和选定，保证设计策略的合理性。建筑设计相关的分析要素包括项目建设对城市规划的影响，城市规划要求的满足及与城市风貌的配合；日照对本建筑及周边居住建筑的影响；以及声环境影响、交通影响等。

（3）专项设计配合。

针对不同建筑类别和特殊的设计需求，进行专项分析咨询，提出专业建议配合与指导建筑师完善设计方案，必要时还可与相关专业咨询机构形成合作。

（4）建筑设计优化。

通过科学、系统的计算分析，针对已完成的项目设计方案提出优化措施建议，进一步完善项目的整体设计，提供设计优化内容的建议报告。

（5）后续服务。

在项目的建筑设计工作完成后，也可进一步提供相关的设计后续服务。

3. 结构专业设计咨询

结构专业设计咨询是指在项目的方案设计、初步设计、施工图设计、施工配合等全过程阶段，提供结构专业的咨询、审查、优化、建议等服务，保证项目的结构安全性、合理性、经济性，并满足业主的功能需求。结构专业设计咨询的服务内容主要包括以下三个方面。

（1）进行项目的结构选型，对结构方案的形式、投资效益、工期等提出全方位比选建议，提供方案可行性分析及比选报告；

（2）对项目的主要结构体系、结构系统、结构形式的设计提供合理化建议，通过相关性能、要点的分析研究，提出设计参考建议，辅助设计工作开展及优化，尤其是针对基础、幕墙等重要节点部位的性能分析还可同时对后续施工过程和方法提供针对性指导；

（3）通过科学、系统的计算分析，针对已完成的项目结构设计提出优化建议，进一步完善项目的整体结构体系，提供结构优化内容的建议报告。

4. 机电专业设计咨询

机电专业设计咨询是指在项目的方案设计、初步设计、施工图设计、招标投标、施工配合、竣工验收等全过程阶段，提供机电专业的咨询、审查、优化、建议等服务，满足业主功能需求的同时减少项目机电系统设计、进度、预算、质量等环节的风险，全面保证项目机电系统的安全性、合理性和经济性。

机电专业设计咨询的服务范围包括暖通工程、消防工程、给水排水工程、强电工程、弱电系统、垂直运输系统、管线综合及标高控制等各机电系统。

5. 专项设计咨询

（1）BIM应用策略设计。

对于需要采用BIM技术的项目，应在项目前期及设计初期阶段，针对项目BIM应用策略进行系统性设计，对设计施工与运营阶段运用BIM达到的目标、BIM实施软件、统一BIM标准、各阶段BIM应用点等内容进行规划咨询，以指导后续的设计实施过程。

（2）绿色建筑与建筑节能设计。

在工程设计过程中，依据项目类型和特征进行研究分析，针对项目的建筑、结构、机电各专业领域选择合适的绿色建筑和节能策略，并将绿色技术与建筑设计表现相融合，以此为基础提出绿建节能设计措施方案建议并进行可行性论证。

（3）特殊生产工艺设计。

对于医疗、工厂、信息系统工程、集成电路工程、环境污染防治等具有特殊生产工艺的项目设计，需要针对相关工艺进行研究分析。在设计过程中融入工艺带来的特殊要求，以保证设计方案的合理适用。必要时需与相关的专业咨询机构合作完成。

6. 设计阶段工程经济

设计阶段工程经济的主要任务是利用相关工程价值计算方法，对设计阶段的过程造价进行估算，确保设计方案可以体现经济性原则，最终实现节约工程建设投资的目的。对工程经济中的设计阶段实施造价控制是事前控制的重要体现，据相关调查资料分析，设计费用在整个工程成本中所占的份额仅为1%，但是其对工程总造价的影响程度却达到了75%。工程经济中设计阶段的造价控制作为全过程造价控制的关键部分对整个工程造价控制的效果具有直接影响。

通过引入第三方造价咨询单位参与设计阶段的经济控制，可以从限额设计、优化设计方案、节约工程建设成本等方面协助设计阶段进行系统性的造价经济管理，进而保障与提升工程项目的整体效益与质量。

2.3.2 设计管理

1. 设计管理的概念及特点

（1）设计管理概念。

设计管理是指应用项目管理理论与技术，为完成一个预定的建设工程项目设计目标，对设计任务和资源进行合理计划、组织、指挥、协调和控制的管理过程。

（2）设计管理特点。

①由于现代技术进步以及社会建设快速发展需求，对大型复杂项目建设要求越来越高，在规模、技术、工期、成本等方面都体现出新特征，具有组织复杂、技术难度高、工期紧和投资控制严格等特点。基于大型复杂项目上述特点，体现出设计管理工作在整个项目开发建设全过程中的重要作用。相对普通建设项目，大型复杂项目更需要全过程的设计管理。其主要体现在以下三个方面。

a. 大型复杂项目的勘察设计从立项、规划、勘察与设计到最终完成需经过几个不同阶段，每阶段均涉及诸多不同因素，只有在各阶段都从系统层面综合考虑这些因素，才能保证整个设计理念的一致及设计的整体协调完整。

b. 大型复杂项目的设计过程就是信息交汇、中转、转换、存储的过程。在项目设计过程中各设计单位间、设计单位与业主间的工作内容存在大量资料信息汇集、存储、传递、交换、输出等，而只有通过协调与统一管理才能保证信息高效有序地传递。

c. 根据工程项目全生命周期理论，通常把工程项目分为决策阶段、实施阶段和使用阶段。设计是贯穿整个大型复杂项目全周期的一条主线，对项目建设三大控制目标——成本、进度和质量有最直接和最重要的影响。对于大型复杂项目更需对设计开展全生命周期的统一协调管理。

②由于大型建设项目的自身复杂性及其在质量与经济效益方面的严格要求，对项目设计管理也产生较大影响，使得设计管理具有以下四个特征。

a. 设计规模大，参与单位多，且有一定地域分散性。现代大型建设项目是一个涉及众多专业的复杂完整的系统，投资巨大且风险较高，项目设计需多个专业设计单位协同完成，设计周期时间长且工作量大。同时，由于大型项目较重视新技术应用，技术难度大且对设计单位的要求较高。项目设计参与单位众多且往往遍布全国各地，在空间上给设计管理带来挑战性。且因各参与方围绕项目开展工作的条件平台、软硬件平台和设计手段具有差异性，这些对项目设计管理的整合优化能力提出了较高要求。

b. 设计管理界面较多，协调难度较大。由于项目设计专业比较多且常由不同设计单位负责，各设计专业及设计单位间交叉界面多使得设计管理需开展大量的沟通管理工作，同时因项目的复杂性和设计系统性要求，使得各专业间技术协调难度较大。

c. 设计管理涉及信息量大、信息类型多、信息管理和应用复杂。由于工程建设规模大、涉及的设计单位众多以及其协作密切复杂，使得设计管理工作涉及大量信息。设计管理人员不仅要了解各设计技术标准、规范及国家地方相关政策，还要同时掌握工程项目设计各方面的情况。应注重对信息变化的有效管理，一方面，项目不同参与方对项目应用需求信息处理的技术应用也不同，需通过设计管理对信息进行有效组织管理；另一方面，项目设计信息所在环境和过程处于动态变化中且各部分信息联系紧密，一个单位设计内容变化会引发相关单位的设计调整。

d. 设计管理系统性要求高。为保证设计高效有序进行并对设计进行有效控制，须对各设计单位进行系统的组织管理。针对大型复杂项目，首先需建立一个完整的设计管理组织构架，基于此实现对设计单位的统一管理并协调各方关系；其次，针对不同设计单位及设计内容的性质特点采用不同的设计管理方法。

2. 设计管理组织

全过程工程咨询模式下，全过程工程咨询单位协同业主进行设计管理工作。全过程工程咨询单位具有较强的专业管理能力，并通过市场机制选择优秀的专业设计公司来完成专业设计任务。在全过程工程咨询模式下，设计管理存在以下两种管理模式。

（1）设计总包管理模式。

设计总包管理模式即"业主和全过程工程咨询单位联合管理+设计总包单位"的组织结构。通过选择综合实力强且具备相关经验的设计单位，统筹整个项目的设计工作并处理设计中出现的所有问题。优点是业主和全过程工程咨询单位设计管理工作较轻松，大量设计管理工作转移到设计总包单位，只需与设计总包单位建立联系，不用面对众多的设计单位和设计合同；缺点是项目较大时较难找到综合设计专业的设计单位，对设计单位综合能力要求较高，并且业主对设计总包单位控制相对比较弱且依赖性较高，业主承担的设计风险较大。

（2）全过程工程咨询总体设计管理模式。

全过程工程咨询总体设计管理模式即全过程工程咨询单位在项目设计管理中起到设计咨询总体管理角色，形成"业主+全过程工程咨询单位设计咨询管理+专业设计群（设计顾问）公司"的组织结构。该管理模式是业主与各专业设计单位直接建立合同关系，并通过全过程工程咨询单位直接对各专业设计单位进行管理。全过程工程咨询单位主要起总体设计咨询管理作用，就业主设计管理中存在的问题进行指导，业主可以通过全过程工程咨询单位直接在信息、技术上对各专业设计单位进行管理，管控能力强。缺点是设计管理工作任务重，面对各专业设计单位需要协调的内容多。

3. 设计管理工作流程

（1）项目前期设计管理流程。

设计管理前期的流程管控是为加强项目前期的监控，确保项目的质量、成本和进度。在这一阶段，需要完成的流程包括如下内容。

①项目投资、规模的论证。

②项目资料的收集，包括项目技术资料，周边资源与环境资料，公共配套与物业需求资料，规划设计的可行性研究，概念方案总平图，综合经济技术指标等。

③编制整个项目的设计计划和项目前期阶段的具体工作计划。

④概念设计并形成结果文件。

⑤形成项目的设计任务书。

（2）施工前期设计管理流程制度。

该阶段是指前期的设计招标，方案、初扩、施工图设计，审图，材料设备采购阶段。在这一阶段，需要完成的流程包括如下内容。

①编制方案设计任务书。

②编制设计招标书，设计招标流程。

③设计交流。

④方案设计成果提交及内外部评审。

⑤设计合同的签订。

⑥设计修改建议及方案调整。

⑦进行单体扩初设计，确定平面布局。

⑧设计文件过程控制。

⑨初步设计方案图确认。

⑩报建与详勘。

⑪综合各监管部门审批意见书编写施工图设计任务书。

⑫某些项目会重新选择施工图设计单位并内外部评审报批。

⑬设计过程沟通与过程控制，包括各节点确认。

⑭施工图纸确认。

⑮与其他各部门的设计交底。

⑯室内设计与景观设计介入点与过程控制。

（3）施工阶段的设计管理流程制度。

这一阶段项目已经进入施工，主要依靠工程部门的管理来保证项目的质量、进度和成本控制。该阶段设计管理流程制度是为了施工图纸完成后，能配合工程部门协调施工顺利进行，快速补充遗漏或变更图纸及确认材料样板，并保持采购的通畅。需要完成的流程包括：

①材料清单确认。

②图纸深化与材料审批封样。

③设计协调与变更。

（4）景观设计管理流程制度。

本流程制度是为了规范景观设计和施工工作的作业流程，确保景观设计与建筑施工和景观施工的衔接以及交叉流程作业的顺畅，加强工程的质量，进度和成本控制。该流程制度的主要内容包括：

①现场地形环境资料，建筑图纸等设计资料的提供。

②景观设计任务书编制。

③景观设计单位选择。

④景观方案设计及审定。

⑤景观施工图设计及审定。

⑥景观施工阶段配合协调。

⑦景观材料设备清单采购。

⑧设计变更流程。

⑨竣工验收。

4. 设计界面管理

根据界面和界面管理的定义可将设计管理的界面定义为：识别设计不同阶段、不同设计专业或项目设计参与各方工作界面，解决界面双方或多方在专业分工、阶段分工与协作间的矛盾，实现控制、协作与沟通，提高管理的整体功能，实现项目设计效果的最优化。由于工程建设设计是分专业、分阶段设计，所以各专业互相交叉、联系和制约；同时设计是项目前期设想方案的具体化和后期落地、施工的蓝图，决定了设计管理的复杂性和重要性。其中，设计界面管理在诸多问题中最重要，也最复杂。

目前，建设项目设计界面管理主要有组织界面管理问题和合同界面管理问题两个方面。对于前者，可从界面管理角度考虑，控制界面矛盾并尽可能减小界面矛盾。其主要包括减少组织界面数，设计界面模糊化等。对于后者，可加强合同界面识别分析，完善合同结构和界面策划。

由于各设计参与方都基于本单位立场看待问题，因此导致各方在技术接口与界面发生冲突。若冲突某一方看法正确，则可选择其方案。但是在实际中，双方方案往往都存在一定的合理性，造成冲突难以解决。基于对冲突开展研究，可根据冲突出现的类型分别建立等级协调和无等级协调两类协调机制。

5. 设计信息管理

信息管理问题主要包含由于组织问题引起的信息问题、由于专业分工和技术衔接引起的信息问题、由于利益和目标引起的信息问题、由于意识和管理理念引起的信息问题四个方面。为解决上述问题，可采取以下策略：

（1）树立正确的信息管理意识，包括增强信息维护意识、学习知识管理意识等。

（2）构建基于网络的设计管理信息协同平台。

（3）选择有效的信息沟通方法。其包括重视口头沟通；采用口头沟通与书面沟通相结合的方法沟通；在建立正式沟通渠道的同时，合理利用非正式沟通等。

6. 设计进度管理

设计进度管理应按设计阶段和设计专业对设计进度目标进行分解，需明确每阶段的进度控制目标，使各阶段设计在时间上环环相扣，形成不脱节的设计进度链。各阶段进度控制目标应以设计合同规定的各阶段设计文件提交的时间为依据，确定各阶段设计的开始时间、持续时间、完成时间、提交成果时间及审核审批时间。

（1）方案设计阶段设计进度控制主要工作。

①参与制订设计招标计划，跟进招标实施。

②加快推进业主确定方案,避免因意见不一而迟缓决策,耽误后续方案修改和优化工作进度。

③明确方案优化完成时间并控制执行。

④制订设计方案送审报批和批后修改工作进度计划并跟踪实施。

⑤编撰方案设计阶段进度控制总结。

(2) 初步设计阶段设计进度控制主要工作。

①协同招标管理提前开展初步设计招标和确定设计单位。

②提前准备和完成初步设计正式开始前的设计提资工作。

③重视设计接口(各专业之间、各设计单位之间、设计单位与供应商之间用于工程设计而需要交换的信息)的及时性、有效性、准确性和完整性。重点检查监控因设计接口问题可能引起的设计工期延误,及时与设计单位协调,拟定解决方案与措施。

④控制初步设计文件送审报批和批后修改工作进度时间。

⑤编制初步设计阶段进度控制总结报告。

(3) 施工图设计阶段设计进度控制主要工作。

①初步设计文件批准后,应抓紧开展施工图设计工作,实施施工图设计进度计划。

②熟记招标文件和合同文件中有关进度控制的条款,有理、有据、有节地处理设计过程中出现的各种进度问题。

③重点跟踪检查各专业施工图设计执行情况,监控各专业交叉设计时可能产生的无序情况和设计接口问题及其引起的设计工期延误;应及时与设计单位协调,力促上下游专业间保持密切联系和有效沟通。

④协调主设计单位与分包设计单位的关系,落实各单位相互提资和确保信息通畅。

⑤协同设计单位及时审核设计文件,做好设计成果的过程监控。

⑥控制设计过程中的业主变更及其实施时间。

⑦施工图设计文件经内部审核后应及时按规定送施工图审查机构,并做好与施工图审查机构的协调工作。

⑧编制施工图设计阶段进度控制总结报告。

7. 设计质量管理

项目设计质量控制的目标体现在通过设计过程的科学控制,最终提供满足业主需要的,符合国家法律法规、建设方针、设计原则、技术标准及设计合同约定的设计成果和服务。

（1）方案设计阶段设计的质量控制。

①方案设计文件编制深度要求。

方案设计文件编制深度需符合国家最新版《建筑工程设计文件编制深度的规定》。

②方案设计质量控制要点。

a. 做好方案设计任务书的策划和编制。方案设计相关设计要求主要通过方案设计任务书来体现，策划和编制方案设计任务书是项目前期策划的延续和细化过程，是方案设计质量控制的重要内容。

b. 方案设计应与当地的经济发展水平相适应，遵循安全、适用、经济、美观、环保、节能等原则。

c. 方案设计应符合项目前期文件批复和任务书等依据性文件。

d. 设计方案应严格执行国家强制性标准条文、满足现行的建筑工程建设标准、设计规范、制图标准和设计文件编制深度规定。

（2）初步设计阶段设计的质量控制。

①初步设计文件编制深度要求。初步设计文件编制深度需符合国家最新版《建筑工程设计文件编制深度的规定》。

②初步设计质量控制要点。

a. 策划确定初步设计要求。在初步设计阶段，应针对已获批准确认的设计方案拟定初步设计要求，编制初步设计任务书。

b. 做好初步设计内审和优化工作。设计管理需要对初步设计成果进行审查。

c. 做好初步设计外审组织协调工作。

（3）施工图设计阶段设计的质量控制。

①施工图设计文件编制的深度要求。施工图设计文件编制深度需符合国家最新版《建筑工程设计文件编制深度的规定》。

②施工图设计质量控制要点。

a. 施工图设计应根据批准的初步设计开展编制，不得违反初步设计的原则和方案。如确要调整修改初步设计时，须呈报业主审批。

b. 施工图设计文件应满足设备材料采购、非标准设备制作和施工需求。

c. 施工图设计应重点检查建筑与结构、建筑与设备、结构与设备等专业工种之间的冲突。

d. 施工图设计文件应确保其设计可实施性。

8. 设计投资管理

在设计推进的过程中，设计管理部门应协同造价管理部门进行投资计划值和实际值动态跟踪比较，有偏即纠，将设计投资控制在项目计划总投资范围之内。设计管理需分析评价项目的经济性，并寻求提高设计经济性的途径，从而优化设计；在保证设计技术质量的前提下，实现建设项目的投入最小化和效益最大化。设计管理在进行设计投资控制时应做到高效利用有限资源，提高建设项目投资技术与经济的双重效益。

为保证工程项目造价的准确性及投资控制的科学性，项目分阶段对工程进行多次投资计算。从投资估算、设计概算与施工图预算等预期造价，到承包合同价、结算价和最后的竣工决算价等实际造价，是一个由粗到细，由浅入深，逐步深化、细化并逐步接近实际投资的过程。设计管理应明确，投资与设计的逐步深化过程是相对应匹配的，对应关系为方案设计阶段对应投资估算、初步设计阶段对应设计概算、施工图设计阶段对应施工图预算。

（1）方案设计（投资估算）阶段投资控制。

在方案设计阶段，投资控制主要是在优选和优化设计方案中实施。此阶段设计投资控制主要包括以下工作。

①参与设计方案评标，对投标设计方案的技术经济分析和设计估算作出评议和定量评价。

②参与编制设计方案优化要求中有关投资控制的内容。

③根据方案设计文件和估算书，对估算的依据、参数、过程和结论进行分析和审核。

④采用价值工程等方法对设计方案优化提出建议。

⑤参与编制初步设计要求文件中有关投资控制的内容。

⑥参与确定初步设计的设计限额。

（2）初步设计（工程概算）阶段投资控制。

在概算阶段，设计管理的重要工作是向投资管理提供足够深度的初步设计成果文件和完备的其他资料文件。概算编制完成后，设计管理应根据项目设计情况对概算指标进行审核，并协同投资管理人员对项目各区域土建、安装概算指标进行合理性评估和分析，主要包括以下工作。

①参与审核、评价初步设计文件中有关技术经济分析的内容。

②参与审核项目设计概算，提出评价建议。

③采用价值工程方法，寻求节约投资的可能性。

④参与编制施工图设计要求文件中有关投资控制的内容。

⑤参与确定施工图设计的设计限额。

（3）施工图设计（施工图预算）阶段投资控制。

施工图设计阶段的设计投资控制重点是监控施工图设计按照初步设计进行，强化建设项目的经济性，严格控制设计限额，必要时对施工图设计进行修改或调整，使施工图预算控制在概算范围内。

（4）设计变更控制。

设计管理控制设计变更应注重以下控制要点：

①事先分析预测项目范围的变更原因及其可能性，事先控制能够引起工程变更的因素和条件，按合同约定细化设计变更管理办法。

②了解跟进项目实施的中间过程和动态，在施工过程设计管理中，慎重审阅处理设计变更要求提出方的变更意见，防止出现不利于目标实现和不合理的变更，避免随意频繁变更导致项目施工实施的混乱和失控。

③协同项目设计负责人识别提出的设计变更的必要性、适用性及可行性，分析审定执行设计变更对工程设计质量、工期和费用的影响。包括对已施工安装部分或其他设计输出的影响及应采取的措施。

④变更后应及时合理调整项目设计管理的实施计划，并进行相应的工程进度、质量、价款和资源的跟进。

⑤加强设计变更的文档管理，所有的设计变更都必须有书面文件和记录，并有相关方代表签字。

2.3.3 设计评审

1. 设计评审概念及作用

所谓设计评审，是指对相关设计成果所做的正式的、综合性的和系统性的审查，并写成文件，以评定设计要求与设计能力是否满足要求，识别其中的问题，并提出解决办法。设计评审的作用主要包括：

（1）评价工程设计是否满足功能需求，是否符合设计规范及有关标准、准则；

（2）发现和确定工程项目的薄弱环节和可靠性风险较高的区域，研讨并提出改进意见；

（3）减少后续设计更改，缩短建设周期，降低寿命建设成本。

2. 设计评审内容

通常设计评审内容主要包括初步设计评审、施工图审查、抗震设计审查、消防评审，以及根据需要开展的其他相关评审。具体如下：

（1）初步设计评审。

①评审范围。需要开展初步设计评审的项目根据各地相关法规文件规定确定。

②评审要点。初步设计评审要点可分为行政审查和技术审查两方面内容，最后提出总体评价意见。

a．行政审查。项目初步设计的行政审查主要包括建设程序、资质资格、市场管理三大类内容是对初步设计文件的合规合法性进行的一般性评估。

b．技术审查。项目初步设计的技术审查主要包括工艺设计、总图设计、建筑设计、结构设计、设备电气、初步设计概算等方面。应主要关注以下内容：

Ⅰ．初步设计内容是否完整全面，各专业设计深度是否满足相关要求；

Ⅱ．各专业设计说明和设计图纸是否符合现行标准、规范、规定和规程的要求，特别是强制性规范条文的要求，设计规模和设计范围是否有所变更；

Ⅲ．采用的设计方案是否体现节能、环保、确保公共安全的要求；

Ⅳ．采用的设计方案是否经济、合理、可行；

Ⅴ．初步设计概算编制内容是否完整，概算编制依据是否合理、准确。

c．总体评价。项目初步设计的总体评价是在汇总各分项评审的基础上，对拟建投资项目进行全面分析和综合评审，将其数据资料进行检验审核和整理、对比分析、归纳判断，提出最终结论意见和建议，并作出项目评审报告。评审报告应就初步设计文件编制的依据、编制内容、建设规模、建设标准、总平面图和各专业设计方案、节能环保、设计概算等做出全面、客观、公正、科学的评价，并就设计中可能存在的重大问题以及是否需要修改提出建议。

（2）施工图审查。

施工图审查是对施工图涉及公共利益、公众安全和工程建设强制性标准的内容进行的审查；是政府主管部门对建筑工程勘察设计质量监督管理的重要环节；是基本建设必不可少的程序。

①审查范围。根据住房和城乡建设部《房屋建筑和市政基础设施工程施工图设计文件审查管理办法》的规定，施工图未经审查合格的，不得使用。从事房屋建筑工程、市政基础设施工程施工、监理等活动，以及实施对房屋建筑和市政基础设施工程质量安全监督管理，应当以审查合格的施工图为依据。

建筑工程设计等级分级标准中的各类新建、改建、扩建的建筑工程项目均属施工图审查范围。省、自治区、直辖市人民政府建设行政主管部门，可结合本地的实际，确定具体的审查范围。

②审查要点。项目施工图设计审查针对建筑、结构、给水排水、暖通、电气、建筑节能等专业分别进行审查。施工图审查机构应当对施工图审查，包括以下内容。

a．是否符合工程建设强制性标准；

b. 地基基础和主体结构的安全性;

c. 是否符合民用建筑节能强制性标准,对执行绿色建筑标资的项目,还应当审查是否符合绿色建筑标准;

d. 勘察设计企业和注册执业人员以及相关人员是否按规定在施工图上加盖相应的图章和签字;

e. 是否符合公众利益;

f. 施工图是否达到规定的设计深度要求;

g. 是否符合作为设计依据的政府有关部门的批准文件要求;

h. 法律、法规、规章规定必须审查的其他内容。

具体的各专业施工图审查要点可参见住房和城乡建设部《建筑工程施工图设计文件技术审查要点》文件和各地的施工图设计审查相关文件要求。

(3)抗震设计审查。

①审查范围。根据住房和城乡建设部《房屋建筑工程抗震设防管理规定》(建设部令第148号)的要求,新建、扩建、改建的房屋建筑工程,应当按照国家有关规定和工程建设强制性标准进行抗震设防。其中:

a.《建筑工程抗震设防分类标准》GB 50223—2008中甲类和乙类建筑工程的初步设计文件应当有抗震设防专项内容;

b. 超限高层建筑工程应当在初步设计阶段进行抗震设防专项审查;

c. 新建、扩建、改建房屋建筑工程的抗震设计应当作为施工图审查的重要内容。

②审查要点。

a.《建筑工程抗震设防分类标准》GB 50223—2008中甲类和乙类建筑工程的初步设计文件抗震评审要点应参考抗震规范的相关规定。

b. 新建、扩建、改建房屋建筑工程的施工图抗震设计审查要点应遵循《建筑工程施工图设计文件技术审查要点》要求,参考抗震规范的相关规定。

c. 超限高层建筑工程(包括满足条件的高度超限工程、规则性超限工程、屋盖超限工程等)应依据《超限高层建筑工程抗震设防管理规定》,按照《超限高层建筑工程抗震设防专项审查技术要点》进行抗震设防专项审查。抗震设防专项审查的内容主要包括:

Ⅰ. 建筑抗震设防依据;

Ⅱ. 场地勘察成果及地基和基础的设计方案;

Ⅲ. 建筑结构的抗震概念设计和性能目标;

Ⅳ. 总体计算和关键部位计算的工程判断;

Ⅴ. 结构薄弱部位的抗震措施;

Ⅵ．可能存在的影响结构安全的其他问题。

（4）消防审查。

①审查范围。根据公安部《关于改革建设工程消防行政审批的指导意见》的要求，施工图审查机构对新建、扩建、改建（含室内外装修、建筑保温、用途变更）建设工程的施工图进行消防设计审查。

②审查内容和要点。施工图审查机构应当依据现行消防法规和国家工程建设消防技术标准、专家评审意见，按照《建设工程消防设计审查规则》进行审查，如实记录审查过程。

建设工程消防审查内容主要包括资料审查、技术复核和消防设计文件审查。

a．资料审查。

资料审查的材料包括：

Ⅰ．建设工程消防设计审核申报表/建设工程消防设计备案申报表；

Ⅱ．建设单位的工商营业执照等合法身份证明文件；

Ⅲ．消防设计文件；

Ⅳ．专家评审的相关材料；

Ⅴ．依法需要提供的规划许可证明文件或城乡规划主管部门批准的临时性建筑证明文件；

Ⅵ．施工许可文件（备案项目）；

Ⅶ．依法需要提供的施工图审查机构出具的审查合格文件（备案项目）。

b．技术复核。

技术复核的内容主要包括：

Ⅰ．设计依据及国家工程建设消防技术标准的运用是否准确；

Ⅱ．消防设计审查的内容是否全面；

Ⅲ．建设工程消防设计存在的具体问题及其解决方案的技术依据是否准确、充分；

Ⅳ．结论性意见是否正确。

c．消防设计文件审查。消防设计文件审查应根据工程实际情况进行，主要审查项目包括建筑类别和耐火等级；总平面布局和平面布置；建筑防火构造；安全疏散设施；灭火救援设施；消防给水和消防设施；供暖、通风和空气调节系统防火；消防用电及电气防火；建筑防爆；建筑装修和保温防火。

（5）其他设计评审。

对于不同功能类型、不同地区、不同设计要求的建设工程项目，根据具体设计内容可能涉及诸如人防、安全、卫生防疫、幕墙光污染等其他专项设计评审需要;而涉及航空管制、地铁、风景名胜、通航等方面的项目,也须提供相关部门的审查意见。具体设计评审工作要求可参阅国家和地区的各相关规定文件。

2.4 报批报建阶段的工程咨询

2.4.1 办证报批策划

项目行政审批管理是依据建设程序办理行政审批手续,在全过程工程管理中,项目行政审批贯穿项目决策阶段到竣工阶段,是一个非常重要的环节,如果项目没有按法定的程序进行行政审批,项目投资人或业主单位就要面临重大的法律风险。全过程工程咨询单位协助业主单位开展前期的报批、报建工作,是履行工程管理的重要环节,使项目从立项、设计、实施、投产(使用)整个过程具有合法性、科学性及可追溯性。前期报批工作推进得顺利与否将直接影响着项目建设的整体节奏。

1. 办证报批计划

应充分了解当地审批流程及相应的要求,结合项目的实际情况,厘清报批要求内容,编制项目报批、报建的清单,明确责任单位,编制报批控制性计划,对后续具体办证报批工作起指导性作用,在实施过程中应根据项目实际进度实时进行调整。该控制性计划分为前期规划、前期报批和竣工验收三个阶段。其中,前期规划包括项目前期及后期验收整体规划。

2. 报批、报建涉及相关单位

一个项目从前期策划到竣工验收并交付使用,涉及的建设主管部门、参建单位非常多。每个单位都行使其相对固定的职责,只有弄清楚这些相关单位的职责并充分借助其职能,才能使项目有效、顺利地推进,详见表2-1。

项目报批报建涉及单位 表2-1

序号	单位名称	职能范围	与建设单位关系
1	建设单位	建设工程项目的投资主体或投资者,也是建设项目管理的主体	主体
2	全过程项目管理单位	受业主委托并在合同约定范围内对整个工程开展进行管理	合同关系
3	监理单位	受业主委托并在合同约定的范围内对工程项目的质量、安全、进度、投资进行管理	合同关系
4	总包单位	工程项目实施的主体,综合管理项目的开展	合同关系

续表

序号	单位名称	职能范围	与建设单位关系
5	专业分包	针对工程项目的特点将部分专业工程通过招标方式确定施工单位，其同样受总包单位的管理	合同关系
6	供货单位	甲供材料或甲定乙供材料的供应	合同关系
7	发展和改革委员会	政府投资项目建议书审批、政府投资项目可行性研究报告审批、基本建设工程初步设计审查、经济适用房建设投资计划审批、初步设计及概算批复、综合验收	政府主管部门
8	财政	对政府性工程项目的建设经费进行估算并按进度工程量拨款，同时对工程竣工决算进行审计	政府主管部门
9	建设	建设工程项目方案设计审批、市政基础设施配套费收费审核、建设工程竣工档案认可、房屋建筑工程和市政基础设施工程竣工验收备案、工程开工安全生产措施备案、施工图设计文件审查合格书备案、建筑类代建单位资格备案（项目管理单位资格备案）、工程建设项目自行招标备案、招标文件备案、招标投标情况书面报告备案、建设工程劳务分包合同备案、建设工程质量安全监督登记、建筑工程施工许可	政府主管部门
10	自然资源局	建设项目用地复核验收、农用地转用方案、补充耕地方案、征收土地方案审核、建设项目用地预审、《建设用地批准书》核发（招拍挂项目）、具体建设项目国有土地使用权审核、划拨国有土地使用权审核、协议出让国有土地使用权审核、单独选址建设项目国有土地使用权审核、临时用地审批、建设项目立项前规划审核、建设项目选址条件核发、建设项目选址论证报告审查、建设工程设计方案审查、建设项目交通影响评价审查、建设工程灰线检验、建设项目规划条件、建设工程规划验收确认、建设项目选址意见书、建设用地规划许可证、建设工程规划许可证、临时建设工程规划许可证	政府主管部门
11	水利局	开发建设项目水土保持方案审批、入河排污口审核、建设项目水资源论证报告审批、建设项目环境影响评价报告表审批、建设项目环境保护设施竣工验收、建筑施工夜间作业许可证核发、排污许可证核发	政府主管部门
12	环保局		政府主管部门
13	卫生局	方案设计、初步设计、施工图设计卫生审批及工程专项验收	政府主管部门
14	消防局	方案设计、初步设计、施工图设计消防审批及工程专项验收	政府主管部门
15	公安交通警察局	道路交通影响评价、城市建筑工程公共或专用停车场（库）设计方案审核审批及工程专项验收；安防工程审批及验收	政府主管部门

续表

序号	单位名称	职能范围	与建设单位关系
16	气象局	建设项目大气环境影响评价气象资料核准、方案设计、初步设计、施工图设计的防雷装置审核、防雷装置竣工验收	政府主管部门
17	园文局	城区建设工程项目降低配套绿地率指标许可、园林工程质量安全监督登记、临时占用、借用绿地许可、园林绿化工程竣工备案	政府主管部门
18	人防办	人防工程易地建设审批、人防工程规划审查、人防工程项目建议书审批、人防工程可行性研究报告审批、人防工程初步设计审批、人防工程施工图设计审批、人防工程竣工验收许可、人防工程质量监督及验收	政府主管部门
19	安全质量监督站	工程安全、质量监督及验收	政府主管部门
20	白蚁防治所	白蚁预防受理、费用缴纳	政府主管部门
21	节能办	对工程项目的节能进行评估并出具报告、参与工程项目的节能专项验收	政府主管部门
22	市政管理处	对小区内道路进行验收	政府主管部门
23	环境卫生管理处	小区化粪池验收、建筑垃圾处置核准意见书办理、建筑垃圾处置费交付	政府主管部门
24	电力公司	施工临时用电设计、安装；正式用电设计、安装、验收	合同关系
25	自来水公司	施工临时用电设计、安装；正式用电设计、安装、验收	合同关系
26	燃气公司	燃气工程设计、安装、验收	合同关系
27	检测单位	对工程中各类需要检测的项目出具真实的报告文件	合同关系
28	监测单位	主要针对项目基坑围护阶段安全进行监测，并出具数据报告	合同关系
29	图审单位	对施工图进行审查、出具审查意见	合同关系

2.4.2 项目报批流程

根据国家行政审批流程，结合项目实际情况，出具项目前期报批流程示意（图2-1），应向业主单位汇报，明确项目建设报批的关键点，前置条件等。

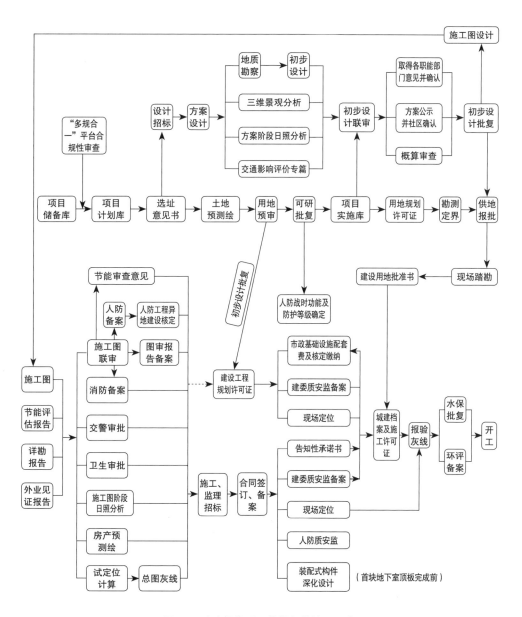

图2-1 政府投资项目前期报批流程示意

2.4.3 第三方委托

项目涉及第三方评估内容，可包含在全过程工程咨询合同内，也可单独由业主发包，项目报批工作由全过程工程咨询服务机构统筹安排，第三方服务清单见表2-2。

第三方服务清单 表2-2

序号	内容	序号	内容
1	项目建设议书	7	水土保持方案
2	可行性研究报告	8	交通影响分析
3	环境影响报告	9	日照分析
4	职业病危害评价	10	节能评估
5	辐射环评	11	社会稳定性评估
6	安全评估		

2.4.4 项目报批重要环节及注意事项

1. 前期配套

（1）立项。

项目立项报批程序根据资金来源的不同可分为备案制、核准制和审批制三种方式。

（2）项目前期第三方评估。

项目前期第三方评估方面，全过程工程咨询单位从总体上协调第三方评估机构的实施进度，协调相关配合单位的工作；第三方评估机构的实施时间需要满足项目总体计划要求。具体评估工作需要根据项目所在地相关政府职能部门的要求。

（3）建设用地规划许可证。

在向土地管理部门申请征用、划拨土地前，经城乡规划行政主管部门确认建设项目位置和范围符合城乡规划的法定凭证。

（4）建设工程规划许可。

《建设工程规划许可证》是由城市行政主管部门依法核发，确认建设工程是否符合城市规划要求的法律凭证。在办理建设工程规划许可证期间，全过程工程咨询单位根据项目所在地主管部门的要求，收集整理申请工程规划许可证的相关材料；协调工程设计、第三方评估机构等咨询企业提供相应项目资料，递交申请资料给城市规划部门审核，申请建设工程规划许可证。

（5）初步设计审批。

在初步设计审批过程中，全过程工程咨询单位在协调设计单位向相关行政主管部门提交初步设计文件前，应出具初步设计的内部审查意见，并经设计及建设单位达成一致意见。经行政主管部门审核的初步设计文件提出的意见，应组织设计单位进行设计修改。

（6）施工图审查。

全过程工程咨询单位应提出施工图内审意见，经建设单位、设计方讨论，并经施工图审查机构审查，施工图审查机构按照相关规范、标准进行施工图审查；审查机构在规定的时间内完成审查并提供审查报告，并颁发施工图审查批准书；对不合格的项目，工程设计根据审查报告进行施工图纸修改，并重新送审。

（7）施工许可。

建设项目在申领施工许可证时，全过程工程咨询单位负责整合参建各方的相关资料整理，报送行政主管部门。

2. 竣工验收

（1）专项验收。

项目专项验收包括消防验收、环保验收、绿化验收、交通验收、防雷验收、档案验收、规划验收及特种设备验收，项目管理在此期间主要是监督施工单位按设计图纸、相应规范要求完成施工，组织相应单位完成专项验收初验，组织建设单位与施工单位完成项目专项验收。

（2）竣工验收及验收备案。

施工单位根据合同及施工图纸完成项目所有施工工作后，全过程工程咨询单位组织协助建设单位申请项目竣工验收，工程竣工验收合格后在规定的时间内完成竣工验收备案。

（3）土地复核及产权办理。

竣工备案完成后，委托第三方进行宗地测绘，完成土地复核验收，最终完成不动产登记。

3. 报批注意事项

（1）精读国家政策，为工程项目节约机会成本做好工程前期申报工作。

（2）强化申报工作人员素质的培训，从事申报工作的人员的综合素质是做好工程申报前期工作的基础和保证。

（3）加强对从业人员的培训，通过流程讲解、技巧交流、编制相关业务流程、操作指南等。

2.5 招标采购阶段的工程咨询

2.5.1 招标采购策划

1. 招标采购策划的编制要求

招标采购策划应当在项目总体策划阶段，由招标管理工程师编制，用于指导项目各项招标工作的纲领性文件。招标采购策划的编制应当综合考虑如下内容。

(1) 国家法律法规；

(2) 地方招标规定；

(3) 项目建设目标；

(4) 业主使用需求；

(5) 项目策划文件；

(6) 立项批复文件；

(7) 已出具的设计文件和估算或概算文件；

(8) 建筑行业资质标准；

(9) 项目进度计划及节点要求。

根据上述内容，明确本项目拟定拟招标项及其招标范围、招标估算金额、招标界面、招标方式、合同计价方式等。招标采购策划应当是动态的，当上述内容变动或出现其他影响项目推进的因素出现时，应当及时调整策划时据实调整。

2. 招标采购策划的编制内容

(1) 合同包分解。

合同包应按照服务类、工程类、货物类三个类别进行分类，招标管理工程师应绘制《合同网络图》并根据分解的合同包确定招标采购的主要内容、招标界面、概算及招标方式等。合同包分解应遵循合理、科学、可操作性强的指导原则，符合国家法律法规及当地招标投标政策，并在合理满足业主单位需求的条件下，根据项目管理的需要适当控制合同包数量，以降低管理协调的工作量。常见合同包如下所述。

①服务类。项目建议书、可行性研究报告编制及修编、方案设计、初步设计、施工图设计、专项设计、水土保持方案委托、日照分析报告编制委托、节能评估报告编制委托、环境影响评价报告编制委托、职业病危害预评价委托、地震危害评估、地质勘查、桩基检测、基坑检测、施工图审查、室内空气质量检测、竣工测绘、工程保险、招标代理等。

②工程类。三通一平、土石方与边坡工程、桩基工程、拆除工程、施工总承包工程、装饰工程、外墙涂料工程、幕墙工程、智能化工程、钢结构工程、白蚁防治、景观绿化工程、室外市政配套、标识工程、跑道及球场面层工程、人防工程等。

③货物类。电梯设备、锅炉设备、空调、厨房设备、高低压配电柜、智能化设备、发电机组、太阳能、医疗设备、体育工艺器材、照明灯具、瓷砖、洁具等。

(2) 标段划分。

对于较复杂的项目，需要分标段施工或分标段设计的，招标管理工程师应编制《标段划分分析表》，对不同标段划分方案的优缺点进行对比分析，标段划分以实现项目整体目标为原则，根据项目的特性和业主需求编制。主要工作包括招标条件分析；招标组织工作难易程度分析；对投标单位的吸引力分析；投标报价对业主方管理工作的影响分析；投资控制分析；质量控制分析；进度控制分析；项目经理条件及能力要求对比；中标企业的资源投入要求对比；对后续专业工程的影响分析。

（3）招标界面划分。

招标管理工程师组织各专业工程师，结合项目设计图纸及实际情况对各专业工程招标界面进行初步规划并简要说明。各专业界面划分原则主要有：

①保证系统界面间的相容性，使项目系统单元间有良好接口；

②保证系统的完备性，以不失掉任何工作、设备与数据等，防止发生工作内容、成本和质量责任归属的争执；

③保证系统界面的不相互重叠（或相交），会造成工作界面的混乱以及经济上的多支出与扯皮；

④减少项目管理协调的工作量。

（4）投资估（概）算额。

招标管理工程师将拟定的合同包及界面说明提交造价工程师，造价工程师依据项目已完成的投资估（概）算文件，按照拟定界面进行投资估（概）算分解，并向招标管理工程提交合同项概算分解限额或投资控制分解限额。

（5）招标方式。

招标方式包括公开招标、邀请招标和直接发包，根据国家相关法律、法规、地方规章及项目实际情况进行确定。表2-3所示为典型项目招标管理主要成果。

典型项目招标管理主要成果 表2-3

项目阶段	工作内容	工作成果
项目准备阶段	分析项目可采用的建设发包模式，并对各类型发包模式的优缺点进行对比分析，推荐本项目的最佳发包方式	《建设发包模式分析表》
初步设计完成后	按照工程特点对项目合同包进行分解，对整个项目的招标进行规划，明确发包范围、发包方式及投资估（概）算额	《项目招标规划》
	根据总控进度计划、设计出图计划、招标规划等条件，编制招标进度计划，确定各招标项目启动及完成时间	《招标计划》
（电子版）施工图提交后	梳理、划分各标段招标项目的发包范围及施工界面，并就总承包招标工作提出合理化建议，做好工程量清单编制书面交底工作	《单项招标策划书》《单项招标计划表》

续表

项目阶段	工作内容	工作成果
预算编制前	（1）组织做好招标项目暂定品牌推荐工作，配合重要设备选型、定档工作； （2）招标界面划分方案，详细提供专业和工作界面划分建议	《材料设备品牌推荐表》《招标界面划分方案》
招标文件定稿前	负责对各项目设计、监理、施工、专业工程招标以及材料设备采购招标成果文件的送审、汇总、反馈、定稿工作，并提出合理化建议	《招标文件审核意见会签表》
招标工作完成后	负责编制和移交招标阶段总结、招标台账、招标资料的移交	《招标阶段总结》《招标台账》《招标资料移交表》

2.5.2 招标控制计划

招标控制计划是在招标策划的基础上编制的，用于指导招标实施。其主要内容应当包括拟招标项目、计划开始时间、计划完成时间和招标主要进度节点。其中，招标主要进度节点又包括招标方案完成节点、招标文件完成节点、招标控制价完成节点、招标图纸完成节点、招标挂网节点、答疑补遗节点、资格审查、评标、定标、合同签订、招标资料归档。

招标控制计划应当结合项目实际进度，以开工节点倒推的招标节点并适当前置，综合考虑图纸调整、清单调整、使用需求变更、材料品牌变更等可能对招标计划产生实质影响的主客观因素，预留提前量。

招标控制计划编制完成后，应当"集中讨论，分级报审"。招标管理工程师主动牵头组织招标控制计划审查，与其他相关专业商议各节点的合理性和可行性，并将成果文件上报各专业负责人、项目经理和业主单位审批。

2.5.3 招标前期准备

各单项招标实施前，招标管理工程师应当了解设计图纸、场地条件、地下管线分布、招标估算、潜在投标人等，针对施工重难点及业主单位关切内容进行记录。必要时，应当进行现场踏勘，借助无人机、照相机等设备，留存现场影像资料，并在招标文件中详细描述，帮助投标人更直观、更系统地了解项目情况、场地情况及业主需求。

2.5.4 单项招标方案

1. 招标方案

招标管理工程师根据对项目的分析、梳理，结合业主需求、招标计划、招标文件主要信息总结后得出的成果。

2. 招标方案编制

服务类的设计招标、施工类的总承包及专业分包工程招标、预算金额超过300万元以上的物资类招标均应编制招标方案。

3. 招标方案的编制依据

招标方案的编制依据包括招标投标法律法规、建筑行业资质标准、招标投标地方管理规定、项目管理策划、已出具的设计文件和估算或概算文件、项目招标规划、项目招标计划、业主需求、市场潜在投标人的相关信息、类似项目经验等。

4. 招标方案编制的内容

招标方案应包括招标工程名称、招标项目概况、招标人、项目总投资、招标金额、计划开竣工时间、招标范围和内容、标段划分、承包方式、质量安全要求、项目评优评奖要求、工期要求、技术标准和要求、合同计价方式、材料品牌要求、合同主要条款、投标报价上限及下限、投标人资质及业绩要求、投保担保金额及形式、评定标办法、招标过程中的重点难点、招标计划等内容。

5. 招标方案审核

招标方案编制完成后，应当由招标管理工程师牵头组织内部审查，由各专业人员参与讨论、优化，经项目经理确认后，提交业主单位审核签批，必要时召开专项评审会。

6. 招标工作交底

招标方案经业主签批后，招标管理工程师应及时组织交底，交底内容主要包括招标方案编制的依据、原则、招标文件编制的注意要点和风险点、招标工作的流程和招标计划的时间节点要求以及对招标代理的管控要求。

2.5.5 招标文件编制

1. 招标文件编制要求

招标文件应当结合国家或地方招标文件范本进行编制，其内容不得偏离招标方案的实质性内容，对于涉及无法确定的内容，如投标否决性条款、合同专用条款、工程量清单报价规定、特殊技术规范要求等，必要时可由招标管理工程师组织召开专项沟通会议，邀请业主、设计、造价咨询等相关单位参加，共同确定。

2. 招标文件审核

招标管理工程师组织各专业工程师进行招标文件的初步审核，调整完成后，组织业主、造价咨询、设计等相关单位对招标文件进行审核，必要时召开招标文件评审会议，根据会议议定内容进行修改。经批准后的招标文件内容，任何人不得随意更改，未经审批的招标文件不得发布。

2.5.6 组织招标实施

招标实施阶段主要工作有发布招标公告、投标质疑受理、答疑补遗、招标控制价公示、资格后审、开标、评标与定标、中标公示、中标通知书核发及合同签订、招标资料汇总、招标经验总结等，不同阶段的重点工作不同。

1. 发布招标公告

招标公告发布前，招标管理工程师应当主动对接造价单位及设计单位，核对设计图纸、招标清单、招标文件的准确性。

2. 投标质疑受理

根据招标文件约定的质疑截止时间，搜集各投标单位质疑内容，招标文件的质疑情况主要有对投标人资格条件的质疑、对招标文件具体条款的质疑、对评标办法的质疑、对招标文件补充文件的质疑、对招标活动本身的质疑、对招标评标过程的质疑和对评标结果的质疑。

3. 答疑补遗

招标管理工程师针对投标质疑内容，组织造价、设计单位进行答疑，针对招标文件调整、招标节点调整，应当第一时间发布补遗，告知各投标人。

4. 招标控制价公示

招标控制价应严格按照招标文件及补遗约定时间节点公示。

5. 资格后审

截标后，第一时间组织资格后审，根据招标文件约定对投标人提交的资格审查文件进行审查，并及时发布资格审查报告。

6. 开标

开标前，应当告知资格后审合格的投标人，采用纸质投标文件的，现场应当核对授权书、投标文件密封性、投标保证金缴纳证明等。

7. 评标与定标

招标人或招标代理机构组织5人以上单数的经济、技术方面专家对投标人提交的投标文件进行技术性和商务性评审。

8. 中标公示

招标人在确定中标人后，对中标结果进行公示，公示期不少于3日。

9. 中标通知书核发及合同签订

中标公示完成后，应当及时核发中标通知书，核发中标通知书之日起30日内必须签订合同。

10. 招标资料汇总

各单项招标过程资料应当及时总结、汇总、整理、归档、独立成册，并形成电子版留存。

2.6 投资管理阶段的工程咨询

2.6.1 投资估算编审

投资估算是进行建设项目技术经济评价和投资决策的基础，项目决策阶段投资估算主要包括项目建设书投资估算、方案设计估算和可行性研究报告投资估算。

1. 投资估算编审的依据

投资估算应内容全面、费用完整、计算合理，估算方法应符合行业规程和计价依据的要求，估算深度应满足的不同阶段对其进行投资决策和投资目标管控的要求。投资估算编审依据包括：

（1）国家、行业和地方政府的有关规定；

（2）工程勘察与设计文件，图示计量或有关专业提供的主要工程量与设备清单；

（3）工程造价管理机构或行业协会等编制的投资估算指标、概算指标（定额）、工程建设其他费用定额、综合单价、价格指数和有关计价文件等；

（4）类似工程的各种技术经济指标与参数；

（5）工程所在地同期的工、料、机市场价格，建筑、工艺及从属设备的市场价格和有关费用；

（6）政府有关部门和金融机构部门等发布的价格指数、利率、汇率和税率等相关参数；

（7）与建设项目相关的工程地质资料、设计文件与图纸等；

（8）其他技术经济资料。

2. 投资估算编审的成果文件

投资估算编审的成果文件应包括封面、签署页、目录；编审说明；投资估算汇总表；投资估算对比分析表；单项工程估算表；设备与工、器具购置费估算表；工程建设其他费用计算表；建设期贷款利息计算表；流动资金估算表；主要经济技术指标表。

3. 投资估算编审说明的内容

投资估算编审说明的内容包括应包括项目概况与建设条件、编审范围、编审依据、编审方法、有关指标参数与费率的取定说明、其他特殊情况说明、主要技术经济指标及构成分析等。

4. 投资估算编审时的注意事项

（1）投资估算编审选用的类似建安工程造价指标应依据人工价格指数、建安工程造价指数等相应造价指数进行价格基期调整；专项系统或主要设备应进行市场调查，采用市场询价、近期内相同或类似规格参数的投标报价；

（2）采用类似工程造价指标估算时，除价格基期调整外，应对项目建设的边界条件、项目管理目标、方案或技术差异进行修正，如项目组成、工期质量目标、建设用地费、市政配套与接入条件、技术方案、形体特征等；

（3）投资估算超出投资限额要求时，全过程工程咨询方应进行投资限额目标的分析论证，提出建设方案或方案设计的优化或调整建议，分析论证的成果可单独或与投资估算合并向项目委托人报送。

2.6.2 设计概算审核

设计概算投资一般应控制在立项批准的投资控制额内；如果设计概算值超过控制额，须修改设计或重新立项审批；设计概算批准后不得任意修改调整；如需修改或调整，则须经原批准部门重新审批。

（1）初步设计概算是初步设计文件的重要组成部分，为保障初步设计概算的编审精度要求，全过程工程咨询项目部在编审前应做好下列准备工作：

①编审团队选择或编审负责人面试；

②项目现场场地查勘；

③前期合同统计及支付统计；

④报建清单与其他费用计费依据收集；

⑤项目审批文件、项目建设条件调查报告、地方概算定额等其他相应编审依据收集；

⑥明确编审范围、文件组成及表格格式、内容要求；

⑦特殊专项工程或主材设备的市场调查或厂家征询；

⑧对特殊工艺或特殊专项，协调落实专人拟定施工方案；

⑨拟定编审实施方案（重大项目）或概算编审工作计划（一般项目）；

⑩编审启动会或编审工作交底。

（2）初步设计概算编审成果应符合下列要求：

①初步设计概算文件组成完整，文件内容完整，概算分级合理，签章手续完备；

②编审方法、范围及深度符合规定要求；

③工程量计算准确；

④项目或主材设备价格符合建设标准与项目建设定位要求，主要设备或无价主材宜经市场询价；

⑤工程内容及费用计取无缺漏、无重复；

⑥计价依据或计费依据执行准确；

⑦措施费用计取与施工方案、设计文件匹配；

⑧成果质量误差率符合规定要求；

⑨工作底稿、会议纪要、联系函件等编审过程文件完整。

（3）概算编制成果文件应符合各地计价依据及审批要求，文件组成一般包括：

①封面、签署页、目录；

②编制说明；

③总（综合）概算表；

④工程建设其他费用计算表；

⑤工程建设其他专项费用计算表；

⑥单项工程概算汇总表；

⑦单位工程概算费用计算表；

⑧建筑工程概算表；

⑨设备与安装工程概算表；

⑩进口设备材料货价及从属费用计算表；

⑪主要材料用量表；

⑫设备、工器具汇总表；

⑬主要经济技术指标分析表；

⑭估概算对比差异表（可单独提供）；

⑮类似项目指标对比表（可单独提供）。

（4）全过程工程咨询方应根据设计文件及成果数据等，组织或实施概估算的对比分析，分析估概算造价数额差异、进行造价偏差排序，对比类似项目造价指标，简要分析偏差原因。形成对比分析说明、估概算对比分析表、类似工程造价指标对比表，概算对比分析文件可单独向委托人提交，也可并入初步设计概算编审成果文件一并提交。全过程工程咨询方在接收编审成果文件时，还应进一步进行成果质量审查，审查内容应包括：

①概算编审程序与工作步骤的执行情况；

②编审范围与建设要求及投资范围的一致性；

③概算编制方法、编制依据的有效性和合理性；

④概算内容及费用组成的完整性；

⑤概算内容及费用计取与设计文件、建设要求、专项方案等依据的匹配性；

⑥概算成果和过程文件的完整性与文件质量；

⑦主要设备及主材价格来源的有效性和价格取定的合理性；

⑧主要工程量的数据合理性。

（5）全过程工程咨询项目部在初步设计编审过程中应注意信息沟通，保障编审质量及效率，沟通内容包括：

①编审基础资料需求提出与移交传递；

②编审实施方案与工作计划的报送与汇报；

③编审启动会议与工作交底；

④编审过程问题反馈与答复；

⑤编审工作计划执行情况的督促与汇报；

⑥编审成果的提交与反馈；

⑦概算超限原因与纠偏措施的讨论；

⑧概算审批过程的问题澄清、观点交流与请示汇报。

有条件的项目，建议组织编审启动、成果汇报与内审、超限分析与纠偏等专题会议。对涉及构成编审依据、影响编审成果文件、拟定设计优化和纠偏措施的沟通或决策应形成书面记录。

2.6.3　设计概算分解

设计概算分解的目的是通过设计概算分解明确限额目标，通过限额分解值落实施工图和专项工程限额设计的组织和实施。

批复概算分解应由全过程工程咨询方负责实施，分解方式有：

（1）按合约规划的合同包分解：确定合同包的概算限额，引导主材设备品牌档次确定，实施合同包造价动态控制；

（2）按工作结构的工作包或活动项分解：确定工作包或活动项的概算限额，通过项目管理软件，实施工期与造价的集成管理；

（3）按项目结构的项目单元分解：确定项目组成单元的概算限额，分配概算设计限额。

一般项目应结合项目单元实施合同包分解，以合同包限额为基准，履行合同包设计限额管理和合同包造价动态控制；重点或有条件的项目除合同包分解外，应利用项目管理软件，结合计价软件或BIM平台，进行工作包或活动项分解，确定项目计划基准，实施挣值管理。

批复概算分解总额应与批复概算额一致，分解内容应包括概算全部内容。批复概算分解前应拟定项目工作分解结构和项目合约规划，项目合同包范围界面清晰，合同关系、管理关系和增值税抵扣关系明确。基于合同包概算分解应形成批复概算分解书，成果文件应包括：

（1）封面、签署页、目录；

（2）分解说明；

（3）批复概算分解汇总表；

（4）工程费用分解明细表；

（5）工程建设其他费用分解明细表；

（6）其他费用分解明细表；

（7）附件：项目合约规划等。

批复概算分解书是施工图设计和专项设计限额指标下达的依据，也是初步设计限额设计指标下达的依据，应向项目委托人和关联单位进行报送。基于工作包的概算限额分解，随项目工作分解结构和进度计划等形成项目基准计划，不单独形成概算分解报告。

批复概算经分解后，由全过程工程咨询方应与项目造价控制调整计划进行对比，分析偏差项，评估批复概算各分解限额可实施性，对限额不足或可实现度较低的情形，向项目委托人发出风险提示，并将限额评估意见和建议措施书面报审委托人。

2.6.4 投资控制风险管理

投资控制风险管理即建设项目全过程工程咨询投资控制活动的风险管理。应包括以下内容：

（1）项目造价控制风险因素的识别、分析、评估；

（2）项目造价风险管理计划的制订、交底、执行、反馈、调整；

（3）合同文件风险分析、评估、交底、执行、反馈、调整；

（4）项目造价控制风险管理效果评价与总结。

在项目管理策划时，全过程工程咨询方应在项目造价控制风险识别、分析评估的基础上，同步进行项目造价风险管理计划的制订，以确定风险管理目标、分解风险管理职责、定义风险监控指标和监控周期、明确风险管理程序和工作计划，并制定风险管理措施。

在项目全过程造价管理过程中，应依据风险管理计划进行风险监控，形成风险监控表，并阶段性地评估风险管理计划的执行情况或不足之处；在开展项目全过程造价管理总结时，应对风险管理效果进行总结评价。

在项目实施阶段，全过程工程咨询方应结合项目招采内容、设计文件、类似合同的执行总结、项目特性及实施环境等情况，从合同执行角度，对合同文件进行风险分析与条款评估。分析与评估的内容包括：

（1）合同风险识别、评估与应对策略拟定；

（2）潜在索赔项识别、分析与应对措施拟定；

（3）合同条款缺陷和未明事项的发掘、影响评估与应对措施拟定；

（4）合同文件与时限要求的梳理、可执行性评估与应对措施拟定。

合同文件风险分析与条款评估，应全面完整、简明清晰、准确客观、协调一致、责任明确，具有合同执行的引导作用。形成的成果文件应包括：

（1）合同风险清单及评估表；

（2）合同潜在被索赔项分析表；

（3）合同价款条款分析评估表；

（4）合同履约文件与时限清单；

（5）合同工作分解与分工表。

2.6.5 招采清单与最高限价编审

根据建设项目拟招采项的内容及招采分类，招标采购清单包括工程量清单、设备（或材料）采购清单和服务工作清单。

（1）全过程工程咨询方招标采购清单的工作内容包括：

①组织或实施工程量清单的编审；

②审查设备（或材料）采购清单；

③审查服务工作清单；

④分析评估工程量清单编审进度与质量的影响因素；

⑤工程量清单编审的进度与质量控制。

（2）编审单位在工程量清单编审前应做好下列准备工作：

①收集和接收编审依据，并评估编审依据对编审质量的影响；

②熟悉招标文件、设计文件等相关资料；

③参加编审交底会议，接收编审交底；

④勘查施工现场，熟悉施工场地条件及周边环境；

⑤分解编审任务，拟定工作分工与进度计划。

（3）工程量清单编审前应重点收集下列编审依据，并做好移交记录：

①地方性工程量清单计价补充规定；

②项目建设条件调查材料（含地下管线等资料）；

③施工组织设计与专项施工方案；

④招标文件及主要合同条款；

⑤勘察设计文件、标前二次深化图纸及设计变更修改资料；

⑥主材设备选型或技术规格书和饰面样品材料。

（4）在工程量清单编审过程中，编审单位应对下列情形提出书面反馈：

①不满足工程量清单编制或计价要求的设计缺陷；

②设计图纸的错、漏、碰或优化建议；

③编制范围及分界面对清单列项或计量结算不利；

④非常规施工措施费用的清单列项与费用计取建议。

工程量清单在编审依据或招采范围发生变化时，应及时传递，涉及影响编审进度或编审成果精度时，应组织相关责任人分析评估，形成处理或调整意见。

（5）工程量清单成果应组成文件完整、工程量计算准确、清单列项完整、项目特征描述准确；其格式应符合地方工程量清单计价规则的格式要求。全过程工程咨询方应对提交的工程量清单成果质量进一步审查，审查内容包括：

①编审依据的正确性、完整性；

②成果文件和过程文件是否完整，成果文件格式是否符合要求；

③清单范围与界面是否一致，有无缺漏或重复；

④清单列项与清单内容是否完整、准确及规范；

⑤清单数量是否正确或数据逻辑是否合理；

⑥项目特征描述、规格型号及参数要求是否与设计相符；

⑦计量单位规范性及工程量计算规则设置；

⑧工程量清单规范及补充规定的执行情况。

招采最高限价应平衡利益相关方需求和造价限额控制要求，招采最高限价的价格范围应与招采范围相一致，并应包括完成拟招采项全部合同内容及履约义务、承担合同风险范围的全部费用、合理利润与税金。

（6）招采项最高限额应根据招标采购清单、计价依据或市场价格等确定最高限价，以控制招采限额。全过程工程咨询方招采最高限价的主要工作包括：

①无价材料设备价格的市场征询；

②主材设备拟选品牌或品质要求的限额满足性评估；

③服务酬金市场调查；

④组织或实施招标控制价编审；

⑤限额比对与招采最高限价建议。

（7）全过程工程咨询方对编审单位提交的招标控制价应进一步审查，并形成书面记录，主要审查内容包括：

①编审依据或基础资料的准确性、完整性；

②成果文件和过程文件是否完整，成果文件格式是否符合要求；

③计价依据和计费文件的有效性与执行的准确性；

④材料、设备信息价基期的准确性及调查价格的合理性；

⑤措施费用计算的准确性与完整性；

⑥调试、维保、培训、保险等其他合同内容费用计算的完整性和费用合理性。

2.6.6　资金使用计划

根据项目审批文件、投资估算与造价控制计划、项目进度计划、采购等专项进度计划、资金管理制度文件等，按项目或专业分解编制合理科学建设项目资金使用计划，是建设单位提高经济效益的主要途径。资金使用计划应明确各节点投资计划值、用款计划值。

（1）建设项目资金使用计划成果文件应包括：

①封面、签署页、目录；

②编制说明（包括项目概况、资金使用计划情况、编制依据、其他说明等内容）；

③建设项目资金计划汇总表；
④分年度资金计划明细表；
⑤分年度资金计划明细表；
⑥附件资料。

编制的资金使用计划应满足项目进度、质量、安全及项目组织管理的要求，提高资金使用的效率和效益。资金使用计划应根据工程进度、建设工期、投资人资金情况以及施工组织设计进行适时的动态调整。

（2）在项目实施阶段，应依据年度投资建议计划明确的形象节点和节点投资计划产值，依据合同支付规定或资金管理制度要求，编制年度资金使用计划。年度资金使用计划应以合同包为分解单元。年度资金使用计划的成果文件包括：

①封面、签署页、目录；
②编制说明；
③年度资金计划汇总表；
④年度资金使用计划表；
⑤年度投资计划汇总表；
⑥主要合同年度计划投资测算表；
⑦附件：年度进度计划等。

在年度内项目进展发展重大变化，并预计会使下达的年度投资计划和资金计划出现不足或较大节余时，应及时汇集调整依据资料，编制年度调整计划。年度调整计划文件组成及格式要求应符合投资主管部门或委托人的要求。

2.6.7 投资限额动态控制

（1）投资限额目标动态控制的内容包括：
①项目造价控制调整计划或概算分解书或概算限额控制计划限额值的确定；
②造价成果、合同文件、计量支付、工程变更及变更价款等合同增减价款的统计与更新；
③未完工程限额执行趋势评估和造价预测，未招采项的造价预测；
④编制造价控制动态报表；
⑤分析偏差原因，提出纠偏措施，编制造价控制动态报告；
⑥执行检查与统计更新。

（2）全过程工程咨询方按造价管理实施方案或委托人管理要求建立投资限额控制的预警机制，根据分解项实际值及预测值距限额值的幅度设立预警等级，符合触发条件时向委托人或相关单位通报；并动态掌握造价数据或影响造价的相关信息，对有超限趋势或已超限的限额分解项，应组织专题分析，评估限额目标的总体趋势，拟定处理措施，确需调整限额分解目标时，应向委托人或投资审批部门报告。造价限额动态控制的成果文件组成应包括：

①造价限额执行情况报告；
②合同项造价成果比较表；
③总投资动态跟踪汇总表；
④建安工程投资动态跟踪表；
⑤设备购置投资动态跟踪表；
⑥其他费用动态跟踪表；
⑦合同统计表；
⑧合同价款调整统计表。

造价限额执行情况报告应说明未完工程造价预测方法、分解项偏差情况、主要偏差项的原因、纠偏措施或处理建议。

2.6.8 竣工结算管理

全过程工程咨询方在竣工结算管理的工作内容包括：
（1）竣工结算依据归集；
（2）竣工图的查验与核实；
（3）竣工结算条件与结算送审资料的真实性、完整性及审批手续完备性审查；
（4）编制或审查工程界面说明和合同履约情况说明；
（5）实施竣工结算审查或组织竣工结算审核；
（6）竣工结算报审与移交；
（7）结算争议问题的技术建议；
（8）组织或参与结算审核争议协调等相关会议；
（9）参与结算争议处理。

应在合同履约全过程及时归集工程结算依据资料，建立合同履约档案资料，为结算审核提供项目履约信息资料和审核依据。

对报审结算与相关联合同结算的工程界面梳理和说明编制，工程界面说明应由报审单位及相关联单位共同书面确认，并依据合同履约文件、履约实际状况等对报审结算的合同履约情况进行比对、核定和评价，编制合同履约情况说明，报送委托人。工程界面和合同履约情况说明可作为结算报审资料同步向审核单位报送，供审核人员参考。

竣工结算送审资料应文件组成完整、编码齐整、文件内容真实完整、签复及审核审批手续完备，且分类组卷，除报审份数要求外，公司需留存备查一份。结算资料审查后方可依规定在竣工结算接收或转交文件上签字，并签署资料缺陷意见。

发生竣工结算问题争议时，应建议关联人形成竣工结算争议清单，向审核人或审核部门提供技术建议，并组织或实施争议处理。竣工结算审定后，应归集工程结算审核报告，并依据工程结算报送与审核情况编制合同结算统计表，汇总结算审定金额，统计累计付款，梳理质保金扣留、应付款项与欠付款项。

2.6.9 竣工决算管理

竣工结算完成后，全过程工程咨询方应依委托合同的要求，组织或实施竣工决算的编制。工作内容包括：

（1）合同明细及结算统计与数据拆分、归集；
（2）无合同费用支出的统计与费用归类；
（3）基建账务梳理与实付统计；
（4）统计与核实剩余物质，参与剩余物质处理与资产盘点；
（5）梳理工程遗留问题，组织编制项目总结；
（6）编制项目竣工财务决算报表；
（7）财务数据核对与数据闭合；
（8）进行投资与经济分析、节超对比分析等，编制竣工决算报告；
（9）竣工决算报审。

竣工决算编制前，应将项目实际建设规模、建设内容、建设标准及实际建设成本与项目批复做对比分析，若超出批复规模、内容、标准或投资限额，项目造价部（组）应组织原因分析，归集超限依据，符合概算调整条件的，应按规定的程序和要求启动调整概算申请。竣工决算报告编制范围应与初步设计概算范围相一致，项目决算内容及其明细应与经审查批准的概算内容明细相对应。竣工决算报告应依据合法有效、报告内容齐全、数据准确、分析对比客观真实，成果文件组成及格式要求应满足当地财政部门或委托人要求。

2.7 现场管理阶段工程咨询

全过程工程咨询大多包含了工程监理，因工程监理具有非常成熟的规范和制度体系文件，本书就不展开赘述，本章节主要围绕业主方项目管理的现场管理服务，从质量、进度、投资、安全目标如何管控的角度展开描述。

2.7.1 现场质量管理

1. 控制依据

建设工程质量控制，就是通过采取有效措施，在满足工程造价和进度要求的前提下，实现预定的工程质量目标。全过程工程咨询单位的专业咨询工程师（监理）在建设工程实施阶段质量控制的主要任务是通过对施工投入、施工和安装过程、施工产出品（分项工程、分部工程、单位工程、单项工程等）进行全过程控制，以及对承包人及其人员的资格、材料和设备、施工机械和机具、施工方案和方法、施工环境实施全面控制，以期按标准实现预定的施工质量目标。

2. 项目质量保证体系

项目质量体系是为实施质量管理所需的组织机构、程序、过程和资源。是企业质量体系的一个组成部分，为确保企业质量方针和本工程质量目标如期实现，项目部建立以现场管理经理、项目总监、总监代表、专监为领导班子，配备满足需要的专业横向到边、层级纵向到底的现场管理组织机构。项目部严格执行企业质量体系程序文件，确保施工中每一过程处于受控状态，并为此提供充分的资源。

（1）质量组织与保证人员。

在人、财、物及任务量平衡的基础上，注意生产要素的科学合理调度，确保创优的组织条件。各级质量管理人员应各司其职，对工程质量进行有效控制。

（2）质量保证程序。

质量过程执行程序：对不合格的分部分项与单位工程必须返工。有关责任人员要针对出现不合格品的原因采取必要的纠正预防措施（图2-2）。

（3）质量管理制度措施。

根据主管部门有关文件精神，在本工程中特制定以下质量管理制度，以保证《质量计划》的实现。

①工程项目质量负责制度。对本工程的承包范围内的工程质量向建设单位负责。每月向业主呈交一份本月的质量总结。

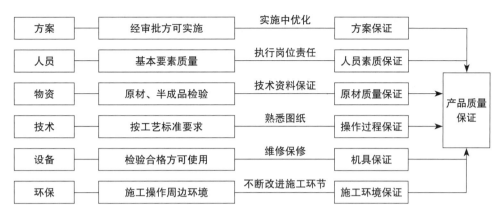

图2-2 质量保证程序之质量过程执行程序

②技术交底制度。坚持以技术进步来保证施工质量的原则。督促施工单位每道工序、每个工种在施工前组织开展各级技术交底,各级交底以书面进行,若以交底会的形式进行,则必须有书面记录。若因技术措施不当或交底不清造成质量事故,则要追究有关部门人员的责任。

③材料进场检验制度。本工程的各类材料必须具有出厂合格证且物证相符,督促施工单位并根据国家规范要求分批量进行抽检,把好材料进场关同时在作业或材料订货前向业主提供不少于两份的材料样板,根据确认的材料样板进行作业或订货。

④样板引路制度。根据合同要求,督促施工单位将在第一层标准层完成后并在规定时间内在砌体工程、装修工程、安装工程及室内涂料等方面分别做出砖砌体样板间、抹灰地坪样板间、安装样板间、室内涂料和标识样板间以及交房样板间,统一操作要求并明确质量目标,并以样板间作为以后施工的最低标准,以后工程必须高于样板间的质量标准。同时对合同规定的作业样板按时按质完成,经业主、监理、施工三方验收确认后作为后续工程的指导样板,再进行大面积施工。

⑤施工挂牌制度。督促施工单位实行挂牌制,注明操作者、管理者与施工日期,并以相应图文记录作为重要施工档案保存。

⑥过程三检制度。督促施工单位实行并坚持自检、互检、交接检制度,并做好文字记录。

⑦质量否决制度。对不合格分项、分部和单位工程,质量部门有一票否决权,必须进行返工,杜绝不合格品进入产品流程。

⑧成品保护制度。应处理好上下工序间的交接,分清职责,做好产品中间保

护和交验前的保护，建立交接记录。

⑨质量文件记录制度。质量记录作为质量责任追溯的依据应力求真实详尽。要妥善保管各类现场操作记录、材料试验记录与质量检验记录等资料，特别是针对各类工序接口的处理，应详细记录当时情况并厘清各方责任。

⑩工程质量等级评定、核定制度。竣工工程应首先由施工企业按国家有关标准规范进行质量等级评定，然后报工程质量监督机构开展等级核定，并针对合格工程授予质量等级证书，核定为不合格或未经质量等级核定的工程不得交工。

⑪竣工服务承诺制度。按ISO9001系列标准要求，企业将主动做好用户回访工作，按标函中的承诺和国家有关规定实行工程保修服务。

a．培训上岗制度。工程项目所有管理及操作人员应经业务技能培训并持证上岗。若因无证操作或无证指挥造成工程质量不合格或质量事故，要追究直接责任者和企业主管领导的责任。

b．工程质量事故报告及调查制度。若工程发生质量事故，应做好上报和现场抢险及保护工作。建设行政主管部门要根据事故等级逐级上报，同时按照"三不放过"的原则，负责事故的调查及处理工作。对事故上报不及时或隐瞒不报的要追究有关人员的责任。

c．组织保证体系。根据质量保证体系督促施工单位建立岗位责任制和质量监督制度，明确分工职责，落实施工质量控制责任，各岗位各司其职。根据现场质量体系结构要素构成和项目施工管理的需要，形成横向从结构、装修、防水到机电等各个分包项目，纵向从项目经理到施工班组的质量管理网络，从而形成项目经理部管理层、分包管理层到作业班组的三个层次的现场质量管理职能体系，从而从组织上保证质量目标的实现。

d．施工过程管理保证措施。

Ⅰ．建立过程质量执行程序（图2-3）。

Ⅱ．实行样板先行制度。在分项工程开工前，由项目经理部的责任工程师，

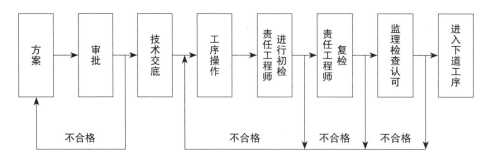

图2-3 过程质量执行程序

根据专项施工方案、技术交底及现行的国家规范、标准，组织分包单位进行样板分项施工，确认符合设计与规范要求后方可进行施工。

Ⅲ．落实三检制，做好隐蔽工程的质量检查。在施工中坚持检查上道工序、保障本道工序和服务下道工序，做好自检、互检与交接检；严格工序管理并做好隐蔽工程的检测记录。

Ⅳ．采取标准工序流程制度，建立专项质量保证措施。施工前应编制各工序施工流程以便合理安排施工程序。在每一分期施工前，土建、安装与装修三方应共同开展必要的图纸会审和协调，研究解决交叉施工配合中的相关部门问题。按流程推进并避免相互破坏，以确保工期质量。

Ⅴ．建立质量会诊制度，进行质量通病预控。根据质量创优方案，将各分项工程层层交底落实并记录完整，对重要分项工程都编制管理流程，以过程精品确保实现最终质量目标。同时，将奖惩制度与会诊制度相结合，彻底解决施工中出现的问题。项目部定期组织基于质量通病以及难控制与易发的质量问题的会议，基于问题的根源、范围与相关因素，查找问题的症结并制定相应的处理与预防措施。同时，加强对该部分的跟踪检查以落实其实践效果，并最终开展总结。

Ⅵ．加强对分包的管理和培训，促使分包操作层能力不断提高。对分包主要管理人员进行ISO9001基础知识培训与施工质量管理的培训，未经培训或培训不合格的分包队伍不允许进场施工；对分包进行创优宣传，使全体操作人员了解本工程质量目标；督促分包对各项工作落实，将项目的质量保证体系贯彻落实到各自的施工质量管理中，项目责成分包建立责任制；各分项工程施工前，项目经理部组织分包班组长及主要施工人，按不同专业开展技术、工艺与质量的综合交底。质量管理体系是工程质量的重要保证。投资人、全过程工程咨询单位、承包人都应建立起相应的质量管理体系。一个项目多层次质量管理体系的有效运作，除对内主要发挥主动管理的作用外，对外还应能起到相互监督作用。

全过程工程咨询单位实施质量管理，是通过签订各种合同将有关工作的质量责任分解到所涉参与方，从而实现质量管理目标。质量管理目标是指为达到项目建成使用功能、使用寿命、使用要求而制定的施工质量标准。针对整个项目、各单项工程、单位工程、分部工程、分项工程制定出明确的质量目标，质量目标分为项目总体质量目标及各分部分项工程质量目标。质量保证体系是指全过程工程咨询单位以提高与保证产品服务质量为目标，依靠必要的组织结构且运用系统方法，把各参建方各环节的质量管理活动严密组织起来，形成一个有明确任务、职责与权限，能相互协调与促进开展质量管理的有机整体。

2.7.2 现场安全管理

为认真贯彻落实"安全第一、预防为主、综合治理"的安全生产方针，进一步提高项目部的安全管理水平，加强对项目安全风险源的监督管理，以防止和减少生产安全事故的发生。

根据《中华人民共和国安全生产法》《中华人民共和国建筑法》《建设工程质量管理条例》《建设工程安全生产管理条例》《危险性较大的分部分项工程安全管理规定》等法律法规，进一步落实与督促各参建责任主体安全生产责任制，凸显项目安全危险源策划工作重要作用，努力实现安全生产工作从被动防范向源头管理转变，遏制和减少重特大伤亡事故的发生。

1. **安全风险源策划**

基于国家有关规定及技术标准对安全风险源进行辨识分级，确定重点监控对象；对安全风险源及事故隐患整改情况开展动态跟踪监控并督促整改；为项目部的安全生产决策提供科学依据，为安全生产监管部门提供科学化、制度化、规范化与信息化的现代安全生产管理手段。

将项目安全风险源按场所的不同初步可分为施工现场安全风险源与临建设施安全风险源两类。应从人、机、料、工艺、环境等角度着手开展对危险与有害因素的辨识，动态分析识别与评价可能存在的危险有害因素的种类和危险程度，从而找到整改措施。

（1）施工现场安全风险源。

①存在于人的安全风险源主要是人的不安全行为即"三违"：违章指挥、违章作业、违反劳动纪律，主要集中表现在那些施工现场经验不丰富、安全意识不强、综合素质较低的人员当中。

②存在于分部、分项工艺过程、施工机械运行过程和物料的安全风险源。

a. 脚手架、模板和支撑、塔式起重机、汽车吊、拌和楼、软基处理、基坑施工等局部结构工程失稳，造成机械设备倾覆、结构坍塌、人亡等意外。

b. 施工高度大于2m的作业面（包括脚手架作业平台、临边作业），因安全防护不到位或安全兜网内积存物未及时清理、人员未配系安全带等原因造成人员踏空、滑倒等高处坠落摔伤或坠落物体打击下方人员等意外。

c. 焊接、金属切割、钻孔、起重吊装、移动模架等施工，各种施工电气设备的安全保护（如漏电、绝缘、接地保护、一机一闸）不符合要求，造成人员触电与局部火灾等意外。

d. 工程材料、构件及设备的堆放与频繁吊运、搬运等过程中因各种原因易发生堆放散落、高空坠落与撞击人员等意外。

e. 混凝土运输车、装载机、汽车泵、土方运输车、挖机、汽车吊等车辆在场内运行速度过快，现场限速与限载标志不足、设置位置不恰当、驾驶员酒后驾驶发生车辆伤害等意外。

f. 在现场临时用电系统布设时存在电缆线随地拖拉，未采用三相五线制、没有接地，私拉乱接，电箱不满足防雨防尘要求，电箱位置未按方案布设，电箱旁未配置有效消防设施等原因，造成人员触电、火灾与线路短路等意外。

g. 未按规范使用氧气与乙炔，包括氧气瓶与乙炔瓶的安全距离不足、氧气瓶和乙炔瓶与明火位置不足、在雷雨天气进行露天焊割作业、乙炔瓶倒卧使用以及气瓶未分类存放等原因，造成火灾与爆炸等意外。

（2）存在于施工自然环境中的安全风险源。

①软基处理（水泥搅拌桩、灌注桩、PHC管桩）、挖掘机作业时损坏地下管道等因通风排气不畅造成人员窒息或中毒意外。

②在深基坑的施工时，因为支护支撑等设施失稳坍塌，不但造成施工场所破坏与人员伤亡，往往还引起地面及周边建筑设施的倾斜、塌陷、坍塌、爆炸与火灾等意外。深基坑开挖时的施工降水造成周围建筑物因地基不均匀沉降而倾斜、开裂与倒塌等意外。

③项目部驻地，职工生活区、施工现场在高压线下，塔式起重机机械、汽车吊运时距离高压线过近导致触电意外；大风、暴雨、大雪等恶劣天气导致塔式起重机、移动模架、脚手架发生倾斜、倒塌等意外。

④在夏季施工时，因作业时间过长且未采取合理防暑降温措施，进而导致中暑意外；冬季施工时，未采取合适保暖防寒措施而引起冻伤意外。

（3）临建设施安全风险源。

①厨房与临建宿舍安全间距不符合要求，施工用易燃、易爆危险化学品临时存放或使用不符合要求且防护不到位，造成火灾或人员窒息中毒意外；工地饮食因不符合卫生标准造成集体中毒或疾病意外。

②因临时简易工棚搭设不符合安全间距要求，未配置足量消防器材易发生火灾意外。

③因电线私拉乱接导致直接与金属结构或钢管接触，易发生触电及火灾等意外。

④因临建设施搭设拆除时发生坍塌，使作业人员踏空踩虚造成伤亡意外。

（4）安全风险源的主要危害。

安全风险源可能造成的事故危害主要有高处坠落、坍塌、起重伤害、物体打击、车辆伤害、触电、机械伤害、短路、中毒窒息、火灾、灼伤、爆炸和其他伤害等类型。

2. 辨识危险源

（1）危险源辨识。

组织相关技术、管理、作业人员，组成若干个危险源辨识小组，根据项目危险源辨识的规定，结合作业内容、设备材料、工艺流程与现场环境等，对每个现场进行危险源辨识，梳理出全部危险源并建立每个现场的《危险源清单》。

（2）危险源评价。

危险源辨识小组要对辨识出的危险源进行严重程度分析、评价，根据危险源对生产安全的危害程度，分出主次，找出每个现场的主要危险源，一般三至五个为宜。

（3）确认危险源。

各分部要组织对辨识小组所辨识评价出的各危险源与主要危险源开展研究、评审和确定，并避免缺漏。应及时汇总形成整个工区的《危险源清单》并上报分部。

（4）随时修正。

当遇到外部环境或工作内容发生变化时，要随时对危险源开展相应分析、评估与重新确定；并及时对相应现场和整个分部的《危险源清单》进行更新。

3. 安全风险源整治措施

（1）建立安全风险源的公示和跟踪整改制度，加强现场巡视，对可能影响安全生产的安全风险源进行辨识并登记，掌握安全风险源的数量与分布状况，经常性地公示安全风险源名录、整改措施及治理情况。安全风险源登记的主要内容应包括工程名称、风险源类别、地段部位、联系人、联系方式、安全风险源可能造成的危害、施工安全主要措施与应急预案。

（2）对人的不安全行为，要严禁"三违"，加强教育，搞好传、帮、带，加强现场巡视，严格检查处罚。

（3）淘汰落后的技术工艺，适度提高工程施工安全设防标准，进而提升施工安全技术与管理水平并降低安全风险。

（4）制订和实行施工现场大型施工机械安装、运行、拆卸和外架工程安装的检验检测、维护保养与验收制度。

（5）针对不良自然环境条件中的风险源要制订有针对性的应急预案，并选定适当时机开展演练，做到人人心中有数，遇到情况不慌不乱且从容应对。

（6）制订实施项目施工安全承诺和现场安全管理绩效考评制度，确保安全投入并形成施工安全长效机制。

4. 安全监控措施

（1）确定监控措施。

根据有关法规、规范、施组及经审批的专项技术安全方案，组织针对每个危险源制定安全风险防范与现场监控措施，形成各现场的《安全风险监控措施清单》。

（2）关键监控措施。

组织对各现场的危险源与主要危险源开展综合分析，归纳出每个现场的关键监控措施并形成《现场安全风险控制责任单》。

（3）确定应急措施。

要基于现场危险源性质，结合项目应急预案分析现场可能出现的突发事故，并制定相应应急措施。应急措施要突出关键步骤且简单明了。

（4）管理和修正。

要加强对各现场《现场安全风险控制责任单》与《安全风险监控措施清单》的管理，及时下发和备案，并随危险源变化而修正且及时送达监控责任人。

5. 落实监控责任

（1）明确监控责任人。

根据现场管理和技术人员配置情况，本着一岗双责原则确定各区段、各工程及各现场的安全监控责任人。

（2）监控责任交底。

要安排人员就危险源、主要危险源及相应安全风险监控措施、关键监控措施与应急措施向每个现场监控人员开展全面交底，并明确监控和信息反馈流程。现场监控人员或工区指定的人员也应就危险源、防控措施与应急措施等向作业人员开展交底。

（3）监控人的学习责任。

监控责任人要掌握监控交底内容，努力学习专业技术和安全知识，不断深化对危险源、风险控制措施与应急措施的理解，真正胜任现场监控工作。

（4）监控人的监控责任。

监控责任人在工作中应认真履行监控责任，基于现场风险控制、措施和监控措施随时纠正现场违章违规行为；并做好工作记录，按时填写《现场安全风险控制责任单》。

（5）监控人的改进责任。

监控责任人根据现场监控中遇到的违章违规，要及时对方案、施组与工序安排等方面可能存在的不妥之处提出完善意见；并亲自或提请项目安排专业人员对作业人员实施有针对性的安全培训。

（6）落实监控管理责任。

监控管理责任人是现场监控责任人的上级领导，要指导并监督现场监控责任人的监控工作，运用肯定、鼓励、奖励或批评、处罚等方式，激励现场监控责任人对其现场监控实效承担管理责任。

2.8 项目进度管理工程咨询

2.8.1 进度控制的概念

建设工程项目进度控制是指基于项目建设各阶段工作内容、工作程序、持续时间和衔接关系等工作要求，基于进度总目标及资源优化配置原则，编制计划并付诸实施，然后在进度计划实施过程中，经常检查实际进度是否按计划要求开展并分析偏差情况，进而采取补救措施或调整修改原计划后再付诸实施，如此循环直到建设工程竣工验收且交付使用。

建设工程进度控制的总目标是建设工期，建设工程进度控制的最终目的是确保建设项目按预定时间动用或提前交付使用。

2.8.2 项目进度计划体系

建设工程项目进度计划系统是由多个相关联进度计划所组成的系统，它是项目进度控制的依据。由于各种进度计划编制所需的必要资料是在项目进展过程中逐步形成的，因此项目进度计划系统的建立完善也有一个过程。如图2-4所示，一个建设工程项目进度计划系统包含四个计划层次。

2.8.3 进度控制计划编制

一个完整的建设项目进度计划编制流程如图2-5所示。项目参建单位按照进度计划组织体系、职责分工及合同约定及时编制各项计划，并上报相关单位审核。统一采用P6或者Project计划软件编制计划。

计划成果文件包括各专项计划、阶段性进度计划、进度计划编制说明等。具体如下所述。

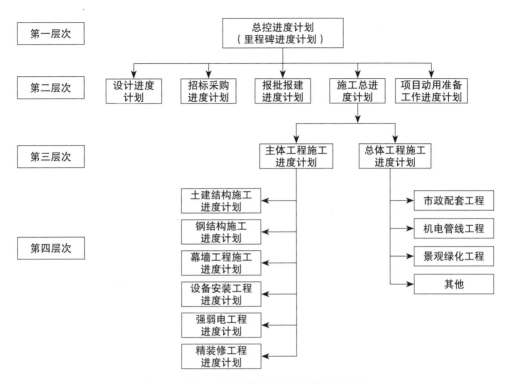

图2-4 建设工程项目进度计划系统的四个层次

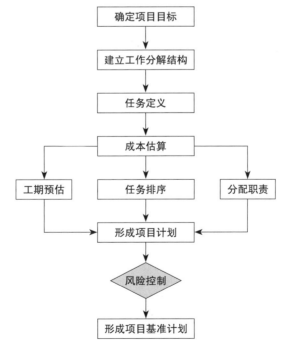

图2-5 建设工程项目进度计划编制流程

（1）各项计划编制应遵循全面性、可行性、适度偏紧的原则；

（2）各项计划编制应充分反映工作之间的逻辑关系、工艺关系，确保各项工作衔接合理、安排有序，并突出重点、难点和关键线路；

（3）建设单位编制的项目总进度计划应全面反映项目的总体性、集成性与平衡性；

（4）各参建单位编制的各项计划应满足项目总进度计划的要求；

（5）计划编制说明应详细阐述计划的编制依据、条件、风险、关键线路和控制要点；

（6）各参建单位在编制各级进度计划时应配合编制相应的资源配置计划（包括资金、人员、机械设备、材料等），对投入的各种资源进行有效、合理的规划及落实。

2.8.4 进度分析报告

建立进度报告反馈机制，专业分包单位、总承包单位、监理单位应按月、季、年定期向建设单位提供进度分析报告。进度分析报告应对上周进度计划、完成情况进行详细的对比分析，总结原因提出改正措施，同时安排下周计划；报告中对于关键部位、关键节点应附当期现场照片。

项目上发生的重大变化和重大问题，该事件涉及面较广及复杂时，相关单位应及时提供专题进度分析报告，且分析报告应深入分析原因、影响的程度以及解决办法和意见。该事件相对简单时，相关单位应采用函件的形式进行及时反馈。

2.8.5 进度控制

1. 进度控制措施

工程建设项目的具体进度控制措施见表2-4。

工程建设项目的具体进度控制措施　　表2-4

序号	控制措施	控制要点
1	组织措施	（1）建立精干、高效的项目管理部组织，根据工程进展情况不断调整充实项目管理各专业人员配置，确保项目管理专业人员力量满足工程需要； （2）建立进度控制体系，并制定进度控制流程和措施
2	技术措施	（1）组织流水施工，保证作业连续、均衡、有节奏； （2）缩短作业时间和减少技术间隔的技术措施； （3）采用先进的施工方法、施工工艺和高效的机械设备；

续表

序号	控制措施	控制要点
2	技术措施	（4）网络计划和计算机的应用。工程推行网络计划，通过统一标准编制网络计划使施工全程均在计划控制中，同时也保证了对工期的要求。各参建单位可通过计算机网络交换、修改、合并或拆分计划，可很方便地对计划进行计算优化
3	经济措施	（1）可在合同中明确规定，工期提前给予奖励； （2）对建设单位要求的赶工给予优厚的赶工措施费； （3）合同中明确规定，对拖延工期给予罚款直至终止合同等处罚； （4）及时办理工程预付款和进度款支付手续； （5）加强索赔及反索赔管理
4	合同措施	（1）加强合同管理，加强组织协调以保证合同进度目标的实现； （2）严格控制合同变更，对各分包方提出的工程变更与设计变更，总承包单位应配合专业工程师开展严格审查，经审查后补进合同文件中； （3）加强风险管理，在合同中充分考虑风险因素及其对进度的影响处理办法等，尽可能采取预控措施以减小风险对进度的影响

2. 计划的执行与动态监控

各参建单位应严格按照经审批的计划开展工作。建设单位定期跟踪、检查项目总进度计划进展情况，发现问题并指出总进度计划的偏差、滞后，组织协调、监督落实各参与单位提出的纠偏措施及解决方案。监理单位和总承包单位定期跟踪检查现场施工进度计划进展情况，发现问题并指出施工总进度计划的偏差、滞后，针对各单位提出的纠偏措施及解决方案进行组织协调并监督落实。各参建单位定期跟踪检查本单位的工作计划进展情况，发现问题并指出工作计划的偏差与滞后，组织协调、监督落实各单位提出的纠偏措施及解决方案。动态监控与检视工作在原则上按每周一次的频率开展，总体性检视频率可适当降低，但至少应每月检视一次。各参建单位应积极配合检视单位的工作，并对检视过程中发现的偏差及存在的问题，提出纠偏措施及解决方案。必要时通过组织召开监理例会、项目管理例会、专题协调会、高层领导沟通会或约谈等方式解决。

3. 计划的调整

各参建单位、各部门应不断地将实际工作情况与计划进行对比，通过检视与调整保证总进度计划得到落实，并建立计划分级管理体系及预警机制。若确实存在采取措施后仍不能按原进度计划执行的情况，向建设单位上报调整进度计划的请示，批复后调整进度计划并上报建设单位。

2.9 信息与文档管理工程咨询

2.9.1 利益相关方

利益相关方是指能影响组织行为、决策、政策、活动或目标的人或团体，或是受组织行为、决策、政策、活动或目标影响的人或团体。

利益相关方对项目的管理策略原则应尊重和积极监控所有的合理合法的利益相关方对项目的关注，并应该在决策及其实施中适当考虑其利益；应多听取利益相关方的想法，了解他们的贡献，与他们进行真诚的沟通；所采用的程序和行为方式应考虑每一利益相关方及其支持者的关注和能力所做出的深刻的理解；应认可利益相关方可自主地开展其活动并获得相应的报酬。

按企业主体的边界划分，利益相关方大致分为内部利益相关方、外部利益相关方。全过程工程咨询项目的外部利益相关方分别有政府主管部门、业主单位、业主上级主管部门、设计勘察单位；其中，内部利益相关方又包括与政府及有关职能部门的协调管理、与业主单位的协调管理、与设计单位的协调管理和与承包单位的协调管理。

2.9.2 沟通规划

基于每个相关方或相关群体的信息需求以及具体项目的需求，为项目沟通活动制订恰当的方法和计划，并通过有效的信息交换、信息共享，来确保项目及其相关方的信息需求得以满足。沟通规划不当，可能导致各种问题，如信息传递延误、向错误的受众传递信息、与干系人沟通不足或误解相关信息。

在项目前期策划阶段就应进行沟通规划的工作，在项目过程中定期审查规划沟通的成果，以确保持续适用。

2.9.3 信息管理体系

工程项目信息管理流程示意见图2-6。信息管理的主要内容如下。

1. 信息收集

（1）建设前期阶段的信息收集；

（2）施工图设计阶段的信息收集；

（3）招标投标合同文件及有关资料收集；

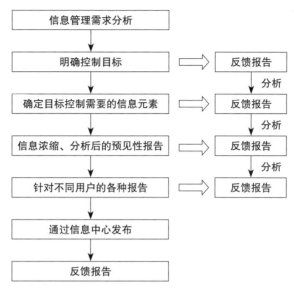

图2-6 工程项目信息管理流程示意

(4)施工过程中的信息收集;

(5)工程竣工阶段的信息收集。

2. 信息的加工处理

(1)根据投资控制信息,对工程设计规模和采取的设备材料进行指示;

(2)依据质量控制信息,对工程设计质量进行指示;

(3)依据进度控制信息,对设计进度进行指示。

3. 信息的检索和传递

设置专职信息管理员,采用计算机进行信息分类以便快速检索和传递,提高信息的使用效率。

4. 信息的使用

信息通过有条件共享,以便更好地进行投资、进度、质量控制及合同管理。

5. 信息分类

工程项目各阶段的信息分类见表2-5。

工程项目各阶段的信息分类表　　　　表2-5

类型	内容
投资控制信息	各种投资估算指标、类似工程造价、物价指数、概(预)算定额、建设项目投资估算、设计概预算、合同价、工程进度款支付单、竣工结算与决算、原材料价格、机械台班费、人工费、运杂费、投资控制的风险分析等
质量控制信息	国家有关质量政策及质量标准、项目建设标准、质量目标分解结果、质量控制工作流程、质量控制工作制度、质量控制风险分析、质量抽样检查结果等

续表

类型	内容
进度控制信息	工期定额、项目总进度计划、进度目标分解结果、进度控制工作流程、进度控制工作制度、进度控制风险分析、某段时间施工进度记录等
合同管理信息	国家有关法律规定，施工合同管理办法，监理合同，设计合同，施工承包合同，工程施工合同条件，合同变更协议，建设工程中标通知书、投标书和招标文件，以及施工过程中形成的合同补充文件
行政事务管理信息	上级主管部门、设计单位、承包单位、业主的来函文件，有关技术资料等

2.10 竣工交付及运维管理

2.10.1 竣工验收过程控制

工程项目的竣工验收流程见表2-6。在验收前，竣工验收所需达到表2-7所示的基本条件。工程项目竣工验收流程及基本步骤见图2-7和表2-8。

工程项目竣工验收流程表　　　　　表2-6

序号	项目	验收前置条件	说明	成果文件
1	（1）电梯验收	此项验收为消防验收必要条件：由电梯公司负责	甲方组织监理单位、电梯安装单位完成自检，并实现五方对讲功能及消防迫降功能、调试电缆等功能	电梯验收检测报告
	（2）消防检测（消检、电检）	消防单位组织，为消防验收必要条件，区有电检，市只有消检。装修材料需做防火检测	取得消防电梯检测、完成电检及消检检测防火材料检测等报告；甲方组织消防单位重点协助、配合	与消防检测相关的检测报告
	（3）消防验收	电梯验收、消防检测完成，甲方组织并完成相关规划指标（道路、立面、出入口、围墙等）	重要节点：要求施工完毕（防排烟、防火门、防火卷帘门、疏散照明、疏散指示、堵洞）达到联动调试条件，现场场地平整，室内室外消火栓喷水，消防接合器完毕。注意：建审批复与实际核对	建设工程消防验收意见书
2	（1）水箱验收、水质检测	档案预验收必要条件：检测先水质并出具报告，待通水后再做水箱间验收和末端取样验收	生活水箱间具备卫生防疫站验收条件，生活水箱间末端具备取水条件	水质检测报告
	（2）环保检测	档案预验收必要条件：委托有资质的实验室负责	现场具备封闭条件：提前确定检测单位、待户门、窗户封闭可进行	室内环境质量检验报告

续表

序号	项目	验收前置条件	说明	成果文件
2	（3）节能验收	档案预验收必要条件：由外保温和外窗施工单位负责（钻芯、五性试验）	甲方组织监理单位、施工单位依据《建筑节能工程施工质量验收标准》GB 50411-2019规定事项逐项执行	节能检测报告
	（4）档案预验收	环保检测、节能验收、水箱验收、水质检测完成；竣工图完成；竣工验收前提条件	甲方组织总包单位统一整理、编号，甲方、分包按总包要求提供资料，市区级城建档案馆负责验收	建设工程档案预验收意见书
3	（1）规划竣工测量	规划验收必要条件：竣测和实测，委托的测绘单位负责竣工测量及出具竣工测绘图纸	甲方组织直接委托专业检测，现场符合专业检测的必备条件，应注意与规划批复进行比对	竣工测量检验报告
	（2）规划验收	规划竣工测量完成，竣工图完成等相关资料交规划主管部门备档、预约规划验收	重要节点：要求所有临时设施拆除完毕，楼座立面、出入口、台阶散水施工完毕，小区围墙施工完毕，道路铺路施工完毕，竣工图完成	建设工程规划核验意见
4	（1）分户验收	四方验收前提条件	甲方牵头组织监理单位、施工单位依据《分户验收规定》逐项执行验收并签认资料、进行公示（防火门、散热器、门窗的上墙表）	分户质量验收记录表
	（2）四方验收	工程实体除甩项验收项目其余全部完成	竣工验收前提条件，甲方组织竣工验收的预检，审核验收流程，验收重点部位，发现问题整改	单位工程质量竣工验收记录
5	竣工验收	甲方组织以上工作全部完成，将资料交质监站备案，预约竣工验收时间	质量监督单位进行核查验收。程序：首先对各专业资料进行核查，资料核查无问题后开展现场验收，台阶坡道栏杆施工完毕	竣工验收通知单，质监站意见整改回复
6	竣工备案	将竣工验收时出现问题解决并答复	质量监督单位核查验收完毕后，出具验收报告和相关资料并移交备案科，备案科对资料进行核查无误后办理备案手续	工程竣工验收备案表

工程项目竣工验收必备条件　　　　表2-7

序号	必备条件	内容
1	一实体	完成工程设计和合同约定的各项内容
2	一证	建设单位已按合同约定支付工程款（工程款支付证明）
3	一书	施工单位签署的工程质量保修书

续表

序号	必备条件	内容
4	一资料	技术档案和施工管理资料
5	四个报告	（1）施工单位《工程竣工报告》；（2）监理单位《工程质量评估报告》；（3）设计单位《工程质量检查报告》；（4）勘察单位《工程质量检查报告》
6	五个认可文件	（1）电梯检验检测机构出具的检验认可文件； （2）环保部门出具环保检测的认可文件； （3）城建档案馆出具的工程竣工档案预验收认可文件； （4）消防部门出具的消防验收认可文件； （5）规划部门出具的认可文件
7	其他	其他文件：节能备案；竣工图；外立面照片等

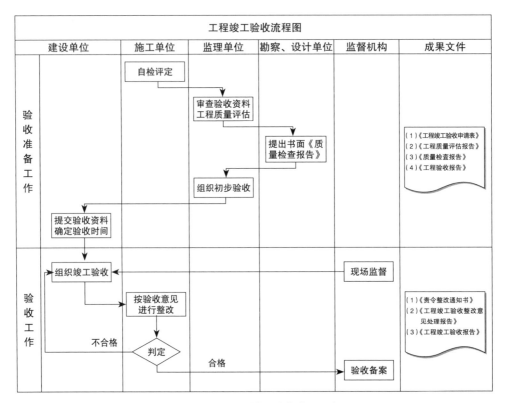

图2-7 工程项目竣工验收流程示意

工程项目竣工验收步骤　　　　　　　　　　表2-8

序号	验收步骤	内容
1	施工单位自检评定	在单位工程完工后，由施工单位对工程进行质量检查，确认符合设计文件及合同要求后，填写《工程竣工验收申请表》并经项目经理和施工单位负责人签字

续表

序号	验收步骤	内容
2	监理单位提交《工程质量评估报告》	监理单位收到《工程竣工验收申请表》后,应全面审查施工单位的验收资料并整理监理资料,对工程进行质量评估并提交《工程质量评估报告》,该报告应经总监及监理单位负责人审核签字
3	勘察、设计单位提出《质量检查报告》	勘察、设计单位对勘察、设计文件及施工过程中由设计单位签署的设计变更通知书进行检查,并提出书面《质量检查报告》,该报告应经项目负责人及单位负责人审核、签字
4	监理单位组织初验	监理单位邀请建设、勘察、设计、施工等单位对工程质量进行初步检查验收。各方对存在问题提出整改意见,施工单位整改完成后填写整改报告,监理单位整改情况。初验合格后,由施工单位向建设单位提交《工程验收报告》
5	建设单位提交验收资料,确定验收时间	建设单位对竣工验收条件、初验情况及竣工验收资料核查合格后填写《竣工项目审查表》,该表格应经建设单位负责人审核签字。建设单位向质监站收文窗口提交竣工验收资料,送达"竣工验收联系函";质监站收文窗口核对竣工资料完整性后,确定竣工验收时间并发出"竣工验收联系函复函"
6	竣工验收	建设单位主持验收会议并组织验收各方对工程质量进行检查,提出整改意见。 验收监督人员到工地现场对工程竣工验收组织形式、验收程序、执行验收标准等情况开展现场监督,发现有违反规定程序、执行标准或评定结果不准确的情况,应要求有关单位改正或停止验收。对未达国家验收标准合格要求的质量问题,签发监督文书
7	施工单位按验收意见进行整改	施工单位按验收各方提出整改意见及《责令整改通知书》开展整改;整改完毕后,经建设、监理、设计与施工单位对《工程竣工验收整改意见处理报告》签字盖章确认后,将该报告与《工程竣工验收报告》送质监站技术室; 对公共建筑、商品住宅及存在重要整改内容的项目,由监督人员参加复查
8	工程不合格	对不合格工程,按《建筑工程施工质量验收统一标准》GB 50300-2013和其他验收规范的要求整改完后,重新验收
9	工程合格验收备案	在验收合格后三日内,监督机构将监督报告送交市住房和城乡建设局。建设单位按有关规定报市住房和城乡建设局备案

2.10.2 竣工备案过程控制

竣工验收合格后,建设单位到备案机构领取《工程竣工验收备案表》,在竣工验收合格后15日内,由建设单位提出《单位工程竣工验收报告》《工程竣工验收备案表》和相关备案文件报备案机构。

在竣工验收合格后5日内,质监站提出《单位工程竣工验收监督报告》。

备案审查。备案机构对照《工程质量监督报告》审查备案资料及文件,对符合备案条件的文件资料，在《工程竣工验收备案表》上签署备案意见，此《工程竣工验收备案表》一式两份，正本存建设单位，副本存备案机构。对不符合备案条件的文件资料要进行整改，重新备案。对责令停止使用的工程重新组织竣工验收。《工程竣工验收备案表》在提交备案资料齐全后的15日内向建设单位返回。

建设单位必须在工程竣工验收合格后的3个月内负责将工程资料（包括施工、监理及建设程序等有关手续资料）、竣工图送新区文档中心存档。

2.10.3 项目资产移交过程控制

工程项目资产移交管理流程及步骤分别见图2-8和表2-9。

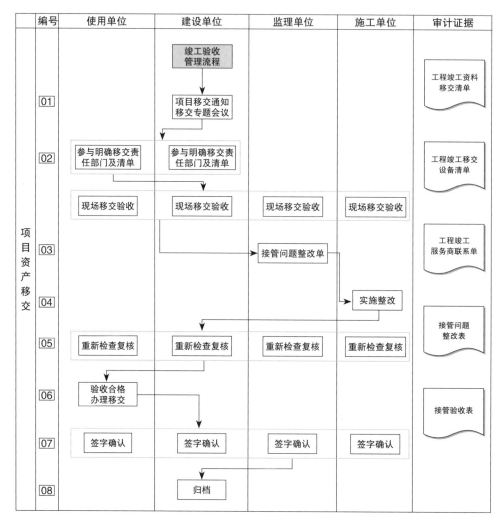

图2-8 资产管理移交流程示意

资产移交步骤　　　　　　　　　表2-9

目标编号	控制目标	流程步骤	风险点描述	控制点描述	审计证据
01	确认被移交资产安全完整，落实到具体责任部门	移交专题会	资产移交具体到部门责任不清，有遗漏资产没有落实到位	（1）落实清单移交具体部门或单位；（2）确保无遗漏，有承接责任人	移交清单归属责任表
02	确保工程顺利移交	现场验收	清单与实物不符或参加移交的人员不专业，影响移交	对照移交清单现场准备移交，主要关注：（1）移交清单是否与实物相符；（2）参加移交的人员是否符合工程要求	项目资料清单
03	确保整改到位，顺利移交	重新检查复核	对整改情况不复核，可能整改不到位，影响移交	对整改项目重新检查复核，主要关注：（1）是否在限定的时间内整改完成；（2）质量是否合格；（3）复验合格是否签字确认	接管问题整改表
04	保证移交手续齐全	签字确认	内容不完整，或签字不全，以后发生问题难找责任方	对验收合格的项目在接管验收表上签字确认，主要关注：（1）接管验收表涵盖的内容是否齐全；（2）参加移交的单位是否全部签字确认	接管验收表
05	确保本流程相关资料得到合理归档，便于查阅	归档	本流程相关资料缺失，难以查找，不便后续管理	将本流程中的相关文件归档，以备查阅	

2.10.4　项目保修期过程控制

在保修期内建设单位发出书面整改要求，施工单位在合理时间内尽快自费修复任何因施工不善、物料不合格等因素引起的工程缺陷，并解决好由于修复施工给工程其他承包人造成的施工不便而可能引起的矛盾。

1. 工程质量保修范围

工程质量保修范围包括地基基础工程、主体结构工程、屋面防水工程、有防水要求的卫生间、房间和外墙面的防渗漏，供热与供冷系统，电气管线、给排水管道、设备安装和装修工程，以及双方约定的其他项目。

2. 工程项目的保修期

各项目的保修年限见表2-10。

工程项目保修年限 表2-10

序号	保修部位	规定保修年限/年
1	地基基础工程和主体结构工程	设计文件规定的该工程合理使用年限
2	屋面防水工程、有防水要求的卫生间、房间和外墙面的防渗漏	5年
3	装修工程	2年
4	电气管线、给排水管道、设备安装工程	2年
5	供热与供冷系统	2个采暖期、供冷期
6	其他项目的保修期限	以双方合约、国家法规、地方规章、行业规定等中的有利于用户方的条款为准

3. 工程项目保修管理流程

工程项目的保修流程见图2-9。属于一般维修的内容,应在接到保修通知之日起7天内派人保修。若发生紧急抢修事故,在接到事故通知后,应在两小时内到达事故现场进行抢修。对涉及结构安全的质量问题,应按《房屋建筑工程质量

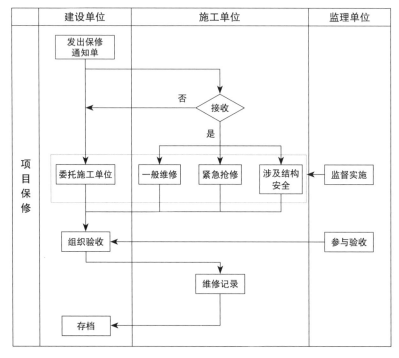

图2-9 项目保修管理流程

保修办法》规定立即向当地建设行政主管部门报告并采取安全防范措施；由原设计单位或具有相应资质等级的设计单位提出保修方案，通过本公司实施保修。质量保修完成后由业主组织验收。维修工作完毕后，做好维修记录。

2.11 本章小结

本章详细介绍了全过程工程咨询的总控、前期策划、设计、报批报建、招标采购、投资管理、现场管理、项目进度、信息与文档、竣工交付与运维各个阶段的内容，提供了全过程工程咨询在各个阶段的工作职责、编制依据和管理流程等。

3

基于数字化全过程工程咨询基本框架

3.1 数字化全过程工程咨询平台规划

3.2 数字化全过程工程咨询支撑体系

3.3 数字化全过程工程咨询标准体系

3.4 本章小结

随着我国固定资产投资项目建设水平逐步提高，为更好地实现投资建设意图，投资者或建设单位在固定资产投资项目决策、工程建设、项目运营过程中，对综合性、跨阶段、一体化的咨询需求日益增强。这种需求与现行制度造成的单项咨询供给模式之间的矛盾日益突出。因此，有必要创新咨询组织实施方式，推动工程咨询由"碎片化"向"全过程"直至"数字化全过程"的大力发展。以市场需求为导向、满足和创新委托方多样化需求的全过程工程咨询模式，是工程咨询企业面临的机遇与挑战。数字化全过程工程咨询的广泛应用和深入发展，将会体现更多的价值和效益，从而给用户带来更加丰厚的投资回报。

在国内外加速推动数字经济发展、各行各业进入数字化转型的大趋势下，工程建设行业已经迎来了全过程工程咨询的数字化变革。全过程工程咨询对企业和项目的技术、经济、信息、人才的集约化管理，统筹调配勘察、设计、施工、监理、造价和BIM咨询等资源的优势不断凸显，且业内专家对全过程工程咨询的标准规范、服务内容、法律援助等都有丰富的研究和成果（曾开发，2021；吴振全，2021；陆敏敏，2020）。

本章的关键词在于"数字化全过程工程咨询"，重点介绍什么是数字化全过程工程咨询，主要包括数字化平台、数字化全过程工程咨询支撑体系以及数字化标准体系。

3.1 数字化全过程工程咨询平台规划

3.1.1 数字化全过程工程咨询概念

在介绍数字化全过程工程咨询之前，首先需要理清"信息化"与"数字化"之间的区别与联系。

1. 信息化

全过程工程咨询企业运用信息化技术将线下工作（前期策划、设计、施工、监理、运营等）转化为线上作业，并改进和提升各方面业务或工作效率。因此，信息化后全过程工程咨询企业效率得到大幅提升，但实质并未发生变化。

2. 数字化

数字化即将许多复杂多变的信息转变为可以度量的数字、数据，再以这些数字、数据建立起适当的数字化模型，把它们转变为一系列二进制代码，引入计算机内部，进行统一处理，这就是数字化的基本过程。数字信号与模拟信号相比，前者是加工信号。加工信号对于有杂波和易产生失真的外部环境和电路条件来说，具有较好的稳定性。可以说，数字信号适用于易产生杂波和波形失真的录像机及远距离传送使用。数字信号传送具有稳定性好、可靠性高的优点。

全过程工程咨询企业创建数字化平台，将业务从线下搬到线上的同时，进入业务时刻在线、反应迅速敏捷、不断优化重组的状态，形成企业强大的核心竞争力。

3. 大数据

数字化全过程工程咨询的核心是数据。数字化转型将线下业务搬到线上，最直接的效果就是通过平台获取工程项目全过程的数据信息，结合以往其他工程数据构建并开展建设工程大数据的应用，并利用过程中获取的数据和建设工程大数据进行项目管理（诸如进度管理、质量管理、投资管控等）和开展各类咨询（诸如决策咨询、设计咨询、招标投标代理、工程监理、造价咨询和BIM咨询等）。

3.1.2 数字化转型

全过程工程咨询企业数字化转型五步骤（吴振全，2021）。

全过程工程咨询企业完成数字化转型一般要经历以下五个步骤。

（1）传统型全过程工程咨询企业将业务从线下搬到线上，实现业务数据化；

（2）将分散在全过程工程咨询企业内部各部门的数据互联互通，实现数据一体化；

（3）获取大量数据后，通过数据治理提取有价值的数据；

（4）有价值数据转化成数据资产，实现数据资产化；

（5）经营数据资产，实现数字产业化。

其中，第（1）和第（2）步可以理解为全过程工程咨询产业数字化的过程，而第（4）和第（5）步是数字产业化的过程。图3-1呈现了全过程工程咨询企业数字化转型的步骤、路径和方法。

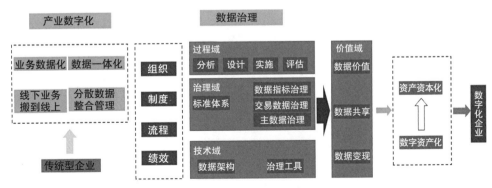

图3-1 全过程工程咨询企业数字化转型五部曲

3.1.3 数字化全过程工程咨询平台的内容

数字化全过程工程咨询平台的主要目标：首先，全过程工程咨询是一项业务，数字化需要做的是将该业务从线下搬到线上，实现"业务数据化、数据一体化"的阶段性目标；其次，基于"业务数据化、数据一体化"，最终实现包含但不限于建设项目全过程工程咨询标准规定的全部内容（陈寿峰，2022；赵家莹，2022；高承勇，2013）。图3-2为数字化全过程工程咨询平台。

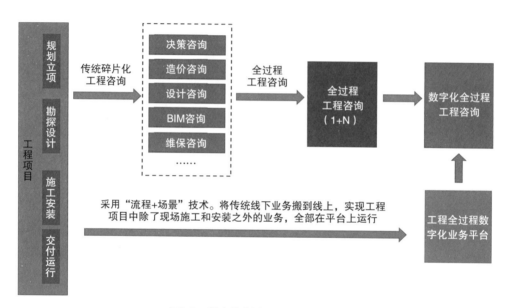

图3-2 数字化全过程工程咨询平台

数字化全过程工程咨询平台的内容、价值和效益，除了包含了传统全过程工程咨询的全部内容、价值和效益之外，还包括以下内容。

1. 提供标准规范的全过程工程咨询内容

借助数字化平台，将标准中"基本规定、全过程工程咨询组织机构、全过程工程咨询项目管理、项目投资决策咨询及管理、工程勘察设计咨询及管理、工程监理咨询及施工管理、工程招标采购咨询及管理、工程投资造价咨询及管理、工程专项专业咨询及管理、工程竣工验收咨询及管理、项目运营维护咨询及管理"等内容，通过软件定义完整、准确地配置成数字化平台的业务场景和操作指南，直接为用户提供标准规范的全过程工程咨询，其咨询水平和质量不会因为项目经理（总咨询师）与咨询团队的能力水平而出现明显的偏差，可减少对咨询人员专业素质和稳定性的依赖。

2. 提供专家级全过程工程咨询内容

数字化平台将专家的知识和经验通过软件定义完整、准确地配置成数字化平台的业务场景和操作指南，直接为用户提供了行业内专家级别的全过程工程咨询，可缓解工程企业对高端全过程工程咨询人才的需求。

3. 提供工程项目各关联方开展工作的协同平台

数字化平台按专业、角色和职责梳理业务流程场景，创造以建设项目为核心的数字化生态环境，可为工程项目所有关联方（包含业主、设计、招标投标代理、施工、监理、造价等咨询方）开展高效协同工作提供线上平台，并且无须编写软件代码，通过软件定义即可实现工程建设项目业务流程场景的优化，能满足不同专业项目的个性化需要。

4. 提供高效率全过程工程咨询的操作工具

数字化平台配备各种信息化工具，如移动端应用、数字签名、表单模板、流程配置、CAD图纸浏览、BIM模型应用、超级PPT、外部系统集成（如与第三方工程算量计价软件、财务软件、ERP等互联）、GIS信息分层、方向指北、距离、面积和高程量测、信息标注等，支持工程项目所有关联方在各个业务场景下提高工作效率。

5. 提供完整的全过程工程资料文件收集管理

数字化平台将工程项目所有关联方在平台运行过程中产生的各类工程资料和数据信息，实现最原始、最完整的采集和管理，并支持各关联方协同调用。在竣工阶段，基于数字化平台完整的工程资料和数据文件，能够快速、方便地实现竣工资料的准备和竣工验收；同时，形成"数字化交付、数字档案和数字资产"等的拓展应用，以及行业大数据应用。

6. 提供实时在线的工程进度/质量/投资的管控

借助数字化平台，实现工程项目所有进展和工作情况的快速查询和主动推送，对拥有权限的角色做到了"实时反馈"和"一览无余"，显著提升全过程工程咨询方对工程建设项目的管控能力和咨询水平。同时，通过数字化平台"业主窗口"，将全过程工程咨询企业的数字化能力和水平充分展示给业主，将显著提升业主对全过程工程咨询企业的信任和信心，并成为全过程工程咨询企业的核心竞争力。

数字化平台主要包括全过程工程咨询、业主单位、监理单位、设计单位、施工单位、造价咨询、运维单位和设备供应商8个模块。

3.2 数字化全过程工程咨询支撑体系

3.2.1 数字化全过程工程咨询组织架构

全过程工程咨询项目是指以建设项目集成交付为目标的,以"业主—承包人—全过程工程咨询团队"三方责任主体形成的三边关系为核心的项目网络组织,既包含以业主委托全过程工程咨询团队进行项目管理的专业服务交易,又包括业主委托承包人进行项目实施与交付的项目交易,两者共同构成了完整的全过程工程咨询项目组织架构,组织架构是在全过程工程咨询企业管理要求、管控定位、管理模式及业务特征等多因素影响下,在企业内部组织资源、搭建流程、开展业务、落实管理的基本要素(周翠,2020)。

每一轮工业革命的到来都会颠覆传统落后的生产力组织方式,从而对企业的组织机构、管理方式和业务模式提出新的要求。以数字化、网络化和智能化为特征的第四次工业革命,不仅技术形态更为复杂,应用实践难度也更高,企业必须为组织架构、管理模式、工作模式等多维度优化调整做出长期计划和准备,制定一个自上而下的数字化战略,建立以项目制、技能性、场景化为核心的组织模式,从而激发数字化转型团队的创造力,提升业务敏捷性。

本节以国家全过程工程咨询相关政策为背景,从组织架构常见形式、全过程工程咨询企业组织架构设置原则探讨全过程工程咨询企业组织架构及部门设置方案,提出组织结构形式设置建议。目前主要的组织架构如下所述。

1. 一把手责任制

数字化转型需对传统业务管理和生产模式进行颠覆性变革,这是一个全面而系统的变革过程,涉及从最高领导层到基层员工全体范围内的工作模式的转变,必然会触动内部相关人员的责权和利益,改变员工的长期工作习惯及重构人员及部门之间的关系。因此,数字化转型要推动实施,必须首先建立以CEO或总经理为最高领导的一把手责任制。

CEO或总经理的职责是从战略上敲定全过程工程咨询企业的数字化转型方案,并搭建领导组织,协调各方的资源,为数字化转型工作的稳步推进提供支持。同时对公司一切重大经营运作事项进行决策,包括制订数字化转型方案、数字化转型财务预算、数字化转型经营目标、数字化业务范围增减等。

在数字化转型过程中,CEO或总经理需要积极发挥领导作用,引导数字化转型的方向,带动企业上下一致地向数字化转型目标迈进,解决执行人在推进数字化转型工作时遇到的困难,并把握、核实数字化转型的进度和效果,从而及时调整转型速度和方向。

在数字化转型过程中，CEO或总经理是第一决策人，需要在数字化转型战略方面发挥主导作用，为CDO（Chief Data Officer，首席数据官）推进和执行数字化转型提供决策意见、协调人力和财务资源、构建领导组织并确认结果等，确认CTO（Chief Technology Officer，首席技术官）或CIO（Chief Information Officer，首席信息官）的技术架构建设、赋能业务的工作，协调COO（Chief Operating Officer，首席运营官）与CTO或CIO之间的业务与技术衔接问题。

如图3-3所示，全过程工程咨询企业数字化转型需建立以CEO或总经理为核心，CDO、COO、CTO或CIO三者平衡，相互协作的领导组织。

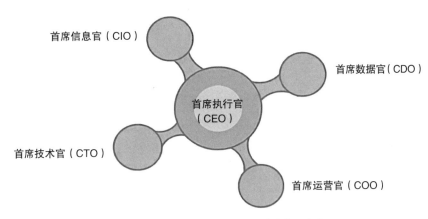

图3-3　数字化全过程工程咨询领导组织

2. 各司其职

在CEO或总经理统一领导下，CDO、CIO、CTO和COO等职位人员负责落实数字化转型方案和规划，根据数字化转型目标分解执行。

（1）CDO负责数字化转型的执行工作。

CDO作为全过程工程咨询企业数字化转型的执行领导，带领数字化转型团队完成数据到业务的变现目标。CDO从整体上负责企业数字化转型的进程，包括开始执行、过程推进、结果核验。CDO向CEO汇报工作，与CIO或CTO、COO平级，共同协作达成企业数据赋能业务的目标。

（2）CIO负责信息技术和系统的维护及运用。

参与数字化转型的CIO可以协助CDO从信息技术的运用方面支持CDO完成数字化转型目标，并从信息技术角度向数字化团队提供技术改进策略。因此，CIO需要具备数字化技术和工程咨询业务两方面的知识，协助CDO完成组织的技术调配战略和业务战略紧密结合、赋能业务的总体目标。

（3）CTO提供技术支持并负责技术指导及把关。

在企业数字化转型过程中，CTO作为技术方面的有力协助者，其职责是帮助CDO把关技术选型，就具体技术问题进行指导，完成CEO赋予的各项技术任务。

（4）COO负责多业务条线的梳理并提出业务需求。

全过程工程咨询企业数字化转型的目的是利用数字技术提升运营效率和管理水平，力争实现全过程工程咨询业务创新。因此，COO需要在数字化转型过程中梳理出不同维度、不同功能、不同类别、不同层次的产品和服务，明确企业的业务线，并在此基础上整理出各个业务的需求点，设置相匹配的数字化转型节点目标。其中，需要特别注意的是数字化转型方案是否与公司早前定的业务计划相契合，是否可以让市场运作和管理更加智能化，是否能够让销售业绩提升，以及在实际的数字化转型工作的推进过程中如何平衡技术部门与业务部门之间的关系，使双方需求沟通顺畅，合作紧密。

以上对CDO、CIO、CTO或COO等组织角色的细分，可以根据全过程工程咨询企业的实际情况进行调整，若CIO具备CDO的能力，则可以由一人兼任，只要能达到企业的转型目标即可。

3. 搭建数字化组织架构

数字化领导组织的构建将为数字化团队提供可用的资源，在技术、系统、业务等多个领域创立连接端口，从而塑造整体的数字化领导组织。数字化领导组织的建设促进了不同领域的领导之间的敏捷性与灵活性，为数字化团队的信息共享和资源协作打通渠道，打破"信息孤岛"和资源壁垒，提供沟通和协作的平台。

搭建团队的组织架构，能让整个团队的协作更加系统化、规范化，进而提升团队的办公效率。搭建组织架构需要梳理整个团队的职能架构，再根据每个人的角色、岗位，划分具体的工作内容。因此在团队运营过程中，合格的组织架构必不可少，它是整个团队工作的核心。

CEO搭建组织架构主要应考虑以下五个因素。

（1）领导力。

领导力由领导素质、领导知识水平、领导行为和领导战略组成，是搭建架构的重中之重。

（2）预算成本控制。

根据预算规定的收入与支出标准检查和监督各个部门的生产经营活动，保证各项活动和各个部门充分达成既定目标，既能获得收益，又能达到资源的合理利用。因此，费用支出要受到严格有效的约束。

(3)战略规划。

制定组织的长期目标并将其付诸实施,谋划重大、全局性的任务。

(4)技术水平。

科技的发展日新月异,CEO必须了解行业技术发展动态,才能制定出符合当前技术发展水平、与公司发展情况相匹配的政策。

(5)经营模式。

将经营模式集成到当前的业务模式,以抵御数字业务在不断变化的环境中可能面临的风险,并将数字化融入设计和工艺,确保有序、稳定地推进数字化。

3.2.2 数字化全过程工程咨询制度规范

数字化全过程工程咨询的一切工作都是需要围绕投资方来开展的,但又不能违反国家的相关法规,这是数字化全过程工程咨询工作的根本所在。根据《建设项目全过程工程咨询标准》T/CECS 1030—2022,全过程工程咨询应由一家具有综合能力的单项咨询单位独立实施,也可由多家具有投资决策、勘察、设计、监理、造价、招标采购、运营维护等基本咨询能力和项目管理能力的单位联合实施。全过程工程咨询宜覆盖建设项目的投资决策阶段、工程建设准备阶段、工程建设阶段和项目运营维护阶段四个阶段。

在一个数字化全过程工程咨询项目中,制度规范主要基于各部门职能、数据评估、数据处理、数字化建设、数字化建设制度修改五个维度建立。

1. 全过程工程咨询管理部

全过程工程咨询管理部一般应下设全过程总控管理部(简称"总控部"),同时应结合项目全过程工程咨询管理需要统筹考虑其他相关部门的设置,如项目投资决策管理部(简称"前期部")、工程勘察设计管理部(简称"设计部")、工程监理服务管理部(简称"工程部")、工程招标采购管理部(简称"招采部")、工程投资造价管理部等部门(简称"造价部")、项目运营维护管理部(简称"运维部")或其他相关管理部门。全过程工程咨询管理部各部门主要工作职责一般包括以下内容。

(1)全过程总控管理部:负责项目的总体沟通、协调、组织和管理及其他部门没有覆盖的工作。

(2)项目投资决策管理部:负责对项目投资决策综合性咨询进行全过程管理。

(3)工程投资造价管理部:负责对项目工程投资造价咨询进行全过程管理。

(4)工程勘察设计管理部:负责对项目工程勘察设计咨询进行全过程管理。

（5）工程招标采购管理部：负责对项目工程招标采购咨询进行全过程管理。

（6）工程监理服务管理部：负责对项目工程监理和施工进行全过程管理。

（7）项目运营维护管理部：负责对项目资产运营和设施运行进行全过程管理。

（8）其他必要相关管理部：负责对项目的相关专项咨询或其他未尽事项进行全过程管理，如报批报建管理部、信息化管理部等。

2. 全过程工程咨询数据评估规范

在数字化全过程工程咨询建设体系中，数据评估规范主要包含以下三个方面。

（1）数据标准规范（图3-4）。

全过程工程咨询数据标准规范是一套由管理制度、管控流程、技术工具共同组成的体系。通过这套体系的推广，制定统一的数据定义、数据分类、记录格式和转换、编码等，从而实现数据的标准化。数据标准规范包括业务术语描述、数据模型标准、主数据和参照数据标准、指标数据标准等。通过对数据标准化定义和描述，解决数据不一致、不完整、不准确等问题，消除数据的二义性，使得数据在全过程工程咨询企业有一个全局的定义，减少了各部门、各系统的沟通成本，提升企业业务处理的效率。

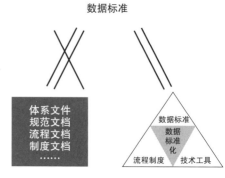

图3-4　数据标准规范

（2）数据质量规范。

数据质量规范是明确数据质量管理要求，制定数据质量指标（如数据唯一性、数据完整性、数据准确性等）、定义数据质量规则、确定数据质量标准和制定数据质量的测量和分析方法，通过控制数据质量，实现数据质量和数据管理水平的提升（图3-5）。

（3）数据安全规范（图3-6）。

数据安全规范是识别敏感数据，进行数据安全的分类、分级定义，确定数据安全职责，明确敏感数据的访问和使用权限。

为了保障组织架构的正常运转和数字化各项工作的有序实施，需要建立一套涵盖不同管理维度、不同适用对象，覆盖数字化建设过程的管理制度体系，从"法理"层面保障数字化建设工作有据、可行、可控。

3. 全过程工程咨询数据治理标准体系

数字化建设制度建设的基础是数据治理标准体系（邱利瑞，2022），包括基础共性、数据基础设施、数据资产管理、数据流通和数据安全五个方面。

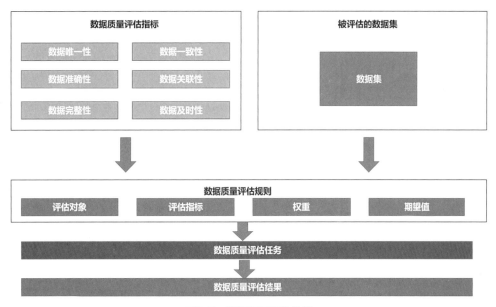

图3-5　数据质量评估体系

图3-6　数据安全规范

（1）基础共性标准。

基础共性标准主要用于统一数字化建设相关概念，为标准体系其他部分的建设提供支撑和参考，包括术语、参考架构、通用要求和评测评估（图3-7）。

①术语：主要规范数字化建设相关概念，包括数据基础设施、数据资产管理、数据流通、数据安全等主要概念定义、分类等；

②参考架构：包含数字化体系的整体架构以及数据基础设施、数据资产管理、数据流通、数据安全的参考架构；

③通用要求：主要规范数据基础设施、数据资产管理、数据流通和数据安全的通用要求，包括功能、性能、管理、过程等方面；

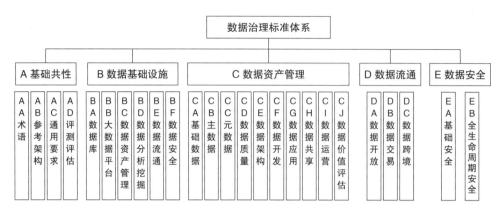

图3-7 数字治理标准体系

④评测评估：主要规范数据基础设施、数据资产管理、数据流通、数据安全等方面相关的评测评估指标和方法。

（2）全过程工程咨询数据基础设施标准。

数据基础设施标准主要用于规范数字化工作涉及的平台、工具、软件系统等，为数据资产管理、数据流通、数据安全提供技术支撑，包括数据库标准、大数据平台标准、数据资产管理标准、数据分析挖掘标准、数据流通标准和数据安全标准。其中：

①数据库标准：包括事务型数据库、分析型数据库、时序数据库、图数据库等；

②大数据平台标准：包括数据采集、数据存储、数据分析、数据开发等；

③数据资产管理：包括数据标准、数据质量、数据架构、数据共享、数据价值评估等；

④数据分析挖掘标准：包括数据挖掘、报表工具、数据可视化等；

⑤数据流通标准：包括隐私计算等；

⑥数据安全标准：包括脱敏加密、数据防泄露、数据库网关、数据水印、数据安全分类分级、安全审计等。

（3）全过程工程咨询数据资产管理标准。

数据资产管理标准主要针对组织的核心数据资源进行管理、共享、应用和价值评估，包括基础数据标准、主数据标准、元数据标准、数据质量标准、数据架构标准、数据开发标准、数据应用标准、数据共享标准、数据运营标准、数据价值评估标准。其中：

①基础数据标准：针对交易数据、指标数据、参考数据、标签数据、数据元进行规范和定义；

②主数据标准：包括主数据分类代码、主数据属性定义、主数据集成、机构主数据、物料主数据、财务主数据等；

③元数据标准：包括元模型、元数据采集、元数据注册、元数据应用、元数据服务等；

④数据质量标准：包括数据质量维度、数据质量评价指标、数据质量分析、数据质量提升等；

⑤数据架构标准：包括数据分类、主题模型、概念模型、逻辑模型、数据分布、数据流向等；

⑥数据开发标准：包括数据建模方法、数据开发过程要求等；

⑦数据应用标准：包括数据服务开发、数据产品设计规范、数据应用效果评价等；

⑧数据共享标准：包括数据共享技术规范（接口）、共享数据质量要求、数据共享评价指标体系；

⑨数据运营标准：包括数据资产目录、数据价值链、数据流通监测（内外部）、数据服务/产品运营；

⑩数据价值评估标准：包括数据价值评估体系、评估方法。

（4）全过程工程咨询数据流通标准。

数据流通标准主要对跨组织的数据开放、交易、跨境进行规范和约束，保证数据在数据供应方和数据需求方之间的流通合规、有序。

①数据开放：包括数据开放原则、数据开放目录、开放数据质量、开放数据安全、数据开放监管等；

②数据交易：包括数据提供方管理、数据需求方管理、数据交易服务、数据交易定价、数据交易权属、数据交易规则等；

③数据跨境：包括数据跨境原则、跨境数据类型、数据跨境渠道、跨境数据安全、数据跨境监管、数据跨境风险评估等。

（5）全过程工程咨询数据安全。

数据安全标准主要用于规范数据资产的管理、应用、共享、开放等环节合法、合规，并确保数据始终得到有效保护。

①通用数据安全：包括数据分类分级、监控审计、鉴别与访问、风险和需求分析、安全事件响应、隐私保护等；

②全生命周期数据安全：对采集、传输、存储、使用、共享、交换、销毁/退役等全生命周期各环节的数据安全进行规范。

4. 全过程工程咨询数字化建设制度框架

业务驱动因素决定了在数字化建设策略中需要仔细控制哪些数据以及控制到

什么程度。例如，全过程工程咨询企业数据提供者的业务驱动因素之一是确保与使用者相关数据的隐私，要求在数据流经企业时对其进行安全管理，以确保符合政府和行业法规。

精心规划的数字化建设框架涵盖战略、战术和运营角色和职责，可确保数据在企业内受到信任、记录良好且易于查找，并确保其安全、合规和保密。

该框架的主要优势包括：

（1）一致的数据视图和业务术语表，同时为各个业务部门的需求提供适当的灵活性。

（2）确保数据准确性、完整性和一致性的计划。

（3）了解与关键实体相关的所有数据位置的高级能力，使数据资产可用且更容易与业务成果联系起来，为关键业务实体提供"单一版本真相"的框架。

（4）满足政府法规和工程咨询行业要求的平台。

（5）可在整个企业中应用的数据和数据管理明确定义的方法论和最佳实践。

（6）易于访问且保持安全、合规和机密的数据。

根据数字化建设组织架构的层次和授权决策次序，数字化建设制度框架分为政策、制度、细则、手册四个梯度。该框架标准化地规定了数字化建设各职能域内的目标、遵循的行动原则、完成的明确任务、实行的工作方式、采取的一般步骤和具体措施，如图3-8所示。

a. 数据政策。

作为全过程工程咨询企业数字化建设的纲领性文件，数据政策是最高层次的数据管理制度决策，是落实数据资产管理各项活动必须遵循的最根本原则，描绘了企业实施数据战略的未来蓝图。

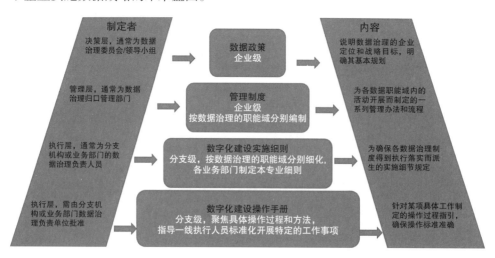

图3-8 数字化全过程工程咨询建设制度框架

数据政策既贯穿了整个全过程工程咨询企业的组织和业务结构，也贯穿了企业数据创造、获取、整合、安全、质量和使用的全过程。其内容包括数据资产管理及相关职能的意义、目标、原则、组织、管理范围等，从最根本、最基础的角度规定了全过程工程咨询企业在数据方面的规范和要求。数据政策应当符合企业的数据战略目标，数量不宜太多，内容描述应当言简意赅、直击要点。在整个全过程工程咨询企业范围内进行广泛讨论、评审、完善。数字化建设委员会、领导小组负责进行终审，并正式发布执行；也可由数字化建设委员会、领导小组授权委托数字化建设归口管理部门组织执行以上工作。

b. 管理制度。

数字化建设管理制度是基于数据政策的原则性要求，是结合各企业组织和业务特点制定的数字化建设职能范围内的总体性管理制度。其目的是确保数字化建设的管理层对准备开展或正在开展的数字化建设各职能活动进行有效控制，并作为行为的基本准则为后续各角色的职责问责提供依据。其清晰地描述了数据资产管理各项活动中所遵循的原则、要求和规范，各级单位和机构在数字化建设工作中必须予以遵守。数字化建设管理制度从形式上包含章程、规则、管理办法等，具有以下特点：

Ⅰ. 数字化建设管理制度一般根据职能域进行划分，与企业准备开展的数字化建设实际工作相关。例如"数据标准管理办法""数据质量管理办法""元数据管理办法""主数据管理办法""数据安全管理办法"等。这些文件为数字化建设不同职能域建立了规范性要求，内容一般包括目标、意义、组织职责界面、主要管理要求、监督检查机制等。

Ⅱ. 数字化建设管理制度中的所有规定和要求都必须符合数据政策规定，不应与数据政策所确立的基本原则相违背。一般情况下，全过程工程咨询企业数字化建设的相关活动会早于数字化建设管理制度的制定。因此，数字化建设管理制度更多地需要对已开展的数字化活动从纷乱无章向统一有序引导。数字化建设管理制度的建立并不是推翻现有的工作机制，而是在标准化要求下对当前各项建设活动的规范化构建和重组。

Ⅲ. 数字化建设管理制度由数字化建设归口管理部门负责组织编写。考虑到数字化建设职能活动的差异，应当成立一个专门的制度编制小组承担具体的编制工作。由于建设活动通常早于管理制度的制定，不少的业务部门或分支机构的人员也广泛参与其中，所以制度编制小组的成员不应该仅仅来源于归口管理部门或技术部门，企业应该更多地吸纳其他业务部门和分支机构人员，允许其代表本机构、本专业的利益对数字化建设的管理制度提出相应的要求。但最终数字化建设管理制度必须以整个企业的高度和角度来评判和衡量管理措施的有效性，从而保证企业数据质量符合数据需求方的使用要求。

c. 数字化建设实施细则。

该细则是已有的全过程工程咨询企业级数字化建设管理制度的从属性文件，用于补充解释特定活动或任务中描述的具体内容，进一步确定后续步骤里的具体方法或技术，或管理制度相关要求与不同业务部门、分支机构实际情况的结合和细化，以便促进特定领域或范围内具体工作的可操作化。数字化建设实施细则一般是本地化的。但这并不意味着，对于组织结构比较简单、不存在分支结构的企业来说，实施细则是不必要的。

数字化建设实施细则可以分成以下两类：

Ⅰ. 针对企业级数字化建设管理制度在各业务领域落地的细化要求，需要结合各业务领域的数据现状、组织架构、工作方式等，不同业务领域存在一定的差异。这些细则是在企业统一要求的基础上由业务部门本地化定制的，是所有企业都应当制定的。

Ⅱ. 企业级数字化建设管理制度在各分支机构的细化要求，同样是企业统一的管理要求与各分支机构的实际情况结合后指导具体落地工作的文件。这些对于不存在分支机构的企业来说是不需要考虑的。

数字化建设实施细则一般由业务部门或分支机构的数字化建设负责人组织编制，参与人为本单位与数字化建设相关的专业人员。数字化建设实施细则的编制必须符合该领域管理制度的规定，各种细化的、本地化的执行要求不应与管理制度确立的企业级要求相违背。

d. 数字化建设操作手册。

操作手册是针对数字化建设执行活动中的某个具体工作事项制定的，用于指导具体操作的文件，是特定活动的执行中需要遵守的操作技术规范。

操作手册的内容和形式均不固定，一般包括需要不同角色遵循同样的标准化要求的场景，或多个制度执行活动中共同调用的相关标准。数字化建设操作手册可根据数字化建设实际执行过程中的标准化需求而不断新增、删减及持续优化完善。

5. 数字化建设制度修订

数字化建设制度的制定并不是终点，只是对企业开展数字化建设工作进行约束和管控的开始。从这个意义上看，数字化建设制度需要根据企业自身及数字化建设工作需求的变化而改变，这就要求企业对数字化建设制度进行适时的修订，以符合实际工作的发展需要。因此，数字化建设制度与实施总是处在不断的匹配过程中，而且数字化建设制度往往是滞后的一方。

（1）修订时机。

数字化建设制度的修订需要适当的时机，过于频繁的修订会对日常工作造成不良影响，而过于滞后的修订会造成实际工作与制度不匹配，无法实现有效的约束。因此，当出现以下情况时，修订比较合理：

①当国家与数据管理相关的法律、规程废止、修订或新颁布，对企业数字化建设工作产生较大影响时；

②当企业组织结构和运营体制发生重大变化时；

③当内外部监督或审计单位提出相关整改意见时；

④当在安全检查、风险评价过程中发现涉及规章制度层面的问题时；

⑤当分析重大事故和重复事故原因，发现制度性因素时；

⑥其他情况。

（2）修订原则。

企业在修订数字化建设制度时，应遵循以下三个原则。

①辩证统一原则。

坚持"稳"与"变"的辩证统一。全过程工程咨询企业数字化建设制度在修订过程中既要有针对新需求的内容新增，也要保持较强的一致性和稳定性。一方面，企业要不断适时地用最新、最适用的制度代替已不适应现状的制度；另一方面，数字化建设制度的变化应当循序渐进，尤其是层级越高的制度修改应当越谨慎，稳定性应当越强。

②先立后破原则。

对全过程工程咨询企业数字化建设制度的修订要采取"先立新，再破旧"的程序。在条件尚不成熟，新制度尚未出台之前，应继续按原有制度执行，待新制度正式建立以后再废除旧制度，以保持制度的连贯性、稳定性，保证企业数字化建设活动的正常开展。

③消除例外原则。

企业数字化建设制度的修订要能准确识别"例外"和"偶然"事件。因此，在出现"例外"和"偶然"事件的情况下，管理者要善于运用标准化原理，用管理制度来指导对"例外"与"偶然"事件的处理，并适时将"例外"和"偶然"事件纳入管理制度，使其成为常规管理的一部分。

（3）修订过程。

在实际工作中，数字化建设制度的修订过程主要有以下五步。

①明确修订目标。

明确本次修订需要适应或解决当前制度存在的什么问题，通过修订达到什么效果。

②补充必要数据及信息。

针对本次修订的内容补充日常工作中积累的相关数据、材料或信息，为修订提供基础。

③起草修订稿。

完成修订稿撰写并对制度修订前后的效果进行对比分析。

④征求意见。

在合理的范围内对修订的内容进行意见征集，采纳合理意见并进一步完善修订稿。

⑤签审发布。

在起草修订稿时，需要特别慎重，修改部分的内容须与全过程工程咨询企业各方面的制度保持协调，避免出现顾此失彼的情况。如果一个制度的修订造成了同其他管理制度的矛盾，则势必给企业数字化建设工作带来混乱。

在特殊情况下，全过程工程咨询企业可随时对制度进行修订，但一般不宜过于频繁。如果无特殊情况，则企业可在每年年末对现有制度进行年审，并根据年审结果考虑是否需要进行修订。

3.2.3 数字化全过程工程咨询执行流程

1. 数字化全过程工程咨询建设总体流程框架

目前，数字化建设无法真正为全过程工程咨询企业提供支撑的主要原因在于数字化建设总体流程框架不成熟，具体体现在以下四个方面。

（1）数据孤岛。

在大多数全过程工程咨询企业中，不同的部门和业务部门使用不同的应用程序并将信息存储在单独的数据库中，这些单独的数据库可能包含类似的信息，但数据从一个数据库到另一个数据库并不总是一致的。

（2）数据存储量日益增大。

管理大数据也很困难，因为所涉及的数据规模庞大，而且数据量不断增大。对于只有较少客户的全过程工程咨询公司来说，修复客户记录较为容易。在这种情况下，需要设置专岗查看所涉及的记录并修复。

（3）复杂的数据和架构。

全过程工程咨询企业数据不仅存储在不同的孤岛中并且不断增长，使得数据量变得庞大且异常复杂。企业数据通常包括结构化数据（驻留在数据库中的数据）和非结构化数据（包含在文本文档、图像、视频、声音文件、演示文稿等中的数据），并且数据存在于各种不同的格式中。单个全过程工程咨询企业可能在其系统上拥有数千个应用程序，并且每个应用程序可以读取和写入许多不同的数据库。因此，编目组织在其存储系统中具有哪些类型的数据是一项非常艰巨的工作。

（4）组织架构与部门隔阂。

部分组织在数字化建设的过程中速度过慢，成效不好，其中一个很重要的原因是权责、部门配合等方面存在问题。在很多情况下，生产数据、使用数据、分析数据的工作人员分布在不同的职能部门，角色不同，立场也不同，这些客观存在的影响因素都会影响整个数字化建设的最终结果。

要真正把数据作为全过程工程咨询企业有价值的资产来管理，就必须对管理财务、人力资源等业务功能进行数字化建设，在明确数字化建设管控目标的基础上，建立数字化建设相关的工作流程。例如，财务的日常工作由多个核心业务流程组成，包括应付账款、应收账款、工资和财务计划等。

在具体的执行工作中，数字化全过程工程咨询建设工作包含了众多的业务流程，包括标准和规则的制定、预期的数据清洗、修复、保护、协调、授权等一系列工作流程。但从数字化建设整体工作来看，这些具体的工作流程又可以被归纳并划分如图3-9所示的定义、发现、实施以及衡量与监测四个核心环节。这四个环节可重复执行，形成一个闭环的数字化建设流程体系，并且四个环节并不是严

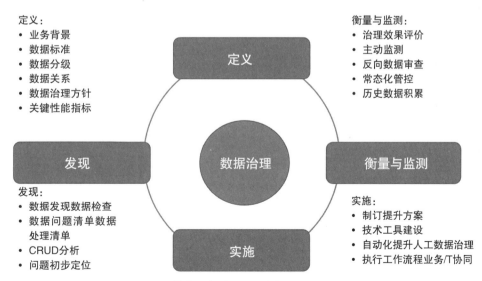

图3-9　数字化全过程工程咨询建设总体流程框架

格意义上的前后衔接关系，根据企业的不同和数字化建设阶段的不同，可能包含一些并行的活动。

（1）定义。

定义包括：数据与业务相关的背景、分类及相互之间的关联关系，以及实施数字化建设工作所需的政策、规则、标准、流程及评价策略。此环节可与下述"发现"环节阶段性迭代并行。

（2）发现。

该环节主要是获取全过程工程咨询企业数据生命周期的当前状态、相关业务流程、组织和技术支持能力，以及数据本身的状态，并根据定义阶段明确的数字化建设策略、优先级、标准、规则、架构等来对全过程工程咨询企业现状进行全面对比检查，查找数字化建设需要解决的问题并形成清单，并通过分析初步定位数字化全过程工程咨询建设问题的原因，为后续数字化建设工作的实施建立基础。

（3）实施。

根据前两个环节的结果来执行具体的数字化建设工作，并确保数字化全过程工程咨询建设与定义和发现环节确立的内容（包括所有数字化建设政策、业务规则、管理流程、工作流程、角色职责）相匹配，最终解决发现数字化建设的相关问题，提升数字化全过程工程咨询建设的水平。

（4）衡量与监测。

在该环节中，衡量主要是获取并衡量数字化全过程工程咨询建设和管理工作的有效性及价值；而监测主要是建立后向的实时管控机制，形成对数字化建设过程及其后续各项工作的常态化闭环管理机制，使数据资产及其生命周期透明并可审核。

以上是全过程工程咨询企业开展各个领域数字化建设工作的完整过程，通常情况下，上述四个环节中如有缺失，则数字化建设工作难以达到预期效果。以改进数据项（比如投资成本）质量或安全性的实验性数字化建设项目为例，必须按照数字化建设总体流程框架的四个环节来制定相应的解决方案，并在实际工作中执行。其过程包含对"投资成本"这个字段的业务定义、规则定义、关系建立、质量检查、问题发现、问题验证、清洗、改进质量、常态化监测等一系列过程，最终确保对"投资成本"这个字段的数据质量有明显提升。

数字化建设总体流程的顺利实现，离不开以下八个关键环节（刁玉新，2021；钟佳涛，2016；朱小兵，2004）。

（1）整理业务规则，统一数据定义。

在企业数字化转型过程中，对数据的共同理解与解释至关重要。数据质量问题通常是指同一数据集被解释为不同事物，或者不同数据集被解释为相同事物。无论是业务还是技术元数据，根据业务属性明确数据定义对于提高数据质量相当重要。全过程工程咨询企业可令数字化建设团队运用一定的数据管理应用程序完成业务规则的梳理和数据定义的统一。

（2）确认影响业务的关键数据指标。

在商业场景中，业务需求、业务流程、业务绩效等是关键数据指标。为了衡量全过程工程咨询服务是否能够满足市场需求，必须采用一定的企业绩效指标。不完整、不准确的数据可能导致客户投诉，因此客户流失率、KPI等数据指标的梳理及确定至关重要。

（3）分析关键业务的数据质量。

在确定了企业内部影响业务的关键数据指标后，数字化建设团队还需要了解全过程工程咨询企业内支持关键业务流程的系统及程序的数据质量。在梳理过程中，数字化建设团队可以采用数据分析工具预测数据分析模型，在较短时间内了解数据质量。也可以创建针对数据存储库运行的脚本，解决高级别的跨应用数据分析需求。

（4）创建数据自动化管理调控体系。

数字化建设团队应建立自动化管理体系，审核数字化建设到数据应用的整个流程，在绩效考核、分析决策、基础数据质量之间建立明确的自动化反馈机制，以业务结果反馈数字化建设效果。

（5）检测数据质量对业务的影响程度。

凭借专业的数据质量分析工具，数字化建设团队能够测试数据质量，识别异常数据，以便开展有针对性的数据处理工作。另外，数据质量的检测应该是长期存在于数据应用过程中的。一旦企业决定进行数字化转型，就必须定期评估数据质量对业务结果的影响，并且随着新业务场景的出现，对数据质量评估的重点和方法做出相应调整。

（6）听取、沟通业务需求，有针对性地治理数据。

数字化建设团队在对数据进行清洗治理时，应该认真听取业务部门对数据的需求，通过有效沟通，确定行动计划，探索数据内部潜在的问题，为分析决策提供支撑。

（7）创建数据质量动态感知平台，监控数字化建设进程。

为及时了解数字化建设进程，数字化建设团队可以创建数据质量动态感知平台，并根据KPI和关键业务操作流程制定数据质量的绩效。

（8）建立学习—分享—培训机制。

数字化建设团队中各成员分工不同，所处理的数据模块不同，每个人遇到的数据质量问题也不尽相同，从而使得个人无法解决相应问题。因此，团队负责人可建立一套学习—分享—培训机制，从而提高团队工作的效率。

2. 数字化建设典型场景的流程

在实际工作中，由于全过程工程咨询企业数字化建设涉及的职能领域、数据范围、应用类型、业务专业领域等存在显著的差异性，使得数字化建设存在着多样化的实施场景。然而，虽然这些场景表面上看起来不尽相同，但其核心过程仍旧符合数字化建设总体流程框架。比如：

（1）数据标准管理流程。

如图3-10所示，数据标准管理流程主要包括定义、审批、颁布、使用、反馈与维护全局数据标准等阶段。

各工作阶段工作主要有：

①收集、分析数据标准需求。

②制定与更新（实施）。

数据标准管理单位在各业务部门的参与下，初步制定或修改数据标准定义，提交数字化建设委员会/领导小组会议审核。

③审核（实施）。

数字化建设委员会/领导小组对新的数据标准定义进行审核，结合审核意见，数据标准管理单位进行相关定义的调整。

④颁布（实施）。

数据标准管理单位颁布更新后的数据标准定义。

⑤落实与反馈（衡量与监测）。

技术部门将数据标准定义落实到具体工作中，在落实的过程中发现并反馈存在的问题，在结束之后进入下一个循环。

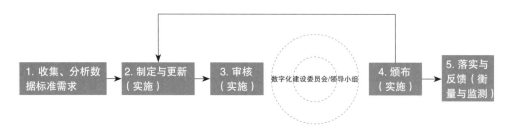

图3-10 全过程工程咨询数据标准管理流程

图3-11 数据质量管理流程

（2）数据质量管理流程。

数据质量管理流程是一套以可衡量的数据质量标准为基准的数据质量问题处理流程，总体上可以分为如图3-11所示的六大阶段，包括数据质量检查项的制定，数据质量问题的发现、分析、改善、反馈等工作流程。

其中，各阶段主要工作有：

①准备工作（定义）。

数据质量管理部门牵头，协同业务部门和技术部门相关人员制定数据质量指标、设置检查点并开展其他准备工作。

②发现问题（发现）。

通过设定的数据质量标准和规则，由技术部门和业务部门检查、发现并反馈数据质量问题。

③问题定位与优先级别划分（发现）。

由数据质量管理部门收集数据质量问题，与作为数据用户的业务部门一起确定数据质量问题的实际情况，根据问题的影响程度等多方因素，初步划分问题的优先级别。

④制订方案（实施）。

梳理需优先解决的数据质量问题，由数据质量管理部门制订初步解决方案后，组织相关业务部门、归口管理部门、技术部门等共同评审，并确定最终解决方案。

⑤提升质量（实施）。

组成专题工作小组，数据质量管理部门召集相关业务部门和技术部门的人员一起分析解决方案信息，由专题工作小组负责落实数据质量改进解决方案，提升数据质量。

⑥评估改进成果（衡量与监测）。

业务部门负责评估数据质量的改进成果，数据管理员更新数据质量问题的追踪状态，结束之后进入下一个循环。

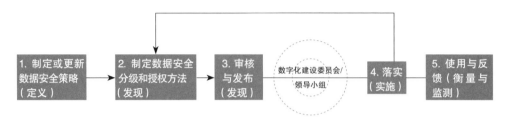

图3-12 全过程工程咨询数据安全分级和授权流程

（3）数据安全分级和授权流程。

如图3-12所示，数据安全分级和授权工作可以分为标准制定、审批、落实、反馈与维护五大阶段。

各阶段的主要工作如下所述：

①制定或更新数据安全策略（定义）。

数据安全管理部门根据业务需求对应的数据需求，制定数据安全策略，继而制定与具体数据对应的数据安全分级与用户授权。

②制定数据安全分级和授权方法（发现）。

根据业务部门在数据使用中反馈的相关意见更新数据安全策略及相关清单，把制定或更新的结果提交给数据归口管理部门审核。

③审核与发布（发现）。

数据归口管理部门审核数据安全策略及相关清单，做出必要调整，经有关管理层审批之后，签署发布。

④落实（实施）。

技术部门通过系统开发等方式，落实数据安全策略，实现数据安全分级，制定授权清单。

⑤使用与反馈（衡量与监测）。

业务部门在日常工作中需要根据权限落实与之相关的数据安全分级和授权方法，通过使用信息系统等方式评估数据安全策略及相关方法中数据安全分级和用户授权的合理性和有效性等，对数据安全策略及相关方法的整体效用进行评估，并提出必要的反馈意见。

3.2.4 数字化全过程工程咨询设计机制

数字化全过程工程咨询设计机制通过建立数字化建设的组织、角色、制度、流程，使数字化全过程工程咨询工作得到执行和落实。因此，该机制是数字化建设工作得以有效开展的重要保障。目前常用的数字化全过程工程咨询设计机制包括以下六种。

1. 决策机制

决策机制是在全过程工程咨询企业经营运行机制中，决策系统各要素之间的相互关系和内在机能。它客观地反映决策机体的运动变化规律，并决定全过程工程咨询企业决策行为的有效性程度。

（1）决策机制的组成。

完整的决策机制主要由以下三部分组成。

①权力结构。

其内容主要有两个方面：一是明确决策主体，企业决策分布于一个从简单到复杂的连续频谱，所涉及的领域也极其广泛，因此为提高决策的有效性，必须明确规定各种决策由谁为主体；二是实现权力均衡或称权力分散化，以保证决策的民主性。权力过分集中既违背管理幅度原则，又不利于广大职工积极性、创造性的发挥。

②责任权利关系。

决策者的行为由利益推动，由责任约束，由权利保证。为了保证决策行为合理化，要建立起与权利结构相适应的利益结构，正确处理责任与权利的关系。

③组织保证体系。

决策主体要行使其职能，除了要有权利保证以外，还要依托组织保证，如智囊团、决策中心、信息系统等保证，为决策者出谋划策，做好方案评估、方案论证和决策宣传，提供及时、准确、适用的信息支援等。为了便于决策者更好地行使指挥权，在企业中必须建立完善的决策系统。这包括决策支持系统、决策咨询系统、决策评价系统、决策监督系统、决策反馈系统。只有完善以上五个系统，才能使决策机制趋于完善。

（2）决策机制的类型。

决策机制主要有以下三种类型：分散型决策机制、层级式决策机制、以分散决策机制为基础的层级决策型机制。

①分散型决策机制。

分散型决策机制是以个人独立的、互不重叠的决策权为特征的决策机制。该机制优缺点如下所述。

a. 优点：分散型决策机制对信息的搜集最直接，反应最灵敏，处理也最快捷。分散型决策机制下的个人是对自己劳动资源的最好控制者，因为这种控制与个人效益最大化的目标直接相关联。独立的决策权可以使决策主体的动力得到根本保障。

b. 缺点：分散型决策机制完全通过市场行为来实现，势必会加大交易费用，使决策成本增高。因此，随着经济的发展，又出现了一种层级式决策机制。

②层级式决策机制。

该机制是指一个决策者的辖区内，决策权的层级分配和层级行使。其主要优缺点如下所述。

a. 优点：层级式决策机制可以发挥集体决策的优势以弥补个人决策的不足，组织内部的分工与协调使交易费用大大降低，从而形成对市场交易的替代。

b. 缺点：由于信息的纵向传输和整理，容易给最高决策者的决策带来失误，这种决策机制是一种自上而下的行政性领导过程，所以难免出现各层级决策的动力不足，以及由此而产生的偷懒和"搭便车"行为。

③以分散决策机制为基础的层级决策型机制。

鉴于两种决策机制各自的优点和缺点，一种更为完善的、两者结合型的决策机制相应产生。这是一种以分散决策机制为基础的层级决策型机制。这种决策机制既保留了分散决策机制在信息收集、资源控制和动力来源方面的优点，也吸取了层级决策机制的分权和交易费用较低的优势，因而成为现代全过程工程咨询企业决策过程中的一种典型形式。

2. 监督机制

在激烈的建筑市场竞争中，全过程工程咨询企业的执行力将决定企业的兴衰成败。在执行数字化建设各项工作时，需要对执行过程和结果进行监督。监督层出具年度监督计划，根据数据资产管理工作进度，监督数字化建设工作是否有效执行，出具监督报告，并保存整改报告或记录文档。

监督机制主要由以下五部分组成。

（1）督查制度。

督查制度的建设是对督查事项的跟踪监督，明确各部门工作职责，增强全体干部职工对规章制度的执行力。一个企业可以根据其组织结构的复杂性和人员的多少，考虑设置一级或两级督查机构。一般而言，一个企业的一般性或者员工级别的监督、考核和信息反馈工作，可由行政部负责；对于政务方面、安全方面、经营管理方面、生产方面和重大质量管理方面以及体系的执行力、监督、考核和信息反馈工作可由公司最高级监督机构负责。

（2）问责制度。

对于不履行或不正确、及时、有效地履行规定职责，导致工作延误、效率低下的行为，或因主观努力不够，工作能力与所负责任不相适应，导致工作效率低、工作质量差、任务完不成的工作状况，需要进行问责。公司相关部门应采取取消当年评优评先资格、诫勉谈话、通报批评、书面检查、公开道歉、劝其引咎辞职等方式，对部门或单位领导予以问责，以达到惩戒的目的，提高执行力。

（3）追究制度。

要建立环环相扣的责任追究制，对不同层次、各个岗位的员工制定出精细的责罚条例，让执行力弱或有过错者为其行为"买单"。其主要内容包括以下四点。

①对各单位、各部门及其工作人员在安全质量管理、生产管理、技术管理、机电管理、经营管理、物业管理、政治工作、民主管理、精神文明建设等方面的过错行为，实行严格的责任追究。

②对过错较轻的，给予训诫、责令检查、通报批评或调离岗位处理。

③对犯严重或者特别严重过错的，给予警告、记过、记大过、降级、撤职、开除等行政处分或党纪处分。

④对直接关系职工群众生命财产安全和利益的重大责任事故的有关责任人，要严厉追查，依法依纪严惩。

（4）复命制度。

对主管领导所安排的任何工作，不管完成与否，被安排人都要在规定时间内向安排人复命，保证事事有落实、件件有回音。当执行人在执行开始后发现有困难或阻力，无法按时完成，必须在规定的时间内通过公开、正当的程序向主管领导反映，否则就没有任何理由不完成工作和任务。同时完成任务，也应及时复命。这是保障执行指令、加强执行力、提高工作效率的重要手段。

（5）体系建设。

绩效考核是提高执行力的有效途径。绩效考核体系建设应该围绕企业的整体经营规划而建立，要设计一套关键绩效指标（KPI），既有明确的目标导向，又有对关键业务的考核；既营造一种机会上人人平等的氛围，又体现个人与团队之间的平衡关系，可以最大限度地调动人力资源，体现出简洁、实效、操作性强的特点。同时，还可以实施薪酬激励、培训激励和合理的授权激励，充分调动员工的积极性，提高执行力。

3. 保障机制

数字化全过程工程咨询工作的开展需要依赖技术平台的支撑保障，而技术平台的管控需要建立相应的技术规范。技术平台和技术规范将为数据管控的有效运行提供强有力的保障机制。在全过程工程咨询企业数字化建设中，对于组织制度保障体系的建设应注意以下三点。

（1）建设与运维双阶段并重。

全过程工程咨询企业在实施数字化建设时，往往会遇到这样一种情况：项目建设过程如火如荼，并能够取得一定的成绩。而往往项目建设完成后或建设完成后的一段时间内治理组织解散、未提取数据或数据标准执行不到位、数据管理制度也不了了之，建设阶段取得的成果逐渐消失殆尽，企业的数据情况又回到了数字化建设之前。然而值得注意的是，数字化建设是一个需要持续运营的过程，不能一蹴而就。全过程工程咨询企业的数据问题，并不是单单靠实施一个数字化建设项目就能彻底解决的。组织制度的保障不仅仅是作用在建设阶段，更重要的是在运维/运营阶段的持续进行保障。对于项目建设期和运维/运营期，数字化建设的组织机构形态和管理制度细则会有所侧重和不同，全过程工程咨询企业应根据自身需求和数据发展要求灵活调整。

（2）以点穿线、以线连面。

全过程工程咨询企业的数据名目繁多，千变万化，不可能寄希望于通过一个数字化建设项目将企业数据问题全部解决。企业的每个业务域都需要多项数据支撑，数字化建设要选择好业务重点，提高效率。企业应按照需求紧迫程度、业务影响程度、实施难易程度等因素设置权重，排列优先级，根据优先级顺序进行逐步推进。

如图3-13所示，全过程工程咨询企业实施数字化建设要有明确的目标，选择一个或多个业务痛点的数据实施，快速见效。通过解决数据痛点问题，解决由该痛点引起的业务线之间的协同问题，再通过每条业务线上数据问题的解决，逐步实现企业全面的数字化建设。而每个数据痛点问题的解决都需要整合业务链条上的相关业务部门资源，不能寄希望于一个部门或一个人。

（3）加强人才培养和文化建设。

加强数据专业人才的培养是数字化建设组织机构建设的重要支撑，也是数据标准和制度流程体系能够顺利落地的保证。通常影响全过程工程咨询企业数据质

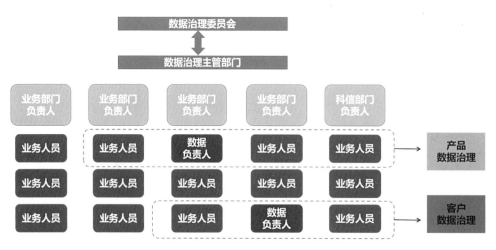

图3-13 全过程工程咨询企业数字化建设机制

量的因素分为主观和客观两大类。

①客观因素。

在数据各环节流转中，由于系统异常和流程设置不当等因素，从而引起的数据质量问题。

②主观因素。

在数据各环节处理中，由于人员素质低和管理缺陷等因素，从而操作不当而引起的数据质量问题。而事实上，主观因素造成的数据质量问题往往占比在70%以上。

高素质的人才培养，是企业数字化建设的一个重要基础。人才队伍的建设离不开企业文化土壤的滋养，数字化建设要做好，企业应将数据思维、数据意识融入企业文化的血液中。通过培训、绩效激励等方式，大力推广数据文化，形成人才队伍和企业文化建设的并行发展。

此外，资金的保障也是数字化建设保障机制的重要一环。由于数字化建设工作内容繁多，项目也相应较多，重要程度有所差异。全过程工程咨询企业在制订资金计划时，应当充分考虑保障重点工作的开展，并建立资金统筹优化机制，及时根据数字化建设工作的开展情况对资金进行再分配（图3-14）。

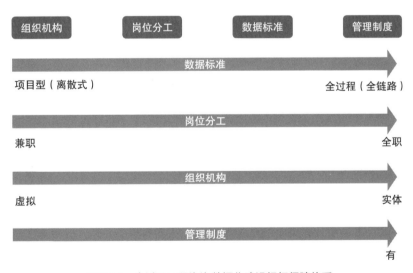

图3-14　全过程工程咨询数据化建设组织保障体系

4. 认责机制

根据关键数字化建设对象确定各数字化建设对象的最终职能部门，负责数据资产的标准建立、数据质量问题发现和分析、数据资产的日常维护等工作。

数字化建设工作覆盖了数据生命周期的整个过程，因此数据责任也必然存在于数据生命周期的各个环节中，应当由参与到数据生命周期中的数据提供方、业务管理方、数据操作方及技术支撑方等角色分担。

（1）对数据提供方来说，其数据责任主要是负责保障提供数据的高质量、维护数据供应目录、分配合理的数据权限等。

（2）对业务管理方来说，其数据责任主要是明确统一的数据定义，制定数据标准、安全保障要求和规则，监控业务系统相关数据问题并及时解决。

（3）对数据操作方来说，主要在数据录入、加工、处理等操作过程中负责执行数据管理规则，生成各项数据并解决相关数据问题。

（4）对技术支撑方来说，主要负责为数据管理提供技术支持，推动数据架构、标准和规则等内容的落地，对因技术工具缺陷、性能缺陷等问题造成的数据问题负有直接责任。

数据认责工作的开展主要有以下通用步骤：

（1）梳理认责数据范围。

企业必须根据自身的数据量来制定数据认责的范围，尤其对数量巨大的企业来说，不可一蹴而就，需要分批次进行。在认责数据项的梳理和筛选上可采用"问题+价值"双驱动的策略，即优先对问题多发且业务影响较大的数据项开展认责管理，通过责任落实提升数据质量，从而控制和解决问题，支撑业务发挥价值。

（2）建立数据认责矩阵。

构建数据各项责任与机构、岗位、人员间的对应关系，将相关数据责任落实到对应岗位人员的日常工作和数据操作中。

（3）明确责任落实要求。

例如，数据录入责任与数据项录入规范的同步执行，通过规范录入行为及纠正录入错误强化员工的责任意识。

5. 激励机制

激励机制是为了激励从事全过程工程咨询企业数字化建设员工而采取的一系列方针政策、规章制度、行为准则、道德规范、文化理念以及相应的组织机构、激励措施的总和。通过企业激励机制所形成的推动力和吸引力，使员工萌发实现组织目标的动机，形成实现目标的动力，引起并维持实现组织目标的行为；并通过绩效评价，得到自豪感和相应的奖酬，强化自己的行为。运用多种激励手段可以使各岗位员工的行为规范化和标准化。

常用激励手段包括以下三种类型。

（1）物质激励。

其指的是企业管理者通过工资、绩效、奖金等经济物质形式对员工所进行的一种激励模式。

（2）精神激励。

其也叫作"目标激励"，指的是通过各个群体以及个体的共同努力所实现的一项管理措施。

（3）奖惩激励。

其指的是企业在推进的过程中，以合理的奖惩激励制度，对员工的行为实行警告、批评、处罚、处分、开除等负面激励形式。

建立数字化建设工作的奖励机制，对在工作中表现突出、业绩优秀的集体和个人予以精神及物质层面的表彰，鼓励各部门和单位推进数字化建设方法创新，推广典型经验，对产生明显提升效果的创新案例进行奖励。

6. 沟通机制

良好的沟通能够给企业带来不仅仅是信息的顺畅流动，更能为组织的决策与执行力提供基本的保障。沟通方式主要有以下三种。

（1）正式的沟通方式。

正式的沟通方式如月度会议、周会、早会、总经理办公会、各种根据工作需要的协调会、分析会、座谈会等，这是适合决策层商议确定企业方针目标，工作布置、总结、任务要求的沟通方式。其中，采用座谈是一种广泛交流的形式，要求高层与一部分员工就企业的某些问题进行非正式的多向交流，以寻求一些解决途径。这一沟通形式的优点在于参与座谈的员工因为人数占据优势，从而从心理上克服弱势群体的思维，交流时也可畅所欲言。在实施的过程中的小问题，可当场处理；大问题，须搜集适量信息，将重要问题具体分析，以选择行动方案。应当把这一形式定期化。

（2）不定期召开员工大会或面谈的方式。

这种方式指的是高层主动与基层员工进行面对面、一对一的交流，从而了解员工需求的一种机制。但这一形式得到的信息真伪取决于面谈员工的心理状态。公司的重要信息直接由高层传达，有问必答，使员工各司其职，都清晰地知道自己该向谁负责、向什么负责，使员工了解、掌握本单位的最新动向、目标等信息，从而缩短员工与上层管理者之间的距离，使员工产生对组织的信任感与忠诚度。

（3）非正式的沟通方式。

非正式的沟通方式如电话沟通、信函、电子邮件等。这是适合决策层与管理层、操作层,管理层与操作层加强交流,增进了解的沟通方式。传统的沟通方式有时一两句话很难沟通清楚,特别是远距离管理时,沟通成了一件不那么容易的事情。然而在疫情和网络时代,通过互联网这个沟通方式可有效地解决这个难题。从信息沟通的流转过程入手,健全网络沟通渠道,重视员工的意见,领会员工的所思所想,分析存在问题的原因,主张求同存异。

(4)定期开展员工文娱、聚会和体育类等活动。

通过举办形式多样、轻松、愉快的活动,增加员工之间相互接触、相互合作的机会,加强员工之间的交流,增进相互了解的程度。在活动期间,可以就某些热点问题,考验他的观点和看法、分析问题的条理性和表达能力、逻辑思维能力等,通过分析外显行为和浅层次的知识经验及深处的、主观的个性特点及其差异;了解能力素质和性格、潜在的行为动机等。行为动机即觉悟、内在追求。

明确各组织的日常沟通方式、沟通频次、沟通内容,至少需要包括管理层向决策层的汇报机制和执行层向管理层的汇报机制。沟通内容包括但不限于数字化建设整体及部分工作的开展状况,如数据质量专项提升情况、主数据质量提升情况、数据安全管理达标改进状况等工作内容。

3.2.5 数字化全过程工程咨询绩效体系

绩效考核是运用合理的指标对企业等组织中员工的某段时期的工作展开科学评价的方法,在当前的人力资源管理体系中占据非常重要的地位。企业管理体系中,员工的绩效考核是非常重要的一部分,利用绩效考核可以明确地判定员工当前的工作业绩,能够客观地评价员工的工作是否达到了预期效果,是否完成了制定目标。绩效考核体系是一种对考核指标展开评价的管理系统,具备独立性,同时又有相互关联的效果的管理过程并非静止的,必须与企业的业务发展相对应,呈现出动态化的属性。因此全过程工程咨询企业的绩效考核需要将企业发展目标和企业人力资源管理结合,进而构建一整套规范化的绩效考核体系。现代企业的咨询顾问绩效考核也是企业人力资源管理的重点,其绩效考核体系指的是涵盖考核主体、周期、反馈、评价指标在内的综合性评价体系。企业管理者需要充分地认识绩效考核体系的重要性,注重将绩效考核结果运用到实践中。企业针对咨询顾问考核体系需要确保各方责任明确以及考核体系的规范,企业的管理人员要重视绩效考核的结果,并且还要侧重考核结果的差异性。只有这样,绩效考核体系才能达到为企业筛选人才的作用,管理者也能根据结果对员工进行有针对性的培训,从而促进企业的快速发展。但是传统的考核体系由于其自身局限普遍存在一系列问题，注定会被数字化建设考核体系取代。

1. 全过程工程咨询企业绩效考核普遍问题

绩效考核体系及其设计问题，是全过程工程咨询企业一直关注的焦点问题。多数全过程工程咨询企业苦于没有好的设计思路，经常用经验的或者主观的方式，决定绩效考核指标及其标准的构成，甚至有些企业随意出台绩效考核标准，结果是企业绩效考核体系存在着职责不清、目标不明确、奖惩没有依据等不合理现象，矛盾和冲突不断，打击了员工工作的热情和积极性，员工失去了应有的归属感，严重影响到了企业效率的改善和提升。目前，全过程工程咨询企业绩效考核过程主要存在的问题如下（张磊，2022；李赞红，2021；朱清香，2021）。

（1）绩效考核方法过于简单。

企业日常的绩效考核仅停留在考勤上面，在年终奖核算时仅考虑员工上级的意见，却不考虑顾客和员工同事的意见，考核小组人员组成过于简单，以致经常做出过于主观性的判断。在完善企业的绩效考核体系过程中，很少应用已经成熟的绩效考核方法。

（2）绩效考核过程形式化。

对绩效考核过程的监管和考核后的绩效改进管理不到位，考核过程停留在形式上，有考核和没考核区别很小，也很少对导致绩效不好的问题提出解决办法，企业绩效考核过程管理主观性强，可有可无，缺少对员工的激励性。

（3）企业绩效考核内容单一。

日常企业绩效考核的内容更多考核员工的出勤，没有把工作结果、工作行为、工作态度等考核有机地结合起来形成一套多元激励考核体系，绩效考核的激励作用完全发挥不出来。

（4）绩效考核运用不充分。

绩效考核结果如何与奖惩挂钩，这是全过程工程咨询企业难以把握的内容。目前绩效考核如果不加以运用，就失去了绩效考核的意义，也会造成员工对公平性的不满，处理不好就会造成混乱，不仅激励的效果没有达到，还会挫伤员工的工作热情。

（5）缺失考核与员工发展培训的关联度。

企业绩效考核能够发现问题所在及员工的不足，但实践中全过程工程咨询企业没有对问题进行识别和有效的对策思路，员工发展与培训对绩效产生影响的程度认识不够，形成恶性循环，绩效改善成为空谈。

2. 数字化建设考核

作为落实数字化制度的关键保障，全过程工程咨询企业数字化建设考核是一种正式的员工工作评估制度，其通过系统的方法、原理来评定和测量企业员工在一段时间内的数字化建设相关的工作行为和工作效果，进一步激发员工的积极性和创造性，提高员工的数字化建设责任心和基本素质。考核的最终目的是引导和激励员工承担数字化建设工作责任，使员工的行为符合企业核心理念的要求，在企业中形成"竞争、激励、淘汰"的良性工作氛围，在实现数字化建设目标的同时，提高员工的满意程度和成就感，从而确保全过程工程咨询企业的战略目标的有效实现，最终达到企业和个人发展的"双赢"。

全过程工程咨询企业应构建明确的数字化建设绩效体系，制定相应的考核办法，并把数字化建设考核纳入企业年度考核。因此，在实施考核之前，需要具备以下前提条件（董珊，2010；焦金杰，2013；万红，2017）。

（1）企业高层必须对数字化建设考核工作予以高度重视和支持，否则即使有好的方案也会流于形式。

（2）必须要有清晰明确并且可量化的数字化建设目标，通过组织内部自上往下地逐层传递，使各部门、各岗位的员工目标统一，共同实现建设目标。

（3）合理的组织结构、清晰的责权利及流畅的业务流程也是考核体系成功构建的关键因素，完善的岗位职责体系是衡量各岗位员工绩效的基础。

结合以上三点前提条件，数字化建设绩效体系的构建需注意以下七个方面。

①以数据质量提升目标为根本，以结果为导向。

②考核指标尽量量化，并且能有客观的数据和技术支撑。

③所有与数字化建设相关的人员都应积极参与。

④结果与过程考核相结合，既要看最终结果，又要看努力程度。

⑤多种考核方法综合运用，例如KPI考核+关键事件法+360°综合评价。

⑥考核结果要与薪酬挂钩，达到激励作用。

⑦加强沟通和培训，因为沟通是贯穿整个考核管理始终的，只有通过有效沟通，才能引导员工积极主动地改进数字化建设工作。

在明确以上前提条件及注意事项后，需要有具体的实施步骤和措施，可归纳为以下四个步骤。

①制定考核方案。年度考核方案一般要在上一年年末完成，主要包括考核的基本原则、考核形式、考核内容、考核分工、考核程序、考核周期、考核数据来源、数据审核部门。还需要明确考核周期、考核指标调整原则，以及对各级统计人员、数据人员、考核组成员的纪律要求。除以上内容外，还要同时向各单位、各部门下达考核表，考核表中包括具体的考核指标、考核标准。还要明确"分级考核"的原则，企业级绩效考核只面对各个单位，分公司考核只面对部门，部门

考核要落实到人。

②确定考核指标。考核指标设定的原则应遵循"量化为主、定性为辅"。能量化的考核指标就纳入考核方案，不能量化但有明确标识且不被误解的考核指标就定性描述，否则就不要纳入考核方案。

各项考核指标由数字化建设归口管理部门制定并提交，由数字化建设办公室审核，再经绩效考核专业组核查，然后上报决策层审定。同时，关于考核指标的准确性问题，由负责审核的职能部门进行判断。

③明确考核标准。考核指标确定后，可确定考核指标的权重和标准。对于考核项目，采取"只扣不加"的原则，即完成下达的指标和任务是必需的，完不成就要接受处罚。

④开展考核评估。数字化建设的考核评估由数字化建设归口管理部门负责，企业考核委员会成员、考核组的人员参与评估，评估的内容就是对各个考核对象提报的考核结果进行审议，并对考核问题进行研究决策。

确定具体的实施步骤和措施后，需要用以下八个方法升华设立的绩效考核细节。

①重组绩效管理组织，提升评估机构、评估主体水准。绩效评估是绩效考核的重要一环，它不是人力资源部门的"专属"工作，而如果仅仅依靠人力资源部是难以有效完成绩效管理的，因为它必须是全员参与才能真正有效。

②优化绩效管理流程，明确角色分工，保障实施顺利。绩效管理是一项系统性的工作，要想保证这个系统的良好运转，必须根据公司的实际情况，不断地优化流程、明确定位、合理分工。要建立合理的《绩效指标设计流程》《部门绩效管理流程》和《员工绩效管理流程》，制定《绩效改进管理流程》，以保障绩效计划顺利实施，并形成良性循环。

③完善绩效管理系统，切合实际调整绩效计划内容。一个完整的绩效管理体系应该至少包括评估内容、评估机构、评估主体、评估频率、评估操作流程、评估的方法、结果的运用、申诉与处理等方面。应在评估频率、评估方法上根据职位、岗位的不同，进行重新界定；在结果的运用上将加大调整激励方式、加大激励力度，同时加强培训、辅导、跟踪；申诉与处理上将广泛征求意见，制定合理的、切实可行的规章制度，确保有效执行。通过一系列措施，达到完善绩效管理系统的目的。

④加强绩效管理辅导，推动绩效计划扎实有效实施。其主要可从以下三方面来重点整改与完善：

a. 强化绩效沟通。要明确沟通原则，注重沟通过程，强调考核信息反馈。

b. 注重信息收集。要优化信息收集方法，精练信息内容，关注存在问题。

c. 帮助困难员工，从而有助于绩效计划的顺利实现。为确保绩效计划顺利有效的实施，将根据工作产出、绩效标准、实际表现等方面建立员工《绩效表现追踪表》，确保整个绩效管理过程扎实有效的实施。

⑤科学调整绩效指标，确保考核内容务实、精练、有效。大多数绩效指标存在的主要问题就是不能很好地契合实际，从而导致许多都是流于形式，形同虚设，无形中也就是成了大家认可的"摆设"。应根据公司实际情况，在进行科学分析的基础上，针对"缺陷"，从以下两方面做起：首先，要在指标的类型上，针对不同部门、不同岗位对数量、质量、成本和时限四个方面区别对待；其次，要强化对绩效评价指标的要求，将尽最大努力制定合理的绩效指标。

⑥打破固有绩效考核模式，针对性选择差别的考评方法。针对不同的部门、职位，选择不同的方式方法。要把相对评价、绝对评价、描述等方法，恰当地运用到公司的绩效考核中，确保考评方法切实有效，真正能够有力支撑绩效考核工作。

⑦健全绩效反馈机制，充分发挥绩效面谈真正作用。绩效反馈是一项对管理者沟通、激励、协调、倾听、说服、情绪控制等能力的综合考验，这些能力是一个优秀的管理者所必备的素质，是完成好绩效反馈工作的重要保障。

⑧加大考核执行力度，确保考评结果应用落到实处。绩效考评结果可以为人力资源管理和其他管理决策提供大量有用的信息，对企业的管理，尤其是人力资源管理，起着举足轻重的作用。

3.3 数字化全过程工程咨询标准体系

长期以来，大多数全过程工程咨询企业重应用系统的建设，轻标准规范的制定，严重制约了企业内部数据的打通与共享。数字化转型的内涵是以技术手段倒逼工作机制完善，通过办事流程的数字化、精简化、标准化提高部门的行政效率、服务效能。应用标准化理念和方法，强化数字化顶层设计，规范数字化转型路径和要求，是破解数字化转型焦点、难点、堵点的必需之举。数据标准是数据质量管理的基础与前提。

3.3.1 标准体系层级标准角度分析

标准体系分为基础规范、技术支撑、典型应用和绩效评价四个层级标准。标准体系是推进政府数字化改革的理论基础。

（1）基础规范类标准主要针对数字化转型领域相关基础性内容。包括了总体框架类、工作指南类、术语定义类、符号标记类和数据管理类。

（2）技术支撑类标准是整个标准体系的支撑，主要针对政府数字化转型的基础设施、关键技术、数据信息管理、安全保障等。包括了运行管理类、关键技术类、数据资源类、安全管理类、设施设备类、人力资源类、信用管理类、项目和资产类。

（3）典型应用类标准是政府数字化转型标准化的核心（表3-1），主要针对政府数字化转型的主要应用领域。包括了经济调节类、市场监管类、公共服务类、社会治理类、环境保护类和政府运行类六个主要领域。

（4）绩效评价类标准是政府数字化转型成功与否的判断标准。主要包括了绩效指标、评价方法和评价改进。

政府数字化建设绩效评价　　　　表3-1

		绩效评价		
		01评价指标		
1	GB/T 36344—2018	信息技术 数据质量评价指标	国家标准	现行
2	GB/T 30428.4—2016	数字化城市管理信息系统 第4部分：绩效评价	国家标准	现行
3	GB/T 34960.3—2017	信息技术服务 治理 第3部分：绩效评价	国家标准	现行
4	GB/T 34680.4—2018	智慧城市评价模型及基础评价指标体系 第4部分：建设管理	国家标准	现行
5	GB/T 33356—2016	新型智慧城市评价指标	国家标准	现行
6	CJ/T 292—2008	城市市政综合监管信息系统 绩效评价	行业标准	现行
		02评价方法		
1	GB/T 39735—2020	政务服务评价工作指南	国家标准	现行
2	GB/T 3533.3—1984	评价和计算标准化经济效果 数据资料的收集和处理方法	国家标准	现行
3	GB/T 19580—2012	卓越绩效评价准则	国家标准	现行
4	GB/Z 19579—2012	卓越绩效评价准则实施指南	国家标准	现行
5	DB33/T 938—2014	政府网站运维绩效评测规范	地方标准	现行
		03评价改进		
1	GB/T 19273—2017	企业标准化工作 评价与改进	国家标准	现行

3.3.2 标准体系框架

全过程工程咨询企业可以参考《DAMA数据管理知识体系指南(第2版)》《数据管理能力成熟度评估模型》《大数据标准化白皮书》,以及《数据资产管理实践白皮书(4.0版)》,并结合多家大型集团公司的数据标准管理实践,设计数据标准体系框架图如图3-15所示。图3-15中数据标准体系包含技术标准、数据标准、应用标准与管控制度流程体系(管理标准)。

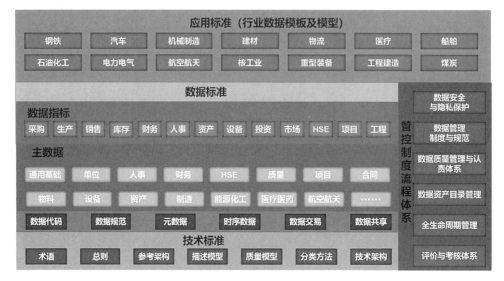

图3-15 设计数据标准体系框架图

1. 技术标准

技术标准主要包括大数据术语、总则、参考架构、技术架构等基础标准,以及描述大数据集、进行数据全生命周期操作的技术标准,如描述模型、质量模型、分类方法等。

2. 数据标准

数据标准包含元数据、数据指标、主数据、数据代码、数据规范、时序数据、数据交易与数据共享等标准。目前,大型工业企业在数据指标与主数据上做得比较完善。其中,数据指标覆盖了企业经营管理与安全生产的方方面面,包含采购、生产、销售、库存、财务、人事、资产、设备、投资、市场、HSE(健康安全、环境管理体系的简称)、项目、工程等领域;主数据包括通用基础、单位、人事、财务、资产、物料、质量、项目、合同等主题领域,以及按行业来分的主数据,如能源化工、航空航天等领域。

3. 应用标准

按全过程工程咨询行业来编制，覆盖全过程工程咨询行业各部门。一般而言，技术标准与数据标准可以参考国际标准和行业标准，或者直接采标，但是具体的应用标准需要企业自身按照业务特点与需求来编制。

4. 管控制度流程体系（管理标准）

管理标准是全过程工程咨询企业数据资产管理体系建设与落地的基本保障，主要包括数据管理制度与规范、数据安全与隐私保护、数据质量管理与认责体系、数据资产目录管理及全生命周期管理等。而评价与考核体系是闭环管理中最为重要的一环，特别是集团型全过程工程咨询企业，需对各层级的数字化建设工作进行评价、考核与激励。

3.4 本章小结

本章系统性地介绍了数字化全过程工程咨询平台规划、支撑体系和标准体系等，为全过程工程咨询企业实现数字化建设提供了基本框架。数字化全过程工程咨询为项目管理提供全面的、数字化的决策工具，并为参建方提供全新的用户界面和高效、安全的信息沟通渠道。通过数据在线的方式，实现项目建设过程中产生的成果、经验、对教训的反思总结能结构化且永久地保存下来；并且在后续新的项目中能快捷方便的应用、验证，从而确保所有的知识是随着项目发展而更新迭代的，与时俱进的，为总结提炼管理手段和管理办法提供科学依据。基于业务协同，数据共享，知识传承，形成全过程工程咨询管理的作业体系，无论从作业过程中的标准规范动作，还是过程中的项目进度管控，最后的成果考核都能形成标准化的作业规范。通过数字赋能、数字创新，构建了全过程工程咨询管理全新的生态模式。

4

全过程工程咨询数据架构

4.1 全过程工程咨询数据架构概述
4.2 全过程工程咨询数据采集
4.3 全过程工程咨询数据存储
4.4 全过程工程咨询数据计算
4.5 全过程工程咨询数据服务
4.6 本章小结

4.1 全过程工程咨询数据架构概述

全过程工程咨询数据架构指的是在全过程工程咨询行业遵循数据架构设计框架和相关设计原则，对全过程工程咨询企业的数据资产进行标准化描述，从而提供统一的数据环境和数据化管理框架。其中，全过程工程咨询数据架构首先需要搭建完整的数据框架体系，设计框架、规划、设计方法、设计步骤，以及典型的数据架构技术；再对全过程工程咨询数据中的通用数据和流式数据进行采集，并将采集完成的全过程工程咨询数据进行存储，通过全过程工程咨询数字化建设中的数据计算组件将数据进行深入处理分析，最后提供相应的数据服务。

本节重点介绍全过程工程咨询数据架构的规划、设计和搭建，并且基于全过程工程咨询数据架构进行采集、存储、计算和服务，进而形成一套全面、完善、标准的全过程工程咨询数据架构体系。

4.1.1 全过程工程咨询数据架构设计框架

1. 数据

全过程工程咨询数字化转型的核心是数据，数据化的价值依赖于数据的标准和质量。因此，数据对一个全过程工程咨询企业来说至关重要，它也是整个信息化建设及企业架构的核心。数据具有多样性，可以分为结构化、非结构化；与业务相关的、与系统相关的；企业内部、企业外部等多种形式。

从数据的价值来看，可分为数据本身的和由数据分析产生的。数据本身并没有太多价值，重要的是能够让全过程工程咨询企业从数据中提炼信息、总结知识、进一步通过技术来更智能地分析数据的深层次价值。基于此，需要全过程工程咨询企业数字化实践者具备一种重视事实、追求数据本质的思维模式。

2. 数据架构

作为全过程工程咨询企业架构的重要组成部分，数据架构是连接业务架构与应用架构的纽带，是企业架构的核心，主要描述企业架构的数据模型、数据分布、数据资产之间的结构和关系。数据架构涉及数据模型，相关的实体、属性、关系等，以及相关的数据分布和治理。

全过程工程咨询企业数据架构的目的是建立一个标准、统一、通用、共享的公共数据平台，使其既能够满足企业业务处理需要，也能够为上层应用提供一个共享、开放的数据访问环境，并在此基础上充分分析和挖掘数据的价值，有效地支撑企业数据经营决策。

从企业架构的视角来看,数据架构扮演着重要的作用。如图4-1所示,数据架构需要对接整个企业架构的数据要求,对应业务架构中业务能力、业务流程、业务活动的数据支撑,以及对应应用架构中领域模型、领域服务和应用功能的数据映射,同时通过技术架构的数据存储、数据库、云原生等技术能力进行数据存储。数据架构将领域模型和相应的服务抽象映射到对应的数据模型,并对数据模型中数据项、数据项属性、数据项之间的关系进行清晰的定义,构建数据项与应用系统之间的关系,从而实现从业务、应用到数据之间的平稳过渡和紧密关联。

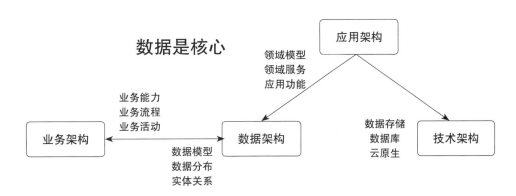

图4-1 数据架构在全过程工程咨询企业架构中的位置

数据架构需要基于业务架构、应用架构和技术架构,保持数据的完整性和一致性。同时,数据架构需要考虑相关的数据技术,比如存储层如何通过技术选型降低Capex(资本性支出)和Opex(运营成本)等,如何通过数据库中间件和云原生技术架构模式提高系统的高可用和高并发,如何应用大数据、人工智能、搜索引擎等技术提升数据分析的价值。

3. 数据架构的价值

数据架构的价值主要体现在以下六个方面。

(1)数据架构可以有效地支持企业战略目标和业务架构的落地,发掘企业对数据的诉求。

(2)数据架构设计会使业务流程应用系统变得更加流畅,更加易于理解和维护。

(3)数据架构描述企业核心的数据资产,进行数据的沉淀。

(4)提供数字化转型系统在数字层面的参考,提供相关原则和规范。

(5)通过数据思维,为企业各方面利益干系人提供数据管理方法。

(6)提供标准、一致、通用、共享的公共数据平台,为不同业务和应用提供友好的共享数据访问能力。

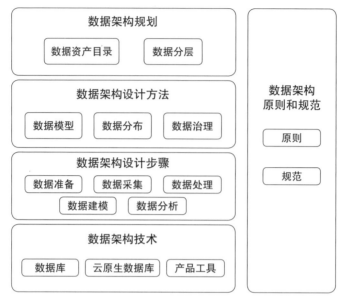

图4-2 全过程工程咨询数据架构的设计框架(王思轩,2021)

数据架构注重从总体上规划企业的数据资源,比如数据架构规划、数据架构设计方法、数据架构设计步骤、数据架构技术及数据架构原则和规范,如图4-2所示。

(1)数据架构规划:对全过程工程咨询企业数据资产(已有的工程案例及相关数据等)进行梳理,形成数据资产目录,同时对业务流程和领域模型等进行数据映射,通过顶层的数据分层规划,实现与其他架构的耦合和数据共享、复用。

(2)数据架构设计方法:包含数据模型、数据分布和数据治理,构建统一的数据体系。

(3)数据架构设计步骤:进行具体、可实操的数据准备、数据采集、数据建模、数据处理及数据分析,并且应按步骤进行。

(4)数据架构技术:包含数据存储的相关技术选型,比如数据库、存储、云原生数据库、相关产品工具等。

(5)数据架构原则和规范:比如存储选择、数据库设计、数据开发治理规范、参考行业模型等。

4.1.2 全过程工程咨询数据架构规划

数据架构规划是从全过程工程咨询企业整体角度出发,基于战略目标、业务架构及应用架构的规划输入,进行数据架构规划的过程,主要包括全过程工程咨询数据资产目录和全过程工程咨询数据分层两部分。

1. 全过程工程咨询数据资产目录

通过对企业各部门及各业务的数据资产的梳理，初步构建企业的数据资产目录（包含总体策划、前期咨询、设计管理、项目管理、组织协调等各阶段），对数据进行分类和定义，建立数据模型，在数据资产目录的梳理过程中，可以结合业务活动及领域模型，构建出基于数据的主题域，包括主题域分组、各个主题域、对应的业务对象、相关数据实体和属性等，形成数据资产目录雏形。

2. 全过程工程咨询数据分层

根据全过程工程咨询企业的特点，对数据资产进行进一步分层，合理的分层对于数据架构十分重要。一些常见的数据分层思路如下所述。

（1）结构化数据和非结构化数据。结构化数据是有固定格式和有限长度的数据，是企业应用系统管理的核心数据资源，一般由数据库来管理；非结构化数据是不定长、无固定格式的数据，比如全过程工程咨询企业管理的制度规范、技术文档等，一般OA或者知识管理类系统，以及半结构化数据，如监理日志、设计变更等格式的数据。

（2）企业级数据和应用系统级数据。从数据建模角度看，企业级数据主要作为企业的数据标准，包括概念数据模型和逻辑数据模型两大类，定义核心业务实体、实体之间的关联关系、相关的业务规则；应用系统级数据是在某些应用或系统中相对具体的数据。

（3）元数据和过程数据。元数据又称主数据，是企业业务中相对静态、不变的实体信息描述，是业务运行所必需的关键信息（全过程工程咨询企业项目内部审批流程等）；过程数据通常指的是在业务流程中产生的记录业务变化的数据，进一步还可以分为OLTP（Online Transaction Type，在线交易类型，如项目进展状态）和OLAP（Online Analysis Type，在线分析类型，如甲方立项行为的分析）等类型。

从数据的处理过程角度，可以将全过程工程咨询数据分为以下四个层次。

①数据采集层：把数据从各种数据源中采集和存储到数据存储器上，过程中涉及转移、交换、选择、过滤和清洗等手段，包括数据分片、路由、结果集处理、数据同步等。

②存储分析层：包括OLAP、OLTP、实时计算、离线计算、大数据平台、数据仓库、数据集成、数据挖掘、流计算，涉及结构化数据存储、非结构化数据存储、大数据存储等。

③数据共享层：涉及数据共享、数据传输、数据交换、数据集成等。

④数据应用层：涉及应用系统、产品功能、领域模型、实时查询、数据接口等。

从云计算的微服务角度，数据可以分为IaaS、PaaS、SaaS等类型。

①IaaS：提供基础设施服务能力，比如数据库、存储、网络、物理硬件等，更加考虑成本性能、稳定性、易维护性、准确性等。

②PaaS：提供基础应用平台，比如数据一致性事务框架，微服务调度管理、消息收发，以及共享服务的能力提供，更加考虑稳定性、通用性、完整性等。

③SaaS：负责对外部提供业务服务，比如基于共享服务的编排组合，对外API透出，更加考虑用户角度的灵活性、易用性和适用性等。

4.1.3 全过程工程咨询数据架构设计方法

数据架构的目的是将全过程工程咨询企业的数据资产进行有序管理，从而充分发挥数据的价值。如图4-3所示，在实践中，数据架构需要做好三个方面的工作，即数据模型、数据分布和数据治理。

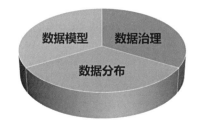

图4-3 全过程工程咨询数据架构的工作

1. 全过程工程咨询数据模型

数据模型是描述数据与数据之间关系的模型，包括数据概念模型、数据逻辑模型、数据物理模型。数据模型需要遵循数据标准，数据标准包括元数据标准和对应的数据模型标准。其中，定义良好的元数据和数据模型是实现数据共享、一致性、完整性与准确性的基础。

（1）元数据定义。

元数据是描述全过程工程咨询数据（包括决策、设计、招标、施工、竣工和运维等各阶段以及项目策划、设计、招采、报批、投控和现场各个业务板块）的数据，描述数据之间的定义和属性，比如数据库的元数据有表、列、行、字段等，定义全过程工程咨询企业最重要的内部基础数据类型。元数据可以帮助行业人员定义数据的模型标准，包括业务元数据、技术元数据、管理元数据等。元数据管理是为了厘清元数据之间的关系，元数据管理可以进一步分为对元数据的获取、存储、维护、分析、质量管理等。

全过程工程咨询元数据可以分为以下三个标准领域。

①数据描述（Data Description）：对全过程工程咨询数据的统一描述，支持数据的发现和共享；核心的元数据包括实体、关系、属性、数据类型和数据资产等。

②数据上下文（Data Context）：对全过程工程咨询数据进行归类，便于数据的发现，支撑数据资产定义；核心的元数据包括主题、数据资产、分类法和数据资源等。

③数据共享（Data Sharing）：支持全过程工程咨询数据的访问和交换；核心的元数据包括提供者、使用者、交换包和数据定义等。

（2）全过程工程咨询数据模型定义。

数据模型是全过程工程咨询数据架构的核心，针对全过程工程咨询行业的组织、人员、客户、供应商、财务等元数据确定业务定义和规则、编码规范、数据类型、数据格式，保证最重要的数据准确、完整和一致。全过程工程咨询企业应集中进行数据的清洗，并以服务方式把元数据传送给对应的应用系统。构建数据模型以实现对数据及其关系的表述。

全过程工程咨询数据模型包括概念数据模型、逻辑数据模型和物理数据模型。

①概念数据模型：根据实体及实体之间的关系，从宏观角度分析和设计的全过程工程咨询企业的核心数据结构。

②逻辑数据模型：根据逻辑数据实体及实体之间的关系，准确描述业务规则和领域模型的逻辑关系，定义相应的数据来源及相关维度关联。

③物理数据模型：按照一定规则和方法，将逻辑数据模型中定义的逻辑数据实体、属性、属性约束、关系等内容，转换为数据库可识别的实体关系。

全过程工程咨询数据模型在定义的过程中要注意以下四点。

①全过程工程咨询数据模型与领域模型有对应关系，但并不是一一对应的。数据模型主要从数据的角度出发。

②数据实体不能脱离业务或者应用独立存在，特别是概念数据模型和逻辑数据模型。

③数据实体设计尽量遵循第三范式。每个数据实体的属性不要重复定义，不应包含其他数据实体中的非关键字类型的属性，特殊场景除外。

④多层数据要进行一体化设计，元数据管理和数据模型管理融合，数据同时需要不断地持续迭代。

2. 全过程工程咨询数据分布

数据在全过程工程咨询业务应用的数据流全景视图中，重点关注数据的分布关系，比如典型的数据源分布、信息流、数据流，以及业务流程和应用能力是如何通过数据进行联动的。一方面，全过程工程咨询企业需要分析数据对应的业务（包括报批业务、监理业务或者后期运营业务），分析数据在业务各环节的创建、引用、修改和删除的关系；另一方面，企业需要理清数据在单一应用中的数据结构与各功能模块之间的引用关系。

在全过程工程咨询数据分布中,一个比较重要的话题是数据存储。全过程工程咨询企业数据有不同的类型(结构化、非结构化等),需要不同的数据存储、一致性事务要求、数据库查询操作能力等。比如,结构化数据采用关系型数据,非结构化数据采用NoSQL类型,同时还有文档类型、图数据库、列式数据库、分析型数据库、搜索引擎数据库、时序数据库等多种类型,同时随着云原生的兴起,云原生数据库也是一种趋势。

3. 全过程工程咨询数据治理

数据治理是全过程工程咨询数据架构治理的组成部分,承担着明确数据治理主题和责任机制、建立数据治理标准,并通过管理制度和流程控制加强对数据生命周期全过程管理的职责。全过程工程咨询数据治理需要依托于一套完整的数据标准化体系,在全生命周期范围内进行细化,并实施数据服务,保障数据安全,因此全过程工程咨询数据治理主要包括以下四个方面。

(1)数据标准。

建立一套符合自身实际,涵盖数据定义、业务操作、应用功能多层次数据的标准化体系。数据标准可以分为以下三类:

①基础类数据标准:在日常业务开展过程中产生的具有共同全过程工程咨询业务特性的标准(包含各专业策划书、任务书、规划建议书、估算、概算、预算等标准化业务)。

②指标类数据标准:满足企业内部管理及外部监管的要求,在基础数据基础上按统计、分析规则加工后的可定量化的数据标准(全过程工程咨询企业内部构建的数据模型标准)。

③专有类数据标准:在细分业务经营及管理分析中涉及的特有数据(如某全过程工程咨询企业内部构建的工程监理数据标准)。

一个结构化且全面的数据管理方法可以促进对数据的有效使用,过程中需要关注元数据及相关的应用组件是否被清楚地定义,重要的业务活动和应用组件是否都构建了数据标准,应用之间信息交换和数据转化的复杂程度是否可以覆盖等。

此外,标准需要涵盖对质量的管理,具体包括以下五个方面。

①准确性:在接入、转换、分析、存储、传输、应用流程中不存在错误。

②完整性:数据库应用或所有记录、字段都完整存在。

③一致性:在整个数据库的定义和维护方面,确保数据在整个过程中是一致的。

④时效性:数据与真实业务应用同步在时间容忍度(数据的更新频度)内。

⑤可靠性：提供数据的数据源必须可靠、稳定。

（2）数据生命周期。

数据需要考虑完整的生命周期，并根据相应的标准规划进行细化，相关的生命周期需要重点考虑以下五个阶段。

①数据生成及传输阶段：按照标准生成数据，保证数据的准确性和完整性。数据传输过程中要考虑保密性和合规性，防止数据泄露或被篡改。

②数据存储阶段：关注保密性、完整性、可用性和一致性，操作要由数据的所有者部门来执行。

③数据处理和应用阶段：分析、处理数据，以挖掘有价值的信息，保证数据的安全，只输出分析后的结果。

④数据迁移阶段：制订合理的迁移计划，提供有关数据转换和清洗等方面的指标，同时需要考虑新系统上线的数据融合应急方案。

⑤数据销毁阶段：主要涉及数据的保密性，此过程需要采用必要的工具，要有完整的记录。

（3）数据服务。

数据服务是为了更准确地向边界提供数据访问和分析能力，从而用企业内部多年的数据沉淀并应用到业务系统。这需要企业对数据进行深度加工，包括通过各种报表、工具来分析数据，通过建立统一的数据服务平台来满足跨部门的数据流转，提高处理效率。

在此过程中，企业需要重点关注数据对外呈现的接口规范，比如前期决策阶段主要以业务流程标准化为主，将不同项目类型的项目建议书、可行性研究报告等文本报告转变为数据化规则，规范技术文件内容和内部审批流程，制定数据统计维度的规范、数据展示统一框架、数据发布与共享模式等。这种数据接入方式可以防止数据重复录入和冲突，并且通过数据同步、数据维护、备份恢复、数据上传的机制保证数据的准确性和可靠性，同时提供访问控制策略和数据共享策略，对数据与外部系统的交换进行规范和控制。

（4）数据安全。

数据安全至关重要，进行数据安全管理可以保障企业的核心数据资产不被泄露。全过程工程咨询企业在进行数据安全管理时需要关注以下五个方面。

①数据使用的安全性，如工程项目数据访问的操作权限，应用通知权限、数据水印、数据印章等；

②数据隐私问题，如工程项目中重要数据的保护，敏感信息的脱敏期限等；

③数据操作入口统一，如单点登录；

④数据安全合规，如工程项目中各阶段的数据审计和数据合规；

⑤安全管理制度，如工程项目数据安全管理规范、隐私管理办法和管理决策审计等。

4.1.4 全过程工程咨询数据架构设计步骤

全过程工程咨询企业的数据架构的设计是一个持续迭代、优化的过程，从数据准备开始，将所需要的数据进行收集归纳，再利用收集的数据开展数据建模，之后再进行进一步的数据处理和数据分析，最终实现一个完整的全过程工程咨询企业数据架构。其设计步骤如图4-4所示。

图4-4 全过程工程咨询数据架构设计步骤

1. 全过程工程咨询数据准备

准备阶段聚焦在全过程工程咨询企业的数据输入，如数据架构规划、数据资产目录、业务架构与应用架构输入，以及业务数据层面的需求，并确定相应的数据流程；聚焦于数据流向，并梳理数据全景图。此外，数据准备阶段需要确定核心的数据的维度，对应的数据管理者、生产者和使用者，与数据相关的业务和应用边界。同时，明确数据层面的数据标准，如某项目决策阶段数据接入和该阶段（生命周期）管理规范，定义决策阶段对应的数据术语和统一语言，制定企业内部需要共同遵守的数据规则。

2. 全过程工程咨询数据采集

全过程工程咨询数据采集包括数据源的准备、接入和传输，前期决策、工程设计、工程建设、工程监理、工程运维等各阶段相关数据的定义，确定元数据及相应的数据含义，确定数据的统计口径；确定数据的来源；明确数据的更新频率；数据的更新方式，同时梳理数据相应的主要实体和关键指标，明确数据的范围边界，确保各方使用的数据口径统一。同时，全过程工程咨询企业需要考虑技术角度的数据采集效率、准确率和日志记录等方面。需要注意的是数据采集阶段非常重要，它会直接影响后续数据建模的质量。

3. 全过程工程咨询数据建模

全过程工程咨询数据建模包括概念建模、逻辑建模和物理建模三个步骤。

①概念建模。从数据全景出发，不局限在具体的主键和字段，注重数据主题域的关系及与领域模型的映射。

②逻辑建模。详细定义概念模型的业务主键和逻辑主键，对实体属性进行规范。需要注意的是，设计需要遵循第三范式，以达到最小的数据冗余。

③物理建模。通过对数据库的规范，将逻辑数据模型实例化为物理数据模型，根据数据存储介质的不同，需要对物理数据模型进行相应的优化，并对数据进行具体的数据存储设置。

4. 全过程工程咨询数据处理

通过数据建模，全过程工程咨询企业对数据进行标准、规范的定义，然后需要按下述步骤对数据进行处理。

（1）数据抽取。

在传统的数据处理中，有ETL（Extract、Transform、Load，提取、转换、负载）等处理方法，过程中需要关注数据操作的幂等性。

（2）数据清洗和过滤。

数据采集和数据建模的过程一般是不规整的，需要对其中的缺失值、重复、关联等进行清洗，并对过程中发现的异常进行统计和处理，以提高数据的质量。

（3）数据日志分析。

数据日志分析包括日志分级、日志标记和告警、日志备份和去重等。

5. 全过程工程咨询数据分析

结合全过程工程咨询行业知识，并对数据进行相应的整合，如通过相关的数据报表分析、多维分析，建立相应的数据可视化能力，并提高数据的敏捷性，可根据不同视角展示数据的内容，逐步达到可控、可视，提供决策支撑环境，使数据有效地支持全过程工程咨询企业决策。另外，数据分析还与数据挖掘和人工智能相关，全过程工程咨询企业可以通过大数据算法发现数据的深层次价值，进而形成新的业务或发展方向。数据分析可以按照独立的数据分析项目来推进，并通过模型和方法的迭代进行优化。同时，数据分析可以借助不同的商业智能（Business Intelligence，BI）工具进行，同时需要配备专职人员（如数据分析师等）完成相关工作。

4.1.5　全过程工程咨询数据架构技术

数据架构的核心技术与全过程工程咨询数据库和存储技术相关。近年来，随着计算机技术的飞速发展，越来越多的数据存储技术可以支持多种数据类型。大部分数据存储的引擎都内置存储、查询、处理数据的基础功能，也有部分数据存储的处理和存储功能分离，提供的对外API能力也不相同。

1. 数据库的发展历史

数据库的发展可以归结以下四个阶段：

第一阶段（1980—1990年）：数据库属于商业起步阶段，此时Oracle、IBM DB2、Sybase，以及SQL Server和Informix等OLTP（Online Transaction Processing）数据库开始出现。

第二阶段（1990—2000年）：开源数据库兴起，出现了MySQL、PostgreSQL等；同时出现了OLAP（Online Analytical Processing，在线分析类型）数据库来应对大量的数据分析诉求，如Teradata、Sybase IQ、Greenplum等。

第三阶段（2000—2010年）：以Google为代表的互联网公司逐渐推出了NoSQL数据库，如GFS（Google File System）、Google Bigtable、Google MapReduce"三大件"。其中，GFS解决了分布式文件系统问题，Google Bigtable解决了分布式KV（Key-Value）存储的问题，而Google MapReduce解决了在分布式文件系统和分布式KV存储进行分布式计算和分析的问题。三大件的核心是通过分布式技术对数据的强一致性需求进行弱化，通过集群的水平扩展来处理，进而衍生了NoSQL数据库来应对非结构化和半结构化的海量数据处理，包括现在的一些典型NoSQL代表如文档数据MongoDB、缓存Redis等。

第四阶段（2010年至今）：出现了AWS Aurora、Redshift、Azure SQL Database、Google Spanner、阿里云的PolarDB和AnalyticDB，它们的特点是具有云服务、云原生、一体化分布式、多模和HTAP能力。

综上，数据库的发展经历了从结构化数据在线处理到海量数据分析，从关系型数据库到数据仓库，再到如今异构、多源云原生的发展历程。在此过程中，License传统方式逐步淡出舞台，而数据库开源及云上数据库逐步成为主流方式。

2. 数据库的分类

数据库主要分为四类：OLTP数据库、NoSQL数据库、OLAP数据库及数据库服务和管理类工具。这也是目前云数据库厂商着力发展的四个方向。

（1）OLTP数据库。

OLTP数据库是传统的关系型数据库，用于事务处理的结构化数据库，典型例子是全过程工程咨询企业的转账记账、订单下单、项目信息管理等。其面临的核心挑战是高并发、高可用及高性能下的数据正确性和一致性。典型的云数据库代表是AWS RDS、Azure SQL Database、阿里云的RDS和PolarDB。

（2）NoSQL数据库。

该数据库用于存储和处理非结构化或半结构化数据（如项目文档、现场图片、时序、时空等），不强调数据的一致性，以此换来系统水平拓展、吞吐能力的提升。典型的云数据库包括AWS DynamoDB、AWS ElasticCache和Azure Cosmos DB，以及阿里云的MongoDB、Redis等。

（3）OLAP数据库。

该数据库比较适用于海量的在线实时分析工程项目数据、数据类型复杂及分析条件复杂的情况，能够支持深度智能化分析。其面临的挑战主要是高性能、分析深度、与TP数据库的联动及与NoSQL数据库的联动。典型的云数据库代表是AWS的Redshift、阿里云的AnalyticDB等。

（4）数据库服务和管理类工具。

数据库服务和管理类工具包括数据传输、数据备份、数据管理、管控平台等，以简单的形式提供给DBA及数据库开发者。典型的云数据库代表有AWS和Azure的Database Migration Service，阿里云的数据传输服务（Data Transmission Service，DTS）。

下面结合集中典型的数据库，进一步介绍全过程工程咨询数字化建设中采用的数据库类型。

（1）关系型数据库。

关系型数据库即传统的OLTP，全称是Relational Database Management System（RDMS）。大部分RDMS都提供结构化查询语言（SQL）用于检索和管理数据。一个或者一系列数据库的操作可以构成一个事务（Transaction）。RDMS的数据结构（Schema）通常需要提前定义，所有的读/写操作都要遵循Schema。关系型数据库可以被分成三个基本的模块，包括关系模型，即工程项目相关表格、索引、外键、范式等；事务处理（ACID）即原子性（Atomicity）、一致性（Consistency）、隔离性（Isolation）、持久性（Durability）；查询优化即SQL的解析、改写、优化、执行等。

典型的关系型数据库包括MySQL、PostgreSQL，以及阿里云的RDS、PorlarDB等。关系型数据库适用于频繁创建和更新记录，对数据结构需要强制约束，需要高度规范化的数据，不过单个数据条目数据量不大；数据具有高度完整性，追求最终一致性；索引和关系可以被准确地维护。关系型数据库适用于全过程工程咨询企业的项目信息管理、交易管理、报表管理和财务管理等。

（2）Key-Value数据库。

Key-Value（KV）数据库是NoSQL的一种。其中，"键"（Key）是唯一标识符,"键"和"值"(Value)可以是任何内容,使用者可以将任意数据存储为一组键值,并通过"键"来检索存储值。在大多数情况下,键—值存储仅支持简单的查询、插入和删除操作,读取或写入单个值都是原子性操作。键—值存储模型对简单查找操作进行了深度优化,查询非常快速。因为键—值存储可以在多个节点之间轻松分配数据,所以具有非常强的可伸缩性。如果需要修改某个值,无论是修改部分还是修改全部,应用程序都必须覆盖重写这个值的所有数据,因此,键—值存储更新效率较低。

常见的KV数据库有以下三种:

①Redis:最流行的键—值对存储数据库,是一个使用ANSIC编写的开源、支持网络、基于内存、可选持久性的键—值对存储数据库。

②Cassandra:开源分布式NoSQL数据库系统,集Google BigTable的数据模型与Amazon Dynamo的完全分布式架构于一身,是一种流行的分布式结构化数据存储方案。

③LevelDB:由Google所研发的KV嵌入式数据库管理系统编程库,以开源的BSD许可证发布。

KV数据库非常适合不涉及过多数据关系和业务关系的数据,同时能有效地减少读/写磁盘的次数,比关系型数据库存储拥有更高的读/写性能。不过,数据的特点是非结构化和不可预知的。以Redis为例,KV数据库的优点主要体现在:性能极高(Redis支持每秒10万次以上的事务数);丰富的数据类型(Redis支持String、Hash、List、Set、Sorted Set、Bitmap和Hyperloglog);丰富的特性(Redis支持Publish/Subscribe、通知、Key过期等)。KV数据库Redis的缺点也比较明显,主要是不支持强一致性,Redis不能完全保证原子性,发生故障时不可以进行回滚,所以在使用Redis时,需要根据业务场景进行设计。

(3)文档数据库。

文档数据库通常使用类似JSON或XML的格式存储文档,每个文档都包括命名字段和数据。数据既可以是简单的值(项目投资预算等),也可以是列表(监理日志、危重项目监测结果等)、子集合这样的复杂元素,通过唯一的"键"来进行查询。通常,文档中包含单个实体的数据,如一名用户或者一个项目的数据。一个文档中含有的数据,在RDMS中可能分布在不同的表中,可以解决关系型数据库数据结构扩展不方便的问题。

典型的文档数据库是由Logen团队于2009年正式对外推出MongoDB数据管理系统,该系统采用C++撰写而成,以此来解决应用程序开发社区中的大量现实问题。文档数据库的优点是可以频繁进行插入和更新操作,数据不需要规范化,新增字段简单，可以兼容历史数据，容易存储复杂数据；文档数据库的缺点与KV数据库的类似，对事务的支持较弱，也不支持复杂查询（如Join查询）。文档数据库适用于对读/写分离的应用、社交网络、游戏等高频访问业务，以及对数据结构要求不高的业务。

（4）图形数据库。

图形数据库是一种NoSQL数据库，基于图论来存储实体之间的关系信息。图形数据库由两种元素组成：节点和关系。其中，每个节点可以代表一个实体（如人、地点、事物）；关系则用于描述节点之间是如何关联起来的。图形数据库可以非常高效地查询工程项目各阶段一系列互相具备关系的节点数据，并分析节点之间的关系。常见图形数据库包括：

①Neo4j。由Neo4j公司开发的，具有原生图存储和处理数据的符合ACID的事务数据库。根据DB-Engines排名，Neo4j是最流行的图形数据库。

②ArangoDB。由triAGENS GmbH开发的原生多模型数据库系统。该数据库系统支持三个重要的数据模型（键/值、文档、图形），其中包含一个数据库核心和统一查询语言。

③Titan。一个可扩展的图形数据库，用于存储和查询包含分布在多机群集中的数百亿个顶点和边缘的图形，并且支持事务。

图形数据库适用于具有多种复杂关系且动态随时间变化的数据类型，具有基于图论的设计灵活性、开发敏捷性，并且支持事务。图形数据库的缺点是节点等有数据的限制，并且对拆分不太支持。其适应的场景包括工程项目的监理日志、基坑监测图片等。

（5）列式数据库。

在列式数据库中，数据是按列而非行存储的。列式是经常需要一起访问的相关数据分组，而行把许多列数据与本行的行键（Row Key）关联起来。同一个列式的数据会存储在一起，同一个属性的所有值会被存储在一起。当查询时可以仅对需要查询的列进行处理，这样可以大幅降低输入（Input）/输出（Output）频率（I/O），提升存储性能，支持大量并发用户查询，其适用于海量数据查询场景。常见的列式数据库主要有：

①HBase。Apache的Hadoop生态中的一员，运行于HDFS文件系统之上，为Hadoop提供类似于BigTable规模的服务。同时，MapReduce这个计算框架在HBase之上提供了高性能的计算能力，以处理海量数据。HBase的基本概念包括Rowkey（行键）、Column Family（列族）、Column（列）、Version Number（版本号）、Cell（单元格）。

②Big Table。是一种压缩的、高性能的、高可扩展性的，基于Google文件系统（GFS）的数据存储系统，用于存储大规模结构化数据，适用于云端计算。

列式数据库优点：主要适用于批量数据处理和即时查询，有高效的存储空间利用率，普通的行式数据库一般压缩率在3∶1～5∶1，而列式数据库的压缩率一般在8∶1～30∶1，同时查询效率高。

列式数据库的缺点：不适合扫描小量数据，不适合随机更新，不适合执行含有删除和更新的实时操作，不支持事务的正常回滚。列式数据库的适用场景为大数据且有快速随机访问的需求，写密集型且对性能和可靠性要求非常高的应用，不需要复杂查询条件来查询数据的应用，比如大数据场景、项目营销场景等。

（6）分析型数据库。

分析型数据库是面向在线统计分析、即席查询等发掘信息数据价值的数据库。数据分布在多个服务器上，最大限度地提升可伸缩性和可扩展性。分析型数据库可以轻松处理CSV、Parquet、ORC等格式的文件。分析型数据库的优势在于超强的实时数据分析能力、高可用和可扩展性、广泛的生态。分析型数据库适用于全过程工程咨询企业的BI任务，以及高并发实时数据分析任务。分析型数据库适用的场景包括数据仓库服务、大数据分析及ETL离线数据处理、数据湖分析、在线高性能查询、多模数据分析及异构数据源联合分析等。

（7）搜索引擎数据库。

搜索引擎数据库可以让应用程序搜索到保存在外部数据存储中的数据，支持为体量巨大的数据创建索引，并提供对这些索引的实时访问。这些索引是基于多个维度的，用于支持对超大文本数据的自由搜索。

搜索引擎数据库的典型代表有以下两种。

①Elasticsearch。一个基于Lucene的搜索引擎。它提供了一个分布式多用户能力的全文搜索引擎，基于RESTful Web接口，能够实现实时搜索，稳定、可靠、快速、安装方便。

②Solr。Apache Lucene项目的开源企业搜索平台。其主要功能包括全文检索、命中标识、分面搜索、动态聚类、数据库集成及富文本处理。

搜索引擎数据库的优点：适用于基于多个数据源和服务构建的数据索引，并且查询效率高，可扩展。

搜索引擎数据库的缺点：对事务型支持不足，不支持事务的正常回滚，更新性能较低，内存占用大。

搜索引擎数据库适用的场景包括分布式的搜索引擎、数据分析引擎、全文检索、结构化检索、复杂的即席查询、对海量数据进行近实时的处理。

（8）服务和管理类工具。

常用的数据分类方法有决策树法、KNN法、SVM法、Bayes法和神经网络。通用的数据建模工具有E-R图、CASE工具、UML、Oracle Designer等。对于数据传输的迁移，可以采用阿里云的DTS，它支持多种数据源间的数据传输，支持集数据迁移、数据订阅及数据实时同步，并支持公共云、混合云场景，可以解决远距离、毫秒级异步数据传输难题。另外，在云数据库类型中，各大云服务厂商也提供了其他工具能力，如数据库备份、数据库管控平台、数据库SQL监控和分析等。

3. 存储技术

除数据库之外，全过程工程咨询数据架构还要考虑数据的存储问题，包括：

（1）对象存储。

对象存储主要用于存储离散单元（对象）。每个对象都在一个被称作存储桶的扁平地址空间的同一级别里，一个对象不会从属于另一个对象。适合存储和检索较大的二进制对象，如工地图像、视频、音频、大型文档，以及CSV、Parquet和ORC等格式常用于大数据场景的文件。对象存储可以用于管理和存放海量非结构化数据。

（2）块存储。

块存储可以像使用物理硬盘一样格式化及建立文件系统，具有高性能和低时延的特点，支持随机读/写。典型的云存储服务有AWS的EBS、Azure的Managed Disks、阿里云的块存储。

（3）共享文件。

共享文件可共享访问、弹性扩展、具有高可靠性及高性能的分布式文件系统，提供共享访问。典型的云存储服务有AWS的Elastic File System、Azure的Files、阿里云的文件存储。

（4）归档和备份。

存储和归档不常访问且长期存在的数据，以及备份和恢复云上文件。典型的云存储服务有AWS的S3 Glacier、Azure的Storage Archive Access Tier、阿里云OSS的归档存储。

（5）批量离线数据传输。

PB级别端到端的离线数据迁移服务，能够使用安全设备将大量数据传入或传出云端。典型的云存储服务有AWS的Snoball Edge、Azure的Data Box、阿里云的闪电立方。

4.2 全过程工程咨询数据采集

数据采集分为通用数据采集和流式数据采集。

1. **通用数据采集**

通用数据采集包括结构化数据采集和非结构化数据采集两类。通用数据采集包括以下功能。

（1）实现对数据源到目录数据平台之间的结构化数据的抽取、转换和加载功能；

（2）结构化数据采集支持HANA、SAP BW、HDFS、Hive、Kafka、Flume、Hbase等文件类型数据源；

（3）非结构化数据采集支持HDFS、Kafka、Flume、Hbase等文件类型数据源；

（4）支持分布式ETL任务执行，任务处理能力可以横向扩展；

（5）支持过滤、数学运算、字符运算等数据转换功能。

2. **流式数据采集**

流式数据采集可以实现对流数据的抽取、转换和加载功能，支持对应用日志、系统日志及数据库日志文件的增量采集。具体包括以下功能：

（1）提供高并发、高吞吐量、低延迟、可容错、可持久化的实时消息系统（如Kafka、RabbitMQ等）；

（2）提供可扩展的分布式流数据ETL处理功能；

（3）支持任务失败断点恢复；

（4）支持分级的并发任务调度功能；

（5）具备基于Web的图形化流定义工具界面，提供任务管理、任务监控界面及功能。

4.3 全过程工程咨询数据存储

数据存储组件包括具有横向扩展的分布式数据存储和NoSQL数据存储。

1. **分布式数据存储**

分布式数据存储能力具备以下功能：

（1）具备可扩展的分布式数据存储功能；

（2）支持结构化数据、非结构化数据、半结构化数据的分布式存储；

（3）支持1:4以上的数据压缩比；

（4）支持高可用和故障自动切换部署；

（5）具备数据安全策略（如多副本策略），避免数据丢失或损坏；

（6）支持结构化数据的ANSI SQL 2003语法访问。

2. NoSQL数据存储

NoSQL数据存储能力具备以下功能：

（1）可扩展的分布式Key-Value数据库功能；

（2）支持对象存储；

（3）可以用于图数据库；

（4）支持高可用和故障自动切换部署；

（5）具备数据安全策略（如多副本策略），避免数据丢失或损坏；

（6）具备基于Web的图形化管理工具。

4.4 全过程工程咨询数据计算

全过程工程咨询数字化建设中的数据计算组件提供了数据处理分析的计算能力，包括分布式查询、分布式计算、数据建模和数据分析等。

1. 分布式查询

分布式查询能力具备以下功能：

（1）支持联机分析处理（ROLAP）；

（2）支持标准ANSI SQL 2003语法访问，支持复杂SQL查询，支持UDF；

（3）要求有良好的水平扩展性；

（4）支持高可用和故障自动切换部署；

（5）支持基于角色的数据访问权限控制；

（6）提供基于Web的图形化管理工具。

2. 分布式计算

（1）支持结构化、非结构化数据的分布式批处理功能；

（2）能够支持大规模水平扩展；

（3）支持高可用部署，一个节点"挂"了，计算任务会自动转移到其他节点；

（4）支持任务失败恢复能力；

（5）具有高效的分布式内存计算引擎（如Spark、Flink等）；

（6）支持Java、Python等多种开发语言。

3. 数据建模

模型搭建是数据分析计算中的关键环节，也是高难度环节。数据建模能力具备以下功能：

（1）提供数据库建模工具，可自动生成物理实体；

（2）提供统一的基于Web方式的集成开发环境，支持数据库开发数据处理、数据集成等功能；

（3）支持数据中台模型开发，可定义维度、度量ODS、Cube等大数据模型；

（4）提供基于Web的图形化模型设计、训练、评估；

（5）支持特征工程创建；

（6）支持主流统计分析算法及图形。

4. 数据分析

数据分析能力是直接考验数据平台能力及可用性的核心指标，其具备如下功能。

（1）支持对多维模型的钻取（Drill-down）操作，在维度的不同层次之间的变化，从上一层降到下一层，或者说是将汇总数据拆分细粒度数据；

（2）支持对多维模型的上卷（Roll-up）操作，钻取的逆操作，即从细粒度数据向更高层次的聚合；

（3）支持对多维模型的切片（Slice）操作，即选择维中特定的值进行分析；

（4）支持用户从两个维度内选择所关心的值进行展示和分析；

（5）支持对多维模型的切块（Dice）操作，即选择维中特定区间的数据或者某批特定值进行分析；

（6）支持对多维模型的旋转（Pivot）操作，即维的位置互换，就像是二维表的行列转换。

4.5 全过程工程咨询数据服务

数据中台的作用就是将处理好的数据以服务的方式提供给相应的用户，满足他们的分析需求。而这些服务通常都以API的方式提供给各类应用去调用，具体包括如下功能。

（1）提供API网关。

API网关可以完成配置调用路由、调用权限验证、调用限制等功能。

（2）提供API生成API登记发布、API调用申请审核功能。

调用者可浏览API、申请调用API，在通过审核之后，可调用API。服务的发布者负责审核申请，提供API生成、审核的工作流。API网关支持RESTful、Web Service协议转发。

1. API网关

API网关为平台业务系统提供高性能、高可用、高安全的API托管服务，以及防攻击、请求加密、身份认证、权限管理流量控制等多重手段，保证API调用安全，降低因API开放带来的风险。通过API网关，开发者可以封装后端各种服务，以API的形式提供给企业内部或合作伙伴使用。同时，API网关协助开发者完成API文档管理、API测试，并提供各语言客户端代码，从而提高API调用者的工作效率。无论是服务调用者希望使用API网关服务，还是服务提供者希望通过服务目录将自己的能力开放，都可以通过API网关来实现。服务提供者将自己的业务部署在API网关上供服务消费者调用，最终用户（无论是移动客户端、Web客户端、物联网或其他应用）都可以直接通过API网关调用API服务。API网关有如下特性。

（1）简单易用。

基于云平台，用户可直接在管理控制平台中对API网关进行图形化配置，无须自行搭建API网关部署所需要的设备。

（2）易于维护。

提供对API网关的可视化监控，以及资源管理、租户隔离、权限控制等一系列的运维能力，将用户从繁重的运维中解放出来。

（3）高可靠性。

API网关是分布式集群部署，当网关节点出现故障时，可及时迁移，以实现高可靠性。

（4）高性能。

可承载大规模、大流量的API调用访问。

（5）安全。

通过接入多种认证方式，确保API的访问安全性；通过严格的流量控制，避免用户服务的过载；通过全面的监控告警，保证用户服务的可用性。

2. API生成

数据管理模块支持API在线生成功能。在管理页面中，对于权限范围内的数据源，操作员可以通过拖放等操作定义数据发布内容，同时填写必要的API定义。在提交这些配置数据后，系统可根据配置生成对应的API服务。

3. API发布

发布者可一键发布经过测试的数据共享API，完成API基础信息、API路由信息的创建，API调用限制定义，以及将API登记到用户指定的运行环境API网关上。API基础信息包括API的版本、调用方法、调用路径、请求参数定义和描述、响应参数定义和描述等。API路由信息包括服务名、调用重试次数、超时时间定义等。API调用限制定义包括API发布范围，以及多组API调用的限制方式和配套的参数设定。在完成API发布后，通过服务目录功能，调用者可以看到相关的服务信息、API信息。

4. API调用申请

当服务发布完成后,调用者可以查看并申请调用API。虽然在服务发布时设置了调用者范围,但是调用者仍然需要经过审批,通过之后才能正常调用API。在进行API调用申请时,需要调用者提供自身的API-key,系统将API-key作为令牌在调用API时验证调用权限和匹配调用规则。

5. API调用审核

执行API调用申请最终审核的是服务发布者。服务发布者通过审核API调用申请,可获得调用者期望调用的API,在评估后通过或拒绝审核。

6. API信息支持

数据共享模块为服务调用者提供了页面方式的API测试工具,调用者可在页面中完成API的测试,从而获得高度还原的仿真结果。

7. API服务监控

API服务监控信息可以统计API服务的调用次数、调用者分布、错误码分布。这些数据可以帮助服务发布者全面了解API服务的运行情况。

4.6　本章小结

数据架构对实现全过程工程咨询企业的数据资产的标准化描述至关重要。本章重点介绍了全过程工程咨询数据架构的设计框架、规划、设计方法、设计步骤,以及典型的数据架构技术、数据架构原则和规范等,总结了全过程工程咨询企业数据采集、存储、计算与服务的类型、方法及流程,可为全过程工程咨询企业更好地完成招标代理、勘察、设计、监理、造价、项目管理等业务的数字化转型提供借鉴。

5

全过程工程咨询数据资产

5.1 全过程工程咨询数据资产的概念

5.2 决策阶段数据资产

5.3 设计阶段数据资产

5.4 发承包阶段咨询数据资产

5.5 竣工验收阶段数据资产

5.6 运营阶段数据资产

5.7 全过程工程咨询数字管控

5.8 全过程工程咨询数据资产价值评估

5.9 全过程工程咨询数字运营应用

5.10 本章小结

5.1 全过程工程咨询数据资产的概念

数字化时代是全球信息化发展的新阶段，数据的作用已经从辅助发展到引领，从热点发展到支点，其价值也逐渐被人们所挖掘，"数据即是资产"已经成为人们的共识（陈如明，2012；邬贺铨，2013；刘新宇，2019）。数据资产的价值已在诸多行业中崭露头角，尤其在互联网、通信、金融等领域（黄乐等，2018；王静和王娟，2019）。相较于其他行业的数字化发展进程，全过程工程咨询行业的数字化发展道路显得尤为艰难（冯俊国，2019；钟加晨和丁康俊，2021）。一方面，全过程工程咨询流程需要对项目数据进行系统化的收集，可加快企业层面和行业层面的数据资产建立与管理；另一方面，全过程工程咨询的数据资产需要推进咨询的质量，建立以大数据为基础的工程咨询可以为委托方提供更加科学、合理的决策建议。

数据资产运营（数字运营）是指把全过程工程咨询项目数据作为资产，通过对数据的采集、清洗、加工、分析、挖掘，在合规化的条件下进行共享与开放。通过数字运营，不仅可以赋能传统全过程工程咨询产业，而且可以对现有业务模式进行颠覆式创新。因此，数字运营是全过程工程咨询企业数字化转型的核心能动力，只有将全过程工程咨询数据资产在全社会流通，实现数据融合，才能使数据的商业价值最大化。一方面，高质量、可信任的数据是数字运营的基础。数字运营的对象是数据资产，目的是数据的资产化，主要手段是数据资产的共享与开放。而数据管控的对象是数据，目的是通过数据的标准化来保障数据的高质量和可信任。因此，数据管控是数据资产运营的支撑，二者既有关联又各有侧重。另一方面，数字运营的核心是促进数据的流通，让数据资产的价值最大化。因此需要评估数据资产的价值，进而识别核心数据资产，并通过分析影响数据资产价值的关键因素，制定相应的数据资产运营策略，最终实现数据资产收益的最大化。

本章将根据全过程工程咨询项目的特点，分阶段介绍全过程工程咨询的数据资产相关内容，分析全过程工程咨询设计管理数据资产，其包括决策阶段数据资产、设计阶段数据资产、发承包阶段数据资产、竣工验收阶段数据资产以及运营阶段数据资产。对上述数据资产进行分析整合后，开始按照全过程工程咨询的标准体系进行数据管控，并对数据资产价值进行评估，进一步过滤、分析、挖掘出所需数据，根据数据资产评估的影响规律，构建完整的全过程工程咨询数据资产评估指标体系和实践路径，提出全过程工程咨询数据管理措施与控制标准，构建全过程工程咨询数据资产价值评估模型，开展全过程工程咨询数据资产运营，以期为全过程工程咨询数据资产构建项目提供借鉴。

5.1.1 数据资产目录

全过程工程咨询企业若将数据视为资产，就需要建立数据资产目录和数据资产清单。

1. 数据资产管理目标

数据管控倾向于"组织"和"标准"：包括成立数据管控委员会，设置数据所有者和数据管理员的角色，制定主数据标准和主数据维护的流程制度。这些活动的重点是实现数据全生命周期管理。除此之外，数据资产管理还关心更高阶的目标。例如：

（1）扩大数据的可用性和简化数据的可访问性，使更多的数据消费者能够查找、访问和共享数据资产；

（2）标准化数据语义，让数据使用者对共享数据资产有一致性的理解；

（3）实现数据的质量可测量，让用户高度信任数据。

这些数据资产管理目标有一个共同的驱动因素：数据消费或信息使用。如果无法实现这些目标，则会降低企业有效共享和利用数据的能力。

2. 数据资产目录系统构建

全过程工程咨询企业拥有大量的、各种类型的、分散在各处的数据资源，如果没有数据资产目录和数据资产清单，那么许多数据资产实际上是被隐藏的。这意味着需要进行数据盘点来识别企业的数据资产，并将其分类。数据资产目录的设计可采用如图5-1所示的"业务驱动自顶向下"和"盘点驱动自底向上"相结合的工作思路。其中，前者是指按照业务视角全面梳理企业业务价值链、各种业务场景、端到端的业务流程，包括业务流程中涉及的表单、术语、业务数据项等；后者是指通过现状调研，盘点并提取源业务系统中的数据项，将其作为"果子"挂接到相应的"目录树"上。

在数据资产目录中，通过收集数据资产清单，可以使数据使用者能够通过数据资产目录和标签快捷搜索到最能满足其需求的数据集。数据资产目录可用于共享不同类型的元数据。具体包括如下三个。

（1）物理元数据。

其主要用于描述源系统结构，如表和字段。

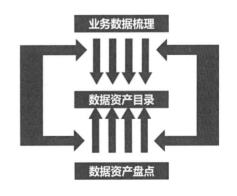

图5-1 数据资产目录构建思路

（2）逻辑元数据。

其主要用于描述语义信息，如数据库描述、数据质量评估和相关的数据管理策略。

（3）行为元数据。

其描述如何在各种业务场景中使用数据资产。数据资产目录将传统的元数据管理功能（如业务术语表、结构化元数据管理、对象元数据和数据血缘）与人工智能算法结合，通过简化数据发现，自动推断元数据，提高这些推断的准确性，以及提供业务术语表、数据元素定义、数据血缘、数据质量、数据安全等信息的可见性，有助于向用户展示正确的数据资产。

5.1.2 数据资产目录能力评估模型

数据资产目录能力评估模型有助于全面了解企业数据资产目录的管理现状，指明达到目标状态的方向和实现路径。

1. 全过程工程咨询企业所应具备的能力

该模型定义了全过程工程咨询企业为提高数据资产利用率所需的五种能力。

（1）发现能力。

支持数据资产发现能力是数据资产目录最重要的功能。对所有可用数据资产进行清晰而全面的概述是提高数据资产利用率和货币化的关键。支持搜索、推荐和查询功能进一步促进了数据资产发现过程，使用户能够快速识别相关数据资产，并查看样本数据条目及摘要统计信息。

（2）理解能力。

理解能力是向数据资产目录添加新条目并使用元数据丰富它们的过程，例如谁拥有数据？为什么收集它？测量单位是什么？以及如何评估价值？数据资产目录支持手动和自动两种元数据的生成方式，如可以自动捕获某些类型（如数据存储空间占用的信息等）的元数据，以及支持手动输入业务定义和数据收集目的描述。

（3）信任能力。

关于数据质量和覆盖范围的信息、数据血缘的信息及负责人的信息（例如数据管理者或数据所有者）有助于让用户对数据集产生信任。利用该信息，可以让用户使用合适的数据源，并且可以避免使用可能会产生不良结果的不适当的数据源。

（4）协作能力。

协作能力支持其用户进行任务共享并奖励用户创建和修订描述。例如，如果用户需要有关数据资产的更多信息，那么用户应该能够请求数据管理员添加相关信息。

（5）治理能力。

治理能力体现了支持和满足法律及企业标准的能力。例如对访问权限的管理，数据资产目录中应列出所有数据资产并显示示例条目，但也应符合数据隐私法规。因此，除非用户具有相应的访问权限，否则不得显示个人数据的示例条目。

2. 数据资产目录能力的成熟度等级

如图5-2所示，利用评估模型可以实现数据资产目录能力成熟度从低级到高级的转变。具体包括如下五种。

（1）初始级。

全过程工程咨询企业没有努力集中编制数据资产目录，数据科学家无法集中获得大部分有价值的信息。即使数据分析师知道特定数据资产的存在，但理解其业务环境和数据血缘的唯一方法是联系数据资产所在的业务系统的产品经理或数据工程师。

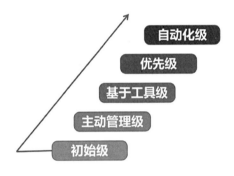

图5-2　数据资产目录能力成熟度等级示意

（2）主动管理级。

全过程工程咨询企业使用标准化模板记录和维护基本元数据。用户可以从列表中获取有关数据资产的信息，并且可以使用基本的搜索功能。目录条目更新相对较慢。

（3）基于工具级。

数据资产目录工具由专门的团队使用和管理，有助于自动捕获元数据。例如，它可以自动检测和标记账号或姓名。应用分类和预定义标签有助于在数据资产的业务环境中手动提供元数据。通过高级搜索功能可以更轻松地查找可能相关的数据。

（4）优化级。

大多数数据资产目录都提供了样本数据条目和统计信息。目录中还包含有关自动捕获的数据血缘信息。数据血缘信息有助于让用户信任数据资产，因为它们能够快速确定数据的来源及所有先前的处理步骤。

（5）自动化级。

数据资产目录可以向用户推荐数据资产。对于目录中的所有数据资产，可以自动生成数据质量和数据资产价值评估结果。机器学习算法为那些尚未由用户描述的数据资产建立标签和分类。在数据准备环节，访问数据资产的过程大多是自动化的，只有在特殊情况下才需要人为干预。

在实施数据资产目录系统之后，数据资产目录成熟度在自动化程度、激励的有效性和工作流程效率等方面都会有一定的提升。

5.2 决策阶段数据资产

5.2.1 决策阶段数据资产概述

广义定义：决策阶段数据资产是指工程咨询单位接受委托，就重要决策事项进行研究，提出科学的建议或比较方案，该方案经过实际工程施工运行无误后，经过整理分析为相关数据资产。

狭义定义：决策阶段数据资产指工程咨询单位接受建设单位委托，在调查、分析、研究的基础上，对项目投资规模、投资方向、投资结构、投资分配以及投资项目的选择和布局、政策符合性进行技术经济和社会分析以及多角度的综合分析评价，为建设单位投资项目提供必要和可行的决策依据。

项目决策咨询包括但不限于策划咨询（包括对投资机会进行的研究）、项目初步方案设计（含规划方案）、项目建议书及可行性研究（包括投资估算、方案比选）、配套的评估咨询等。

建设项目在决策阶段的主要数据资产包括项目建议书、可行性研究报告（包括确定投资目标、风险分析、建设方案等）、运营策划、评估报告（包括节能评估报告、环境影响评价、安全评价、社会稳定风险评价、地质灾害危险性评估、交通影响评价以及水土保持方案）等相关报告的编制以及报送审批工作。从项目建议书到可行性研究报告，是一个由粗到细、由浅入深，逐步明确建设项目目标的过程。

5.2.2 决策阶段数据资产内容

1. 项目建议书

项目建议书（或初步可行性研究报告）是要求建设某一具体项目的建议文件，是基本建设程序中最初阶段的工作，是投资决策前对拟建项目的轮廓设想，其主要作用是论述一个拟建建设项目建设的必要性、条件的可行性和获得的可能性，供投资人或建设管理部门选择并确定是否进行下一步工作。项目建议书报经投资主管部门批准后，可以进行可行性研究工作，但并不表明项目非进行不可，项目建议书不是项目的最终决策。包括国家相关规定、建设项目资料、市场预测、资源条件评价、建设规模与产品方案、环境影响评价、投资估算、融资方案等。

2. **可行性研究报告**

可行性研究报告（Feasibility Study Report）是企业从事建设项目投资活动之前，可行性研究主体（一般是专业咨询机构）对政治法律、经济、社会、技术等项目影响因素进行具体调查、研究、分析，确定有利和不利的因素，分析项目的必要性、项目是否可行评估项目的经济效益和社会效益，为项目投资主体提供决策支持意见或申请项目主管部门批复的文件。

项目可行性研究报告主要数据包括相关规范、市场预测、资源条件评价、建设规模与产品方案、场址选择、技术设备工程方案、原材料、燃料供应、总图运输与公用辅助工程、节能措施、节水措施、环境影响评价、劳动安全卫生与消防、组织机构与人力资源配置、项目实施进度、投资估算、融资方案、国民经济评价和社会评价、风险分析等。

3. **项目环境影响评估报告**

建设项目环境影响评价的作用是通过评价查清项目拟建地区的环境质量现状，针对项目的工程特点和污染特征，预测项目建成后对当地环境可能造成的不良影响及其范围和程度，从而制定避免污染、减少污染和防止生态环境恶化的对策，为项目选址、空间布局、方案制订和优化提供科学依据。其具体流程见图5-3和图5-4。

建设项目在环境影响评估方面的数字资产包括相关规范，建设项目概况，建设项目周围环境现状，建设项目对环境可能造成影响的分析、预测和评估，建设项目环境保护措施及其技术、经济论证，建设项目对环境影响的经济损益分析，对建设项目实施环境监测的建议、环境影响评价的结论。

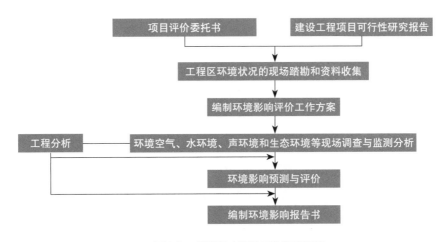

图5-3 环境影响评价工作程序示意

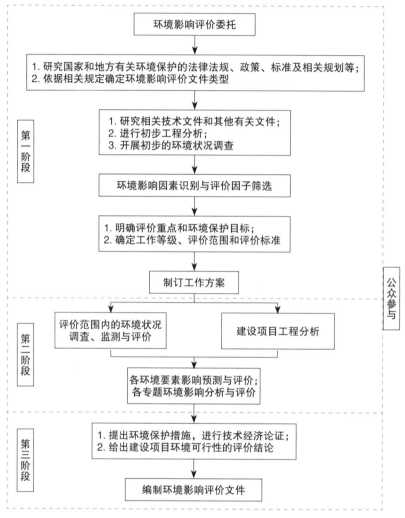

图5-4 环境影响评价流程示意

4. 节能评估报告

节能评估是指根据国家节能法规、标准，对投资项目的能源利用是否科学合理进行分析评估。节能评估报告是指在项目节能评估的基础上，由具有工程咨询资信或能力的专业咨询工程师编制的节能评估报告书或节能评估报告表。

节能评估方面的数字资产包括评价依据，项目概况，项目建设方案的节能评估、分析和比选，选取节能效果好、技术经济可行的节能技术和管理措施，项目能源消费量，能源消费结构、能源效率等方面的分析，对所在地完成能源消耗总量和强度目标，煤炭消费减量替代目标的影响等方面的分析评价。

5. 项目安全评价

建设项目安全评价主要从安全角度评价建设项目是否符合当地规划，选址与周边的安全距离是否符合要求，采用的建筑结构、工艺设备，采取的安全应对措施是否符合要求，使安全监管部门明确是否批准项目的建设。对未达到安全目标的系统或单元提出安全补救措施，以利于提高建设项目本身的安全程度，满足安全生产的需要。

建设项目安全评价的数字资产包括相关依据、安全预评价、安全验收评价和安全现状评价。

6. 社会稳定性分析

社会稳定性分析应当作为项目可行性研究报告的重要内容并设独立篇章。此外，项目所在地人民政府或其有关部门指定的评估主体组织对项目单位作出的社会稳定风险分析开展评估论证，根据实际情况可以采取公示、问卷调查、实地走访和召开座谈会、听证会等多种方式听取各方面意见，分析判断并确定风险等级，提出社会稳定风险评估报告。国务院有关部门、省级发展改革部门、中央管理企业在向国家发展改革委员会报送项目可行性研究报告、项目申请报告的申报文件中，应当包含对该项目社会稳定风险评估报告的意见，并附社会稳定风险评估报告。社会稳定风险评估报告是国家发展改革委员会审批、核准或者核报国务院审批、核准项目的重要依据。

社会稳定风险分析的数字资产包括相关依据、风险调查、风险识别、风险估计、风险防范与化解措施制定以及风险等级判断。

5.3 设计阶段数据资产

5.3.1 设计阶段数据资产概述

建设项目设计阶段是在决策阶段形成的咨询成果（如项目建议书、可行性研究报告、投资估算等）和投资人要求基础上进行深化研究，对拟建项目进行综合分析、论证，编制项目勘察设计文件并提供相关咨询的过程。在决策阶段作出投资决策后，控制项目工程造价的关键就在于设计。设计阶段是在技术和经济上对拟建工程的实施进行全面的安排，也是对工程建设进行规划的过程。根据中国现行的法律法规和政策、规范等，建设项目设计阶段主要包括工程勘察和工程设计两个环节。

1. 工程勘察

根据建设工程和法律法规的要求，查明、分析、评价拟建项目建设场地的地质地理环境特征和岩土工程条件，编制建设工程勘察文件的活动资产。工程勘察数据资产包括勘察任务书和勘察咨询服务资产，如工程测量，岩土工程勘察、设计、治理、监测，水文地质勘查，环境地质勘查，岩土工程勘察报告及相关的专题报告等。

2. 工程设计

根据建设工程规范、标准，相关法律法规的要求，对拟建项目所需的技术、经济、资源、环境等条件进行综合分析、论证，结合工程勘察报告，编制建设工程设计文件，提供相关服务的活动成果。工程设计数据资产包括设计任务书、组织方案设计、初步设计（有工艺要求的需增加技术或工艺设计）、施工图设计等。出具的设计文件包括设计说明、总平面、建筑、结构、建筑电气、给水排水、供暖通风与空气调节、热能动力等。设计文件根据不同设计阶段的深度要求，在内容深度上有所不同。设计阶段造价管控工作包括编审工程概算和施工图预算；对设计方案进行经济比选和优化建议报告书；协助限额设计书。

5.3.2 项目勘察服务数据资产

工程勘察咨询以通用工程勘察为例进行分析说明，包括工程测量、岩土工程勘察、岩土工程设计与检测监测、水文地质勘查、工程水文气象勘察、工程物探、室内试验等，以及专业工程（如煤炭、水利、电力、铁路、公路、通信、海洋工程、长输管道等）的勘察服务。因此，项目勘察服务数据资产主要包括编制依据、勘察任务书、勘察作业和文件编审。具体包括：

1. 编制依据

项目勘察阶段咨询的依据主要有经批准的项目建议书、可行性研究报告等文件，勘察任务书，《建设工程勘察设计管理条例》（中华人民共和国国务院令第293号），《中华人民共和国建筑法》（中华人民共和国主席令第91号），《岩土工程勘察安全标准》GB/T 50585—2019，其他相关专业的工程勘察技术规范标准。

2. 勘察方案

勘察方案应由全过程工程咨询单位勘察专业工程师编制、设计专业工程师进行审查。编审主要包括钻孔位置与数量、间距，钻孔深度，钻孔类别比例，勘探与取样，原位测试，土工试验，项目组织，方案的经济合理性等内容。

3. 勘察作业

全过程工程咨询单位开展的勘察作业包括野外作业和室内试验等。专业咨询工程师（勘察）实施勘察作业必须按《岩土工程勘察安全标准》GB/T 50585—2019的规定进行，为保证勘察作业成果质量，全过程工程咨询单位应组织其他专业咨询工程师（如设计）对专业咨询工程师（勘察）的作业活动进行监督和配合协助。

4. 文件编审

勘察文件是勘察工作的成果性文件，需要充分利用相关的工程地质资料，做到内容齐全、论据充足、重点突出。全过程工程咨询单位审查合格后要将勘察文件报送当地建设行政主管部门，对勘察文件中涉及工程建设强制性标准的内容进行严格审查，并将审查意见及时反馈至专业咨询工程师（勘察），直至取得审查合格书。

5.3.3 项目设计服务数据资产

根据住房和城乡建设部印发的《建筑工程设计文件编制深度规定（2016版）》（建质函〔2016〕247号），建筑工程（民用建筑、工业厂房、仓库及其配套工程）一般应分为方案设计、初步设计和施工图设计三个阶段。

1. 方案设计

方案设计应满足编制初步设计文件的需要，并应满足方案审批或报批的需要。

2. 初步设计

初步设计应根据批准的可行性研究报告或方案设计进行编制，要明确工程规模、建设目的、投资效益、设计原则和标准，深化设计方案，确定拆迁、征地范围和数量，编制初步设计概算，提出设计中存在的问题、注意事项及有关建议，其深度应能满足确定工程投资，满足编制施工图设计、主要设备订货、招标及施工准备的要求。

3. 施工图设计

根据批准的初步设计进行编制，其设计文件应能满足施工招标、施工安装、材料设备订货、非标设备制作、加工及编制施工图预算的要求。在开展工程设计工作前，全过程工程咨询单位应编制设计任务书，保证设计工作顺利有序进行。

全过程工程咨询单位的勘察设计咨询不仅需要在项目设计阶段充分实施，而且需要延伸至项目实施乃至竣工阶段。在实施阶段，专业咨询工程师（勘察、设计）需提供的咨询主要有设计文件资料管理、设计交底和图纸会审、地勘和设计的现场咨询、专项设计和深化设计、设计变更等。

因此，全过程工程咨询企业在项目设计服务的数据资产包括编制依据、设计任务书审查资料（包括方案设计任务书、初步设计任务书、施工图设计任务书和专业设计任务书等）、项目方案设计审查资料（方案设计说明书、方案设计文件审查与优化、方案设计报审等）、初步设计审查资料（初步设计图纸、说明书、计算书等）、施工图设计审查资料（施工图设计图纸、说明书、计算书、超限审查、施工图纸套数、施工图图章签署人员齐备等）。

5.3.4 项目设计阶段造价资产

在建设项目的工作分解结构中，项目设计与计划阶段是决定建筑产品价值形成的关键阶段，它对建设项目的建设工期、工程造价、工程质量以及建成后能否产生较好的经济效益和使用效益，起到决定性的作用，因此对设计阶段进行造价管理是非常重要的。如图5-5所示，在方案设计阶段，影响项目投资的可能性为75%~95%；在初步设计阶段，影响项目投资的可能性为35%~75%；在施工图设计阶段，影响项目投资的可能性为5%~35%。由此可见，重视对设计阶段的造价管理，可以有效解决建设项目总造价偏高的问题。因此，控制工程造价的思想在设计开始的时候就应该保证选择恰当的设计标准和合理的功能水平，相应的数据资产包括相关编制依据、设计概算的编制与审核（建设项目总概算与审核，单项工程综合概算与审核，工程建设其他费用、预备费、专项费用概算与审核，单位工程概算与审核）、限额设计（确定项目投资限额、分配初步设计的投资限额、依据投资限额的初步设计、分配施工图设计的造价限额）、设计方案评价与优化（评价指标和参数体系、方案评价、方案优化等）。

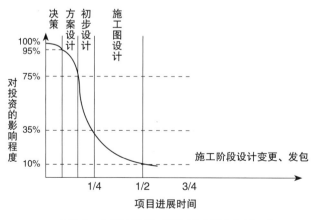

图5-5 各设计阶段对投资影响程度分析示意

5.4 发承包阶段咨询数据资产

建设项目发承包阶段即通常所说的招标投标阶段，是在前期阶段形成的咨询成果［如可行性研究报告、业主需求书、相关专项研究报告、不同深度的勘察设计文件（含技术要求）、造价文件等］的基础上进行招标策划，并通过招标投标活动，选择具有相应能力和资质的承包人，通过合约进一步确定建设产品的功能、规模、标准、投资、完成时间等，并将投资人和承包人的责、权、利予以明确。发承包阶段是实现投资人建设目标的准备阶段，该阶段确定的承包人是将前期阶段的咨询成果建成优质建筑产品的实施者。

5.4.1 招标策划阶段数据资产

1. 编制依据

编制依据为相关法律法规、政策文件、标准规范等，编制项目为可行性研究报告、业主需求书、相关利益者需求分析、不同深度的勘察设计文件（含技术要求）、决策和设计阶段造价文件等，投资人经营计划，资金使用计划和供应情况，项目工期计划，承包人专业结构和市场供应能力分析等。

2. 投资人需求分析

如图5-6所示，全过程工程咨询单位可通过实地调查法、访谈法、问卷调查法、原型逼近法等收集投资人对拟建项目质量控制、造价控制、进度控制、安全环境管理、风险控制、系统协调性和程序连续性等方面的需求信息，编制投资人需求分析报告。

3. 标段划分

全过程工程咨询单位应根据拟建项目的内容、规模和专业复杂程度等提出标段划分的合理化建议。对于建设目标明确、专业复杂且需要多专业协同优化的建设项目，可优先考虑工程总承包的方式选择承包人。

4. 招标方式

全过程工程咨询单位应分析建设项目的复杂程度、项目所在地自然条件、潜在承包人情况等，并根据法律法规的规定、项目规模、发包范围以及投资人的需求，确定是采用公开招标还是邀请招标。

5. 合同策划

合同策划包括合同种类选择和合同条件选择。

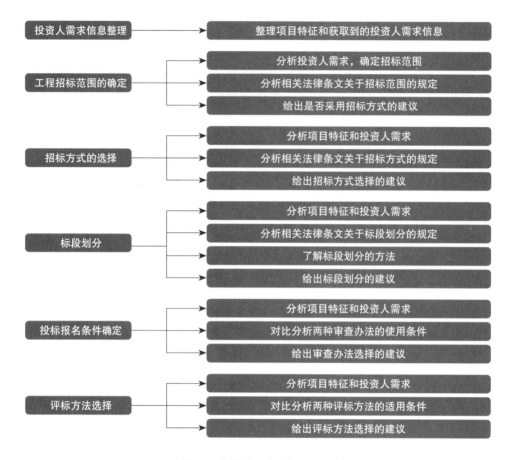

图5-6 投资人需求分析主要内容

(1) 合同类型选择。

合同种类基本形式有单价合同、总价合同、成本加酬金合同等。不同种类的合同，其应用条件、权利和责任的分配、支付方式，以及风险分配方式均不相同，应根据建设项目的具体情况选择合同类型。

(2) 合同条件选择。

投资人应选择标准招标文件中的合同条款，没有标准招标文件的宜选用合同示范文本的合同条件，结合招标投标目标进行调整完善。

6. 招标时间安排

制订招标工作计划既要和设计阶段计划、建设资金计划、征地拆迁计划、工期计划等相呼应，又要考虑合理的招标时间间隔，特别是要考虑有关法律法规对招标时间的规定，并且要结合招标项目规模和范围，合理安排招标时间。

5.4.2 招标文件编制阶段数据资产

1. 编制依据

相关法律法规、政策文件、标准规范等,《中华人民共和国标准施工招标文件》《建设项目全过程造价咨询规程》CECA/GC 4—2017,项目可行性研究报告、业主需求书、相关利益者需求分析、不同深度的勘察设计文件(含技术要求)、决策和设计阶段造价文件等,潜在承包人技术、管理能力、信用情况等,材料设备市场供应能力,合同范本,招标策划书。

2. 资格预审文件编制

施工招标资格预审文件可参考《中华人民共和国标准施工招标资格预审文件》(2007年版)进行编制;其他专业工程可参考相应的专业管理部门的有关规定执行。

3. 招标文件、编制及审核

(1)招标文件。

由投资人(或其委托的全过程工程咨询单位)编制,由投资人发布的,既是投标单位编制投标文件的依据,也是投资人与将来中标人签订工程承包合同的基础,承包人如果回应了招标文件中提出的各项要求,将对招标人、承包人以及招标投标工作结束后的承发包双方都有约束力。

(2)招标文件编制。

一般情况下,各类工程施工招标文件的内容大致相同,但组卷方式可能有所区别,可按相关规范如《标准施工招标文件》的范本编写相应的工程施工招标文件的内容要求。

(3)招标文件的审核。

工程施工招标文件的审核主要是对其内容编制的完整性、准确性、科学性的审核。

4. 工程量清单编制与审核

工程量清单是招标文件的组成部分,是作为编制招标控制价、投标报价、支付工程款、调整合同价款、办理竣工结算以及工程索赔等的依据之一。

(1)工程量清单编制。

工程量清单编制主要包括分部分项工程项目清单的编制、措施项目清单的编制、其他项目清单的编制、规费和税金项目清单的编制。工程量清单编制的内容、依据、要求和表格形式等应该执行《建设工程工程量清单计价规范》GB 50500—2013的有关规定(表5-1)。

工程量清单的编制内容　　　　　　　　　表5-1

清单名称	含义	内容
分部分项工程量清单	拟建工程分项实体工程项目名称和相应数量的明细清单	项目编码、项目名称、项目特征、计量单位和工程量
措施项目清单	为完成工程项目施工，发生于该工程施工前和施工过程中技术、生活、文明和安全等方面的非实体项目清单	通用措施项目、专业措施项目等
其他项目清单	分部分项工程量清单、措施项目清单所包含的内容外，因投资人的特殊要求而发生的与拟建工程有关的其他费用项目和相应数量的清单	暂列金额、暂估价、计日工和总承包服务费
规费、税金项目清单	—	社会保障费：包括养老保险费、失业保险金、医疗保险费、工伤保险费、生育保险费、住房公积金、工程排污费增值税、城市建设维护税、教育费附加及地方教育附加

（2）工程量清单的审核。

在工程量清单编制完成后，应对其进行审核，投资人应对工程量清单的准确性和完整性负责。

5. 招标控制价的审核

（1）招标控制价。

作为拟建工程的最高投标限价，是投资人在招标工程量清单的基础上，按照计价依据和计价办法，结合招标文件、市场实际和工程具体情况编制的最高投标限价，是对工程进度、质量、安全等各方面在成本上的全面反映。招标控制价应由具有编制能力的投资人，或受其委托具有相应资质的工程造价咨询人编制。招标控制价应在招标时公布，不得上调或下浮，投资人应根据建设项目所在地的工程造价管理机构要求将招标控制价及有关资料留存备查或报送备案。

（2）招标控制价审核。

招标控制价的项目编码、项目名称、项目特征、工程数量、计量单位等是否与发布的招标工程量清单项目一致，招标控制价的总价是否全面，汇总是否正确，计价程序是否符合《建设工程工程量清单计价规范》GB 50500—2013和其他相关工程造价计价的要求，分部分项工程综合单价的组成是否与相应清单特征描述内容匹配，定额子目选取及换算是否准确，主要材料及设备价格的取定是否结合了招标文件中相关技术参数要求，取值是否合理，措施项目所依据的施工方案是否正确、可行，费用的计取是否合理，安全文明施工费是否执行了国家或省级、行业建设主管部门的规定，管理费、利润、风险等费用计取是否正确、得当，规费、税金等费用计取是否正确，专业工程暂估价的工程估价累计是否超过相关法规规定的比例。

5.4.3 招标过程管理阶段数据资产

1. 管理依据

《中华人民共和国招标投标法》（2017年修订）、《中华人民共和国招标投标法实施条例》（2017年修订）、《建设工程造价咨询成果文件质量标准》CECA/GC 7—2012、招标策划书、招标文件。

2. 发布招标公告

（1）在指定媒介发布招标公告（资格预审公告、公开招标）或向承包人发出投标邀请书（邀请招标）；

（2）在规定地点和时间发售招标文件（资格预审文件）；

（3）组织现场踏勘或答疑（如有时）；

（4）对已发出的招标文件进行必要的澄清或者修改（如发生时，项目所在地规定需备案时应从其规定）；

（5）配合有关行政监督部门对招标阶段投诉的调查，并根据处理决定依法整改（如发生时）；

（6）如发生不可抗力或符合法律法规规定情况需终止招标时，依法终止招标（如发生时）；

（7）准备开标、评标所需的资料。

3. 投标

在投标过程中，全过程工程咨询单位主要的工作内容是接收承包人提交的投标文件和投标保证金等，并审核投标文件和投标保证金是否符合招标文件和有关法律法规的规定。

4. 资格预审

承包人应在规定的截止时间前报送资格预审文件。投资人负责组织评审小组，包括财务、技术方面的专门人员对资格预审文件进行完整性、有效性及正确性的资格预审。

5. 开标

（1）开标应当在招标文件确定的提交投标文件截止时间的同一时间公开进行，开标地点应当为招标文件中预先确定的地点；

（2）开标时，由承包人或者其推选的代表检查投标文件的密封情况，也可以由投资人委托的公证机构检查并公证；经确认无误后，由工作人员当众拆封，宣读承包人名称、投标价格和投标文件的其他主要内容。

6. 清标

在全过程工程咨询中，针对项目的需要，专业咨询工程师（招标代理）在开标后、评标前，对投标报价进行分析，编制清标报告成果文件。清标报告应包括清标报告封面、清标报告的签署页、清标报告编制说明、清标报告正文及相关附件。及时检查评标报告内容是否完整和符合有关规定，然后提交总咨询师和投资人复核确认。

清标报告正文宜阐述清标的内容、清标的范围、清标的方法、清标的结果和主要问题等。一般应主要包括：

（1）算术性错误的复核与整理，不平衡报价的分析与整理，错项、漏项、多项的核查与整理。

（2）综合单价、取费标准合理性分析和整理。

（3）投标报价的合理性和全面性分析与整理，投标文件中含义不明确、对同一问题表述不一致、明显的文字错误的核查与整理等。

（4）投标文件和招标文件是否吻合，招标文件是否存在歧义问题，是否需要组织澄清等问题。

7. 评标

（1）投资人或其委托的全过程工程咨询单位应依法组建的评标委员会，与承包人有利害关系的人不得进入相关项目的评标委员会。

（2）评标委员会可以要求承包人对投标文件中含义不明确的内容作必要的澄清或者说明，但是澄清或者说明不得超出投标文件的范围或者改变投标文件的实质性内容（如有时）。

（3）评标委员会应当按照招标文件确定的评标标准和方法，对投标文件进行评审和比较，设有标底的，应当参考标底。评标委员会完成评标后，应当向投资人提出书面评标报告，并推荐合格的中标候选人。

8. 定标

（1）根据评标委员会提出的书面评标报告和推荐的中标候选人确定中标人。投资人也可以授权评标委员会直接确定中标人。

（2）中标人确定后，投资人应当向中标人发出中标通知书，并同时将中标结果通知所有未中标的承包人。

（3）中标通知书对投资人和中标人具有法律效力。中标通知书发出后，投资人改变中标结果的，或者中标人放弃中标项目的，应当依法承担法律责任。

9. 公示

全过程工程咨询机构到相关行政监督部门将定标结果进行备案（或按项目所在地规定）并公示中标候选人。

10. 签约

根据《中华人民共和国招标投标法》，投资人和中标人应当自中标通知书发出之日起三十日内，按照招标文件和中标人的投标文件订立书面合同。全过程工程咨询单位应协助投资人进行合同澄清、签订合同等工作，同时根据投资人的需求和项目需要，可协助投资人进行合同谈判、细化合同条款等内容。投资人和中标人不得再行订立背离合同实质性内容的其他协议。

5.4.4 合同条款策划的数据资产

1. 编制依据

合同条款的编制依据为《中华人民共和国合同法》《中华人民共和国标准施工招标文件》《建设工程施工合同（示范文本）》GF—2017—0201，项目决策、设计阶段的成果文件，投资人和全过程工程咨询单位提供的有关技术经济资料，类似工程的各种技术经济指标和参数以及其他有关的资料，项目的特征，包含项目的风险、项目的具体情况等，招标策划书，其他相关资料等。

2. 合同条款拟订

全过程工程咨询单位须根据项目实际情况，依据《建设工程施工合同（示范文本）》GF—2017—0201，科学合理拟订项目合同条款，包括合同协议书、通用合同条款、专用合同条款、补充合同条款。

3. 要点分析

明确承包范围以及合同签约双方的责、权、利和义务，明确风险的范围及分担办法，控制严重不平衡报价，控制进度款的支付，工程价款的调整、变更签证的程序及管理，界定违约及索赔的处理办法。

5.4.5 工程总承包模式的发承包咨询数据资产

《国务院办公厅关于促进建筑业持续健康发展的意见》（国办发〔2017〕19号）明确提出："完善工程建设组织模式，加快推行工程总承包"。工程总承包（Engineering Procurement Construction，EPC）是指从事工程总承包的单位按照与投资人（或投资人）签订的合同，对工程项目的设计、采购、施工等实行全过程或者若干阶段承包，并对工程的质量、安全、工期和造价等全面负责的工程建设组织实施方式。

全过程工程咨询单位接受投资人的委托，根据投资人的要求和项目前期资料，科学合理地开展工程总承包项目发承包咨询工作，招标过程可参考传统工程发承包模式（DBB）的内容，但由于工程总承包项目自身的特殊性，全过程工程咨询单位在开展发承包咨询时呈现如下特点：

1. 发包方式选择

工程总承包项目可以依法采用招标（公开招标、邀请招标）或者直接发包的方式选择工程总承包人。工程总承包项目范围内的设计、采购或者施工中有任一项属于依法必须招标的，应当采用招标的方式选择工程总承包单位。

2. 招标文件编制

工程总承包项目由于其发标前具备的准备条件，与传统DBB发承包模式所具备的条件不同，全过程工程咨询单位在编制招标文件时，应重点关注下列内容。

（1）发包前完成水文、地勘、地形等勘察和地质资料的整理供承包人参考，收集工程可行性研究报告、方案设计文件或者初步设计文件等基础资料，确保其完整性和准确性；

（2）招标的内容及范围，主要包括设计、采购和施工的内容及范围、规模、标准、功能、质量、安全、工期、验收等量化指标；

（3）投资人与中标人的责任和权利，主要包括工作范围、风险划分、项目目标、价格形式及调整、计量支付、变更程序及变更价款的确定、索赔程序、违约责任、工程保险、不可抗力处理条款、投资人指定分包内容等；

（4）要求采用建筑信息模型（BIM）或者装配式技术等新技术的，在招标文件中应当有明确要求和费用的分担。

3. 评标办法

工程总承包项目评标一般采用综合评估法，评审的主要因素包括承包人企业信用、工程总承包报价、项目管理组织方案、设计方案、设备采购方案、施工组织设计或者施工计划、工程质量安全专项方案、工程业绩、项目经理资格条件等。全过程工程咨询单位应结合拟建项目情况，针对上述主要评审因素认真进行研究，科学制订项目的评标办法和细则。

4. 合同计价方式

工程总承包项目宜采用固定总价合同。全过程工程咨询单位应依据住房和城乡建设主管部门制定的计价规则，为投资人拟订合法科学的计价方式和条款，并协助投资人和总承包人在合同中约定具体的工程总承包计价方式和计价方法。

依法必须招标的工程项目，合同固定价格应当在充分竞争的基础上合理确定。除合同约定的变更调整部分外，合同固定价格一般不予调整。

5. 风险分担

全过程工程咨询单位应协助投资人加强风险管理，在招标文件、合同中约定合理的风险分担方法。投资人承担的主要风险一般包括：

（1）投资人提出的建设范围、建设规模、建设标准、功能需求、工期或者质量要求的调整；

（2）主要工程材料价格和招标时基价相比，波动幅度超过合同约定幅度的部分；

（3）因国家法律法规政策变化引起的合同价格的变化；

（4）难以预见的地质自然灾害、不可预知的地下溶洞、采空区或者障碍物、有毒气体等重大地质变化，其损失和处置费由建设单位承担；因工程总承包单位施工组织、措施不当等造成的上述问题，其损失和处置费由工程总承包单位承担；

（5）其他不可抗力所造成的工程费用的增加。

除上述投资人承担的风险外，其他风险可以在合同中约定由工程总承包人承担。

5.5 竣工验收阶段数据资产

5.5.1 竣工验收阶段数据资产概述

全过程工程咨询单位在本阶段主要以工程资料整理、竣工验收、竣工结算为主。一方面需要整理和收集从决策、设计、发承包、实施等阶段中形成的过程文件、图纸、批复等资料，同时，协助投资人完成竣工验收、结算、移交等工作；另一方面，把经过检验合格的建设项目及工程资料完整移交给运营人进入运营阶段。

竣工阶段完成后，项目建设过程基本结束，各方集合对项目组织竣工验收并收集竣工资料。全过程工程咨询单位以此为基础进行项目结算或项目决算审核。竣工验收合格后，项目进入保修期，在全过程工程咨询机构的监管协调下进行项目移交工作。

依据《建设工程项目管理规范》GB/T 50326—2017，项目竣工管理包括竣工收尾、竣工验收、竣工结算、竣工决算、回访保修及管理考核评价等。具体工作内容详见图5-7。

图5-7 竣工管理流程示意

完成竣工阶段后，主要咨询数据资产包括：

1. 合格的建设项目产品

通过实施阶段完成的合格的建筑物、构筑物及构配件和其他设施，满足规模目标、功能目标、需求目标和使用目标的要求。

2. 竣工验收报告

在工程项目竣工之后，由相关部门成立的专门验收机构组织专家进行质量评估验收以后形成的书面报告。

3. 档案资料

档案资料包括项目建设、管理过程中形成的，具有保存价值的各种形式的历史记录和存档依据。

4. 竣工结算编制（审核）报告

竣工结算是承包人按照合同约定的内容完成全部工作，经投资人和有关机构验收合格后，发承包双方依据约定的合同价款的确定和调整以及索赔等事项，最终计算和确定竣工项目工程价款的文件。竣工结算一般由承包人或其委托有资质的造价咨询机构编制，由投资人委托有资质的全过程工程咨询单位审查，竣工结算审定结果文件应由结算编制人（承包人）、结算审查委托人（投资人）、结算审查受托人共同签署。

5. 竣工决算编制（审核）报告

在工程竣工验收交付使用阶段，由建设单位编制的建设项目从筹建到竣工验收、交付使用全过程中实际支付的全部建设费用。竣工决算是整个建设工程的最终价格，是作为建设单位财务部门汇总固定资产的主要依据。

5.5.2 项目竣工验收阶段数据资产

项目竣工验收是施工全过程的最后一道程序，也是整个项目管理的最后一项工作，它是建设投资成果转入生产或使用的标志，也是全面考核效益、设计、监理、施工质量的重要环节。项目竣工验收阶段的数据资产包括：

1. 相关依据

现行国家法律、法规等，包括《建设工程质量管理条例》（2019年修正版）、《建筑工程施工质量验收统一标准》GB 50300—2013，现行设计、施工规范、规程和质量标准，国家有关行政主管部门对该项目的批复文件，工程设计文件，设备技术资料，招标投标及合同文件、施工日志及施工过程中设计修改变更通知书等，竣工图及说明，设计变更、修改通知单，引进项目的合同和国外提供的技术文件，验收资料，其他相关资料。

2. 验收报告和合格报告

（1）验收报告。

建筑工程施工质量应按下列要求进行验收，并提供相应验收报告：

①工程质量验收均应在施工单位自检合格的基础上进行；

②参加工程施工质量验收的各方人员应具备相应的资格；

③检验批的质量应按主控项目和一般项目验收；

④对涉及结构安全、节能、环境保护和主要使用功能的试块、试件及材料，应在进场时或施工中按规定进行见证检验；

⑤隐蔽工程在隐蔽前应由施工单位通知监理单位进行验收，并应形成验收文件，验收合格后方可继续施工；

⑥对涉及结构安全、节能、环境保护和使用功能的重要分部工程应在验收前按规定进行抽样检验；

⑦工程的观感质量应由验收人员现场检查，并应共同确认。

（2）合格报告。

建筑工程施工质量验收合格应符合下列规定，并形成合格报告：

①符合工程勘察、设计文件的要求；

②符合本标准和相关专业验收规范的规定。

3. 专项检测报告

专项检测报告应包括桩基（复合地基）检测，幕墙三性检测，环境空气质量检测，水质检验（二次供水），卫生防疫检测，人防通风检测，防雷检测，消防设施检测，电器检测，锅炉、电梯、压力容器、压力管道委托检测及使用证办理等，检测结论报告在进行专项验收时提交。

4. 专项测量报告

专项测量报告主要包括室内地坪测量，间距测量，高度测量，建筑面积测量以及竣工地形图测绘，市政公共配套设施的位置、尺寸、规模，建筑工程的绿地率等报告。此外，在竣工验收后还应及时完成房产面积测量，并向当地房产部门备案，以便房产证的办理。

5. 验收报告

建筑工程质量验收按《建筑工程施工质量验收统一标准》GB 50300—2013的规定，建筑工程施工质量验收报告应划分为单位工程、分部工程、分项工程和检验批。

（1）单位工程验收报告。

在单位工程完工后，由承包人（施工单位）组织有关人员进行自检。全过程工程咨询的总咨询师以及专业咨询工程师（监理）对工程质量进行竣工预验收。存在施工质量问题时，应由施工单位整改。整改完毕后，由施工单位向建设单位提交工程竣工报告，申请工程竣工验收，形成验收报告。

（2）分部工程验收报告。

分部工程可由全过程工程咨询单位的总咨询师以及专业咨询工程师（监理）、组织承包人（施工单位）的项目负责人和项目技术负责人等进行验收。专业咨询工程师（勘察、设计）的项目负责人和承包人（施工单位）技术、质量部门负责人参加地基与基础分部工程的验收。专业咨询工程师（设计）的项目负责人和承包人（施工单位）技术、质量部门负责人参加主体结构、节能分部工程的验收，形成验收报告。

（3）分项工程。

分项工程可由全过程工程咨询单位的专业咨询工程师（监理）、组织承包人（施工单位）的项目专业技术负责人等进行验收，形成验收报告。

（4）检验报告。

检验批应由全过程工程咨询单位的专业咨询工程师（监理）、组织承包人（施工单位）的项目专业质量检查员、专业工长等进行验收，形成检验报告。

（5）专项工程验收报告。

鉴于建设项目工程的复杂性、特殊性和阶段性，结合合同标段的划分等因素。竣工阶段需进行的专项验收包括电梯等特种设备、环保、消防、防雷、卫生防疫以及人防验收、生产工艺等。当专业验收规范对工程中的验收项目未做出相应规定时，可由全过程工程咨询单位的总咨询师协助投资人来组织专业咨询工程师（监理、设计）以及承包人（施工单位）等相关方制定专项验收要求。涉及安全、节能、环境保护等项目的专项验收要求可由全过程工程咨询单位的总咨询师协助投资人组织专家论证，形成验收（论证）报告。

5.5.3 项目竣工结算阶段数据资产

1. 相关依据

竣工结算编制依据包括影响合同价款的法律、法规和规范性文件，现场踏勘复验记录，施工合同、专业分包合同及补充合同、有关材料、设备采购合同，与工程结算编制相关的国务院建设行政主管部门以及各省、自治区、直辖市和有关部门发布的建设工程造价计价标准、计价方法、计价定额、价格信息、相关规定等计价依据等。

2. 竣工结算编制

竣工结算编制包括结算编制准备（收集与工程结算相关的编制依据等）、结算编制（根据工程施工图或竣工图以及施工组织设计进行现场踏勘，并做好书面或影像记录等）、结算定稿等。

3. 项目竣工结算审核

项目竣工结算审核包括审核依据（影响合同价款的法律、法规和规范性文件等）、工程结算审查准备（审查工程结算书的完备性、资料内容的完整性等）、工程结算审查（项目范围、内容与合同约定的项目范围、内容一致性等）、工程结算审定（召开由工程结算编制人、工程结算审查委托人及工程结算审查人共同参加的会议，听取意见，并进行合理的调整等）。

5.5.4 项目竣工资料管理数据资产

建设项目的竣工资料管理工作非常重要，一切工程建设活动，无论其过程如何复杂，最终只能留下两个建设结果：一个是工程实体本身，另一个就是竣工资料。除建筑实体本身，竣工资料质量也是建设项目质量管理的重要组成部分。

1. 相关依据

项目竣工资料管理的相关依据包括《中华人民共和国档案法》《关于编制基本建设工程竣工图的几项暂行规定》《建设工程质量管理条例》《建筑工程施工质量验收统一标准》GB 50300—2013、《市政工程施工技术资料管理规定》（建城

〔2002〕221号）、《科学技术档案案卷构成的一般要求》GB/T 11822—2008、《建设工程文件归档规范（2019年版）》GB/T 50328—2014、《照片档案管理规范》GB/T 11821—2002、《声像档案建档规范》ZKY/B-002-5—2006、《技术制图复制图的折叠方法》GB/T 10609.3—2009以及其他相关规定。

2. 项目竣工资料管理内容

竣工资料档案管理的主要内容包括归档资料的范围、质量要求，归档资料的立卷，资料的归档，档案的验收。

（1）竣工资料归档范围。

对与工程建设有关的重要活动、记载工程建设主要过程和现状、具有保存价值的各种载体的文件，均应收集齐全，整理立卷后归档。归档资料可归纳为文字资料、竣工图以及声像资料三种类型。

（2）竣工资料归档质量要求。

竣工归档的资料必须依照《建设工程文件归档规范》GB/T 50328—2019中对于归档文字资料、竣工图以及声像资料的要求来整理资料，文字资料、竣工图以及声像资料的归档应符合相应要求。

（3）竣工资料的归档。

根据建设程序和工程特点，归档可以分阶段分期进行，也可以在单位或分部工程通过竣工验收后进行，勘察、设计单位应当在任务完成时，施工、监理部门应当在工程竣工验收前，将各自形成的有关工程档案向建设单位归档。

（4）竣工档案的验收。

全过程工程咨询单位在组织工程竣工验收前，应提请城建档案管理机构对工程档案进行预验收。建设单位未取得城建档案管理机构出具的认可文件，不得组织工程竣工验收。城建档案管理部门在进行工程档案验收时，应重点对工程档案的齐全、系统、完整、内容真实性等进行验收。

5.5.5 项目竣工移交阶段数据资产

1. 相关依据

建设项目竣工档案移交时应严格按照国家相关规定开展工作，其主要依据包括《基本建设项目档案资料管理暂行规定》《建设工程文件归档规范》GB/T 50328—2019、《建设项目档案管理规范》DA/T 28—2018以及其他规定。

2. 项目竣工归档文件移交内容

竣工归档文件的归档范围及保管期限按《建设工程文件归档规范》GB/T

50328—2019 的规定执行。具体包括工程准备阶段文件、监理文件、施工文件、竣工图、竣工验收文件等。

5.5.6 项目竣工决算阶段数据资产

1. 相关依据

项目竣工决算的相关依据包括影响合同价款的法律、法规和规范性文件，项目计划任务书及立项批复文件，项目总概算书和单项工程概算书文件，经批准的设计文件以及设计交底、图纸会审资料，招标文件和最高投标限价，工程合同文件，项目竣工结算文件以及其他有关项目管理的文件。

2. 项目竣工决算的主要内容

项目竣工决算的主要内容包括项目竣工决算依据，项目账务、债务和结算物资，项目竣工决算报告，竣工决算说明书，项目竣工决算文件报告、项目竣工决算审查结论等。

5.5.7 项目竣工备案阶段数据资产

1. 相关依据

项目竣工备案的相关依据包括《中华人民共和国建筑法》《建设工程质量管理条例》、建设项目工程资料（合同文件、建设工程竣工验收报告等）。

2. 项目竣工备案主要内容

项目竣工备案主要内容包括工程竣工报告、竣工验收报告、工程质量监督报告、城建档案管理部门对工程档案资料的验收意见、备案机关在验证竣工验收备案文件齐全后，在竣工验收备案表上签署验收备案意见并签章。

5.5.8 项目保修期管理阶段数据资产

1. 相关依据

项目保修的相关依据包括《中华人民共和国建筑法》《建设工程质量管理条例》、合同文件等。

2. 项目保修期管理的主要内容

项目保修期管理的主要内容包括：工程质量保修范围、工程质量保修期限、工程保修责任、处理方法等。

5.6 运营阶段数据资产

5.6.1 运营阶段概述

在运营阶段,需要适时对建设项目的决策和实施进行评价和总结,需要对建设项目进行运营管理,通过运营管理,检验其决策是否科学有效。该阶段的主要工作包括进行项目后评价(包括自我评价和其他项目后评价)、进行项目绩效评价、进行运营管理策划和资产管理。

全过程工程咨询单位在本阶段的主要任务包括:

(1)通过评估,评价建设项目全过程的教训和经验,提炼项目决策要点,为下一个建设项目提供更完善的决策参考依据;

(2)协助运营人,为建设项目提供清晰的影响运营的主要设备材料清单以及该设备材料的使用要求和使用寿命,协助规划其大、中、小修方案和费用估算;

(3)在决策阶段时,收集运营人的运营管理需求和意见以及使用人的需求和意见,为下一次决策提供参考。

5.6.2 项目后评价阶段数据资产

项目后评价是指在项目竣工验收并投入使用或运营一定时间后,运用规范、科学、系统的评价方法与指标,将项目建成后所达到的实际效果与项目的可行性研究报告、初步设计(含概算)文件及其审批文件的主要内容进行对比分析,找出差距及原因,总结经验教训、提出相应对策建议,并反馈到项目参与各方,形成良性项目决策机制。根据需要,可以针对项目建设(或运行)的某一问题进行专题评价,可以对同类的多个项目进行综合性、政策性、规划性评价。

根据《国家发展改革委关于印发中央政府投资项目后评价管理办法和中央政府投资项目后评价报告编制大纲(试行)的通知》(发改投资〔2014〕2129号)中规定,参加过同一项目前期、建设实施工作及编写项目自我总结评价报告的工程咨询机构,不得承担该项目的后评价任务。因此,全过程工程咨询单位一方面可以对承担项目自我总结和评价报告;另一方面可以承担未参与过项目咨询的项目后评价任务。

1. 相关依据

项目后评价的相关依据包括建设项目工程资料、运营阶段资料、项目自我总结评价报告、《中央企业固定资产投资项目后评价工作指南》（国资发规划〔2005〕92号）、《国家发展改革委关于印发中央政府投资项目后评价管理办法和中央政府投资项目后评价报告编制大纲（试行）的通知》（发改投资〔2014〕2129号）、全过程工程咨询单位的知识和经验体系以及其他相关资料。

2. 项目后评价主要内容

项目后评价主要内容包括资料收集（现场调查、访谈以及建设项目工程资料收集，详见表5-2）、后评价报告（项目概况、项目过程评价、项目效果评价、项目目标及可持续性评价、项目总结，详见表5-3～表5-5）等。

项目资料收集清单　　表5-2

阶段	序号	文件名称	文件内容
决策阶段	1	项目批复资料	包括前述立项报批的批复文件、规划意见书、建设用地规划许可证、建设工程规划许可证、施工许可证、环评批复、质量监督注册、施工图审查意见、消防审查意见等
决策阶段	2	内部决议文件	包括项目评价意见、专家论证意见、投资决策意见、办公会会议纪要、董事会决议等
决策阶段	3	内容调整文件及批复	包括项目规划内容的调整报告及批复文件、项目设计的调整报告及批复文件、项目概算的调整报告及批复文件、项目目标的调整报告及批复文件等
决策阶段	4	融资文件	包括融资方案、金融机构出具的融资承诺文件等
设计阶段	5	项目勘察资料	包括初步堪察报告、详细堪察报告等
设计阶段	6	项目设计资料	包括全部版本的初步设计图、施工图、设计方案等
发承包阶段	7	招标采购资料	包括招标统计表、招标管理台账、招标公告、招标文件、资料审查报告、开标会记录、投标文件、评标报告、中标通知书、商务谈判纪要等
发承包阶段	8	项目开工资料	包括项目开工报告、经理任命通知书、施工组织方案等
发承包阶段	9	项目合同资料	包括合同统计报表、合同管理台账、合同文件全文及相应的合同审批记录等
发承包阶段	10	项目变更资料	项目的全部变更、签证文件和审批记录，变更签证台账以及项目编制的与本项目变更签证有关的总结或报告
实施阶段	11	项目质量资料	包括项目的质量验收资料及总结等

续表

阶段	序号	文件名称	文件内容
实施阶段	12	项目进度资料	包括项目进度执行情况资料及总结等
实施阶段	13	项目安全管理资料	包括项目安全管理执行情况资料及总结等
实施阶段	14	项目成本资料	包括项目控制指标、阶段成本分析报告及控制资料等
实施阶段	15	项目财务资料	包括项目合同台账与支付统计报表、项目的资金收支台账以及项目的借贷融资统计报表等
竣工阶段	16	竣工验收资料	包括竣工验收报告、竣工阶段各单位的总结以及各专项的验收意见等
竣工阶段	17	结算资料	包括结算书、结算审核、变更汇总、结算台账等
竣工阶段	18	自我评价	项目自我总结评价
运营阶段	19	管理组织	包括运营组织管理架构、组织定员、运营管理制度、措施等
运营阶段	20	生产及销售资料	包括生产计划、实际生产情况及阶段性生产工作总结、项目销售计划、实际销售情况简介及阶段性市场营销工作总结等
运营阶段	21	财务经营分析	包括自投入使用至今的经营分析报告、财务分析报告、年度决算报告及预算报告、阶段性总结报告
运营阶段	22	审计资料	包括稽查报告、财务审计报告、专项审计报告、专项检查报告等

项目过程评价主要要点　　表5-3

序号	阶段	内容	评价要点
1	决策阶段	项目立项	立项理由是否充分、依据是否可靠，建设目标与目的是否明确；项目是否符合经济社会发展规划和部门年度工作计划；是否根据需要制定中长期实施规划等
1	决策阶段	项目决策过程和程序	决策程序是否合规；决策方法是否科学；决策内容是否完整；决策手续是否齐全
1	决策阶段	项目评估	项目评估格式是否规范；报告内容是否完整；引用数据与参数是否可靠；分析方式是否科学；论证结论是否合理；项目评估深度是否满足决策者的需要等
1	决策阶段	可行性研究报告	报告收费水平是否合理；可行性研究阶段的目标是否明确、合理；项目建设规模是否合规；计算方法是否科学；内容深度是否符合国家有关要求；项目风险分析是否充分等
1	决策阶段	勘察工作	承担勘察任务单位的资质、信誉状况是否满足项目建设的需要；勘察时是否遵循国家、相关部委的依据、标准、定额、规范等，是否与规定的勘察任务书一致；工程测绘和勘察深度及资料是否满足工程设计和建设的需要，质量水平是否符合要求及水平高低等

续表

序号	阶段	内容	评价要点
2	设计阶段	设计工作	承担设计任务单位的资质、信誉状况是否满足项目建设的需要；设计时是否遵循国家、相关部委的依据、标准、定额、规范等，是否与规定的设计任务书一致；项目设计方案是否切合实际、技术先进、经济合理、安全适用；设计图纸的质量是否满足要求及水平高低等
3	发承包阶段	合同签订	合同签订的依据和程序是否合规，合同谈判、签订过程中的监督机制是否健全，合同条款是否合理和合法；合同文本是否完善等
		征地拆迁	征地拆迁安置计划、安置率、生计水平、发展机会等
		资金筹措	资金来源是否按预想方案实现，资金结构、融资方式、融资成本是否合理，风险分析是否到位；融资担保手续是否齐全等
		开工准备	劳动组织准备工作质量、技术准备工作质量、物资准备工作质量、施工现场准备工作质量等
		采购招标	是否按国家招标投标法规定进行了政府投资项目的招标；招标文件的编制质量是否满足要求及水平的合理性；投标单位是否有串通投标和不正当的投标行为；投标书的编制质量是否满足要求及水平的高低等

项目效果评价要点　　　　　　表5-4

序号	内容	指标	评价要点
1	项目技术水平	设备、工艺及辅助配套技术水平	对项目所使用的新技术、新工艺、新设备、新材料等的水平进行评价
		国产化水平	采用国产化设备与进口设备的情况，并对采用进口设备原因进行分析
		技术效果	对技术的适用性、经济性及安全性进行评价
		资源利用状况	对项目的排放情况、能耗水平及能源利用情况进行评价
2	项目财务经济效益评价	资产及债务状况	项目总投资、资本金比例、项目资产、项目负债、项目所有者权益等
		偿债能力指标	借款偿还期、利息备付率、偿债备付率、资产负债率等
		财务效益分析指标	内部收益率、净现值率、投资回收期、总投资回报率、权益资金净利润率、投资利润率等
		运营能力指标	应收账款周转率、存货周转率、流动资产周转率、流动资产周转期、固定资产周转率、固定资产周转期等
		其他指标	单位费用效能、资金利用率等

续表

序号	内容	指标	评价要点
3	项目经营管理评价	管理机构	对现行管理机构设置情况及领导班子成员情况进行评价
		管理体制及规章制度	对现行管理制度及规章制度的合理性、合规性、完整性进行评价，对生产项目包括安全生产应急预案、消防应急预案等文件情况进行评价
		经营管理策略	项目运营管理模式、营销策略、推广计划等评价
		项目技术人员培训情况	项目技术人员在岗人数、比例及培训等情况
4	项目环境效益评价	环境管理	对项目环保达标情况，项目环保设施及制度建设和执行情况进行评价
		污染控制	项目的废气、废水和废渣及噪声是否在总量和浓度上都达到了国家和地方政府颁布的标准
		对地区环境质量的影响	分析主要以对当地环境影响较大的若干种污染物为对象，这些物质与环境背景值相关，并与项目的"三废"排放有关
		自然资源的利用和保护	对节约能源、节约水资源、土地利用和资源的综合利用率、能耗总量等情况进行分析
		对生态平衡的影响	主要是指人类活动对自然环境的影响
5	项目社会效益评价	对项目主要利益群体的影响	项目在施工期和运营期对各个不同利益群体产生的实际影响，特别是对受益、受损、弱势群体的影响和态度
		项目建设实施对地区发展的影响	建设项目对地区经济、文化、医疗、教育等方面的影响
		对当地就业和人民生活水平提高的影响	建设项目提供的就业机会情况及薪酬水平，对人民生活水平的影响
		投资项目征迁安置的影响	涉及拆迁安置的，应了解相关群体的受影响程度，以及采取的减缓措施和有关工作的管理质量和水平
		对所在地区少数民族风俗习惯和宗教的影响	涉及少数民族的，应考虑建设项目对少数民族在文化方面的影响

目标及可持续性评价要点 表5-5

序号	内容	指标	评价要点或说明
1	质量目标	设计质量	设计标准及功能、设计工作质量，技术标准或工艺路线、可施工性、可运营性等
		工程质量	材料质量、设备质量、建筑质量等
		运营质量	项目的整体使用功能、产品或服务质量、运营的安全性、运营和服务的可靠性、可维修性及方便拆除情况等

续表

序号	内容	指标	评价要点或说明
2	投资（费用目标）	全生命周期费用	建设总投资、运营（服务）成本、维护成本、单位生产能力投资、社会和环境成本等
		收益	运营收益、年净收益、总净收益、投资回报率等
3	时间目标	项目基本时间	建设期、投资回收期、维修或更新改造周期等
		工程寿命	工程的设计寿命、物理服务寿命、经济服务寿命等
		产品的市场周期	市场发展周期、高峰期、衰败期等
4	职业健康安全目标	卫生指标	废弃物处理能力及标准、排污、排尘、排噪标准等
		健康指标	平均寿命、增加的寿命年限、质量调整的寿命年限等
		安全生产指标	有毒有害气体泄漏标准、易燃易爆物体存放标准、消防标准、危险源辨识标准及应急措施、劳动保护用品配置标准等
5	各方满意指标	用户满意	产品或服务价格、产品或服务的安全性、产品或服务的人性化等
		投资者满意	投资额、投资回报率、降低投资风险等
		业主满意	项目的整体目标、工程目标、经济目标、质量目标等
		承包人和供应商满意	工程价格、工期、企业形象等
		政府满意	繁荣与发展地区经济、增加地方财力、改善地方形象、政绩、就业和其他社会问题等
		生产者满意	工作环境（安全、舒适、人性化）、工作待遇、工作的稳定性等
		项目周边组织满意	保护环境、保护景观和文物、工作安置、拆迁安置或赔偿、对项目的使用要求等
6	与环境协调目标	与政治环境协调	可按环境系统结构进一步分解： （1）项目与生态环境的协调； （2）建筑选型、空间布置与环境整体和谐； （3）建设规模应与当时、当地的经济能力相匹。应具有先进性和适度的前瞻性； （4）节约使用自然资源，特别是不可再生资源； （5）继承民族优秀文化，不破坏当地的社会文化； （6）在项目的建设和运行过程中行为合法； （7）项目应符合上层系统的需求，对地区、国民经济部门发展有贡献
		与经济环境协调	
		与市场环境协调	
		与法律环境协调	
		与自然环境协调	
		与周边环境的协调	
		与上层组织的协调	
		与其他方面的协调	
7	对地区和城市可持续发展的贡献目标	政策环境	行业现行政策环境
		社会经济发展指标	人口、就业结构、教育、基础设施、物流条件、社会服务和保障、GDP、地方经济等

5.6.3 项目绩效评价阶段数据资产

财政支出（项目支出）绩效评价（以下简称"项目绩效评价"）是指评估机构（以下简称"全过程工程咨询单位"）接受财政部门、预算部门（单位）委托，根据设定的绩效目标，运用科学、合理的绩效评价指标、评价标准和评价方法，对财政支出（项目支出）的经济性、效率性和效益性进行客观、公正的评价。

1. 项目绩效评价的相关依据

项目绩效评价的相关依据包括项目所涉及的国家相关的法律、法规和规章制度，各级政府制定的国民经济与社会发展规划和方针政策，预算部门职能职责、中长期发展规划及年度工作计划，申请预算时提出的绩效目标及其他相关材料，财政部门预算批复，财政部门和预算部门年度预算执行情况，年度决算报告，人大审查结果报告、审计报告及决定、财政监督检查报告，全过程工程咨询单位的知识和经验体系以及其他相关资料。

2. 项目绩效评价的内容

其内容主要包括项目绩效评价目的、评价对象及评价内容、数据收集和分析方法、评价方法（成本效益分析法、比较法、因素分析法、最低成本法、公众评判法等）、项目绩效评价指标（具体指标、指标权重、指标解释、数据来源、评价标准及评分方法等，详见表5-6）以及项目绩效评价报告。

项目绩效评价业务指标框架表　　　　　　　　表5-6

一级指标	权重（根据项目具体情况设定）	二级指标（根据项目具体情况局部调整）	三级指标（供参考，根据项目具体情况设定）	指标解释
项目决策	15±5	战略目标适应性	项目与战略目标《部门职能》的适应性	项目是否能够支持部门目标的实现，是否符合发展政策和优先发展重点
		立项合理性	项目立项的规范性	项目的申请、设立过程是否符合相关要求，立项资料是否齐全。用以反映和考核项目立项的规范情况
			立项依据的充分性	项目立项是否有充分的依据
			绩效目标的合理性	项目所设定的绩效目标是否依据充分，是否符合客观实际，用以反映和考核项目绩效目标与项目实施的相符情况
			绩效指标明确性	依据项目申报或执行中绩效目标设定的绩效指标是否清晰、细化、可衡量等，用以反映和考核项目绩效目标与项目实施的相符情况

续表

一级指标	权重（根据项目具体情况设定）	二级指标（根据项目具体情况局部调整）	三级指标（供参考，根据项目具体情况设定）	指标解释
项目管理	20±5	投入管理	预算执行率	预算执行率=实际支出/实际到位预算
			预算资金到位率	到位率=实际到位/计划到位
			配套资金到位率	到位时效主要考查资金是否及时到位。若未及时到位，是否影响项目进度
			资金到位及时率	及时到位资金与应到位资金的比率，用以反映和考核资金落实情况对项目实施的总体保障程度
			资金使用合规性（资金使用情况）	资金使用是否符合有关制度规定
		财务管理	财务（资产）管理制度健全性	是否按规定建立了财务、资产管理制度，内控制度及其执行情况
			成本控制情况	是否按项目进行成本核算及成本差异情况
			会计信息审计结果（或有）	从审计结论中考查会计信息的合规性、准确性、完整性、及时性
			财务监控的有效性	项目实施单位是否为保障资金的安全、规范运行而采取必要的监控措施，用以反映和考核项目实施单位对资金运行的控制情况
		项目实施	管理制度的健全性（保证项目实施的制度、措施的建立情况及制度措施的科学性合理性）	项目实施单位的业务管理制度是否健全，用以反映和考核业务管理制度对项目顺利实施的保障情况
			制度执行的有效性（相关制度和措施执行情况）	项目实施是否符合相关业务管理规定，用以反映和考核业务管理制度的有效执行情况
			项目质量的可控性	项目实施单位是否为达到项目质量要求而采取必需的措施，用以反映和考核项目实施单位对项目质量的控制情况

续表

一级指标	权重（根据项目具体情况设定）	二级指标（根据项目具体情况局部调整）	三级指标（供参考，根据项目具体情况设定）	指标解释
项目绩效	66±5	项目产出	实际完成率（产出数量）	项目实施的实际产出数与计划产出数的比率，用以反映和考核项目产出数量目标的实现程度
			完成及时率（产出时效）	项目实际提前完成时间与计划完成时间的比率，用以反映和考核项目产出时效目标的实现程度
			质量达标率（产出质量）	项目完成的质量达标产出数与实际产出数的比率，用以反映和考核项目的成本节约程度
			成本节约率	完成项目计划工作目标的实际节约成本与计划成本的比率，用以反映和考核项目的成本节约程度
		项目结果	经济效益	项目实施对经济发展所带来的直接或间接影响情况
			环境效益（生态效应）	项目实施对生态环境所带来的直接或间接影响情况

5.6.4 设施管理阶段数据资产

设施管理（Facility Management，FM）是指依据国际设施管理协会（IFMA）和美国国会图书馆的定义，是"以保持业务空间高品质的生活和提高投资效益为目的，以最新的技术对人类有效的生活环境进行规划、整备和维护管理的工作"。它将物质的工作场所与人和机构的工作任务结合起来。它综合了工商管理、建筑、行为科学和工程技术的基本原理。

全过程工程造价咨询机构在本阶段主要通过设施管理的理念提供设施管理方案，或开展评估工作。通过学习国外先进的管理经验，结合中国工程项目的实践情况，对设施管理在中国的运用提出更符合中国国情的工作要求和建议。

1. 相关依据

设施管理的相关依据包括建设项目工程资料、完整的建设项目竣工资料、全过程工程咨询单位的知识和经验体系以及其他相关资料。

2. 设施管理的主要内容

其主要内容包括管理范围、服务（图5-8）等。

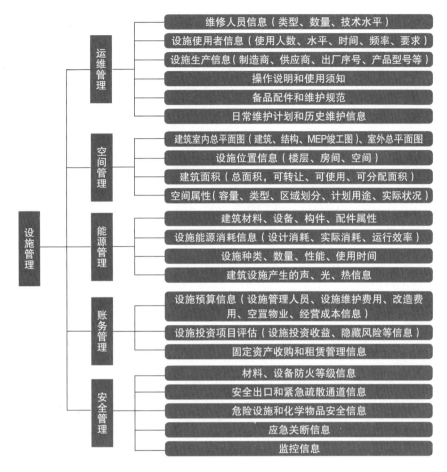

图5-8 设施管理的工作内容

5.6.5 资产管理阶段数据资产

经过竣工验收和检验后的建设项目已转化为合格的建设项目产品，即建筑物。一方面，在竣工阶段，对建设项目产品进行验收，并将完整的、合格的建设产品移交给投资人或产权人，将建设项目产品转化为资产进行管理，同时通过运营发挥其投资作用；另一方面，在运营阶段，通过资产管理实现建设项目的资产价值，是投资人要实现其目标的基础。因此，无论资产管理方是哪个角色，只有对建设项目开展良好的资产管理，才能最大限度地提高资金的价值和利益相关方期望的满意度。

全过程工程造价咨询机构在资产管理的工作内容要求下，在策划和评估方面出具咨询方案，一方面，全过程工程造价咨询机构对资产的增值和运营进行分析，为委托人提供管理依据；另一方面，全过程工程造价咨询机构需充分了解各方需求，为资产管理制订清晰的目标，并为委托人提供合理化建议。

资产管理主要从建设项目的资产增值、运营安全分析和策划、运营资产清查和评估、招商策划和租赁管理等方面进行策划。

1. 相关依据

资产管理的相关依据包括可行性研究报告、验收文档技术资料、使用单位方运行维护目标、设施性能参数、监测的设施性能状况、类似项目后评价资料、运行维护成本实际数据、项目涉及的相关法律法规、全过程工程咨询单位的知识体系及经验以及其他相关资料。

2. 资产管理的主要内容

资产管理的主要内容包括资产管理的目的、资产保值和增值（在建工程转固定资产、设备材料使用年限分析、运营成本分析）、基于设施质量功能目标与性能监测的全生命周期运行维护成本规划与控制（图5-9）、运营安全分析和策划（运营维护指导书、安全应急预案）、建设项目的运营资产清单和评估（资产清查、资产评估）、建设项目的招商策划和租赁管理（招商策划、租赁管理）等。

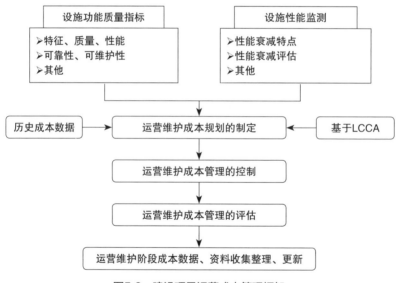

图5-9 建设项目运营成本管理框架

5.7 全过程工程咨询数字管控

5.7.1 全过程工程咨询主数据管理

随着互联网和信息技术应用的日益普及，很多企业为了有效解决日趋复杂的业务经营和管理问题，都在持续大力推进信息化建设工作，陆续开发部署如办公自动化（Office Automation，OA）、工程生产管理系统（Power Production Management System，PMS）、产品生命周期管理系统（Product Lifecycle Management，PLM）、企业资源计划（Enterprise Rescource Planning，ERP）、制造执行系统（Manufacturing Execution System，MES）等，为企业经营效率和管理水平的提升不断注入活力。但在越来越多的信息系统投入运行后，会发现这些系统在数据互联互通、融合协同方面存在着严重的问题，形成诸多信息孤岛和数据烟囱，阻碍了企业由信息化向数字化的换代升级。其主要原因在主数据管理混乱，缺乏统一的规则使其无法相融相通。因此，急需构建完整的主数据管理体系，对主数据实施统一、规范、高效的管理，确保分散的系统间主数据的一致性，改进数据合规性。与此同时，主数据还是数据标准落地的关键载体，是企业实施全面数据管控的核心基础，成功实施主数据管理可以很好地推动全过程工程咨询企业全面建设数据管控体系。

1. 主数据和主数据管理

（1）主数据的特征。

主数据（Master Data，MD）是指满足跨部门业务协同需要的、反映核心业务实体状态属性的基础信息。相对而言，主数据属性相对稳定，准确度要求更高，且可唯一识别。主数据具有跨部门、跨流程、跨主题、跨系统、跨技术等特征。

（2）主数据管理的基本概念。

主数据管理（Master Data Management，MDM）是一系列规则、应用和技术，用以协调和管理与企业的核心业务实体相关的系统记录数据。主数据管理的关键活动包括理解主数据的整合需求，识别主数据的来源，定义和维护数据整合架构，实施主数据解决方案，定义和维护数据匹配规则，根据业务规则和数据质量标准对收集到的主数据进行加工清理，建立主数据创建、变更的流程审批机制，实现各个关联系统与主数据存储库的数据同步，方便修改、监控、更新关联系统的主数据变化。

通过对主数据值进行控制，使得企业可以跨系统地使用一致的和共享的主数据，提供来自权威数据源的、协调一致的高质量主数据，降低成本和复杂度，从而支撑跨部门、跨系统的数据融合应用。

2. 主数据标准管理

主数据标准管理的目标是通过统一的标准制定和发布，结合制度约束、系统控制等手段，为主数据的唯一性、完整性、有效性、一致性、规范性管理提供支持和保障。

主数据标准包含业务标准（编码规则、分类规则、描述规则等）、主数据模型标准。主数据标准体系在建设梳理的过程中，一般会衍生出一套代码体系表（或称为主数据资产目录）。

（1）主数据业务标准。

主数据业务标准是对主数据业务含义的统一解释及要求，包括主数据来源、主数据的管理级次、统一管理的基础数据项、数据项在相关业务环境中产生过程的描述及含义解释、数据之间的制约关系、数据产生过程中所要遵循的业务规则。

主数据业务规则包含主数据各数据项的编码规范、分类规则和描述规则等。

①编码规则：主数据代码的编码规则。例如，咨询项目代码采用以"1"开头的8位无含义数字流水码。

②分类规则：依据相关业务环境和管理需求形成分类规则。例如，根据咨询项目的标的金额及所包括范围的大小，可以将咨询项目分为大、中、小三类。

③描述规则：又被称为命名规范。例如，咨询描述规则包括具体咨询描述规则的定义，主要解决咨询项目描述的规范化问题。

（2）主数据模型标准。

主数据模型标准包含主数据逻辑模型和主数据物理模型。

①主数据逻辑模型：将高级的业务概念以主数据实体/属性及其关系的形态在逻辑层面上更详细地表达出来，主要表现形式是实体关系图（Entity Relation Diagram，ERD）。

②主数据物理模型：又被称为主数据的存储结构表。咨询业务在应用环境中对数据的统一技术要求包括数据长度、数据类型、数据格式、数据的缺省值、可否为空的定义、索引、约束关系等，以保证数据模型中设计的结果能够真正落地到某个具体的数据库中，并提供了系统初始设计所需要的基础元素，以及相关元素之间的关系。

（3）主数据代码体系表。

主数据代码体系表（又称为主数据资产目录）：描述全过程工程咨询企业信息化建设过程中所使用的主数据代码种类、各类主数据代码名称、代码属性（分类、明细、规则等）采（参）标号及代码建设情况的汇总表。它是企业主数据代码查询和应用的依据，同时也是主数据代码的全局性和指导性文件。主数据代码体系表主要结合了企业的经营管理特点，服务于企业信息化建设。主要包括两部分内容：第一是企业信息代码体系表的框架结构及分类；第二是所有分类下的信息代码标准明细及建设情况。

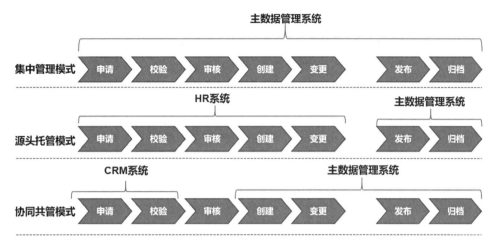

图5-10　主数据全生命周期管理模式

3. 主数据全生命周期管理

主数据全生命周期管理是指采用必要的管理工具，依据管理职责，按照规范的流程对主数据生命周期各环节实施管理行为。主数据全生命周期管理通常包括申请、校验、审核、创建、发布、变更、冻结、归档等。由于不同的主数据具有各自的情况和特点，各类主数据在全过程工程咨询企业内的全生命周期管理流程都不尽相同，因此需要对每类主数据按照不同的流程进行全生命周期管理设计，以实现主数据管理最合理的分工和协同。如图5-10所示，主数据全生命周期管理通常有以下三种模式。

（1）集中管理模式。

主数据全生命周期管理都在主数据管理系统内完成，不依赖其他业务系统的支持和协同。这种模式一般针对不需要其他业务数据支持的主数据，如全过程工程咨询项目代码主数据。

（2）源头托管模式。

将主数据全生命周期管理全部委托给业务系统的管理模式。这种模式适用于采用业务数据作为参考数据的主数据，如全过程工程咨询项目的决策阶段主数据。

（3）协同共管模式。

源头业务系统和主数据系统按照协同规则对主数据全生命周期共同管理的模式。这种模式适用于源头系统参与部分管理的主数据，如客户主数据。

4. 主数据应用管理

利用各种技术和管理手段对主数据共享应用进行有效管理，确保主数据被准确、便捷地使用；在有效满足各业务系统主数据共享需求的同时，确保主数据在应用过程中的隐私保护和数据安全。因此，主数据应用管理是企业主数据价值管理的核心。

（1）统一源头集中共享。

企业实施主数据管理就是要解决数据一致性的问题。能否确保"一致性"贯彻始终，是决定主数据管理成败的关键。通常，规模较大的企业的内部业务系统都比较多且数据关系复杂，如果不对主数据共享数据源进行统一管理，则多点引用会带来诸多数据不一致问题，包括数据代码不一致、数据完整性不一致、数据时效性不一致和数据状态不一致等。采用统一源头集中共享方式，可以有效避免这些问题，为主数据在应用环节的一致性提供保障。

要实现统一源头集中共享，需要建立统一的主数据代码库，将集中管理和分散管理的各类主数据代码完整汇集到统一主数据代码库中，并以此为基础构建统一主数据共享资源视图，部署统一的主数据共享平台。所有业务系统都通过统一的共享平台来获取主数据资源，真正实现主数据同源共享，消除主数据在应用过程中出现不一致的情况，确保主数据的一致性。

（2）主数据应用需求管理。

企业的主数据应用要靠业务需求来驱动，没有需求就没有应用。主数据管理是标准化的，但主数据应用需求往往是个性化的，如何解决标准化和个性化的矛盾，使主数据在应用中最大限度地满足业务需求，充分发挥主数据价值，是企业主数据应用需求管理必须解决的问题。通过主数据应用需求管理识别个性化需求的合理性，消除不合理的差异性需求，对合理需求进行抽象和归并，形成统一标准，可以很好地化解主数据标准化和应用需求个性化的矛盾，避免主数据管理与主数据应用出现"两张皮"现象。

（3）主数据应用服务管理。

不同业务、不同系统对主数据应用的方式会有所不同，比如客户关系管理（Customer Relationship Management，CRM）系统需要存储客户主数据以支持销售管理、信用管理和客户服务管理等业务需求，而订单管理系统一般只是用主数据核实客户数据，不需要将主数据保留在本地使用。为满足不同应用场景和需求，提高主数据共享服务的运行效率，主数据应用集成平台一般会部署多个应用服务，主数据应用服务管理可以保证为每个业务和系统匹配最合适的主数据应用服务。主要包括：

①主数据查询服务。为用户提供主数据在线查询的常用方式，用户通过检索条件查询到需要查看的主数据。

②主数据调用服务。为业务系统实时调用主数据的服务方式，一般由业务人

员直接调用主数据。

③主数据同步服务。为确保业务系统的主数据副本与主数据代码库实现数据同步，确保数据一致性，通常采用订阅/分发的方式。

④主数据即时服务。为各个业务系统提供主数据智能检索（模糊、精准等）和即时调用的服务方式，一般支持主数据"只用不存"的业务需求，减少业务系统的数据冗余，保证业务数据的高一致性、高可靠性。

⑤主数据资源服务。利用数据资源提供的数据只读服务，通过数据库视图等方式，满足业务系统、主数据盘点等应用，也便于商务智能（BI）等数据分析系统大批量使用主数据，以弥补在线服务难以支持大批量数据操作的不足。

（4）主数据应用质量管理。

实施主数据应用质量管理就是建立一套机制，从数据一致性、有效性、完整性、合规性等方面进行审计，检查业务系统的主数据应用在质量方面存在的问题，督促对问题的整改，并对存在的问题和整改情况进行有效的管理和监控，确保主数据被业务系统正确使用。

5. 全过程工程咨询企业常用的主数据类型

（1）咨询项目主数据。

咨询数据标准化是加强项目分类管理、提高项目管理水平、实现信息共享的基础工作。项目数据由项目主数据和业务属性数据组成，项目主数据是数据核心的属性，包含项目分类编码、项目明细编码等，而业务属性数据体现各业务部门在各业务环节上对咨询项目管理的需求。

（2）设备主数据。

设备指可供全过程工程咨询企业在生产中长期使用，并在反复使用中基本保持原有实物形态和功能的劳动资料和物质资料的总称。设备主数据包含的信息有基本信息、位置信息、组织机构信息、结构信息、技术参数信息等相关信息，如图5-11所示。

设备主数据是设备管理系统的基础。为确保设备管理系统的有效运行，建设设备主数据管理系统非常重要。设备主数据管理系统通过全过程工程咨询企业设备主数据管理人员与外部EPC（工程总承包）合作伙伴及供应商的合作请求、企业数据收集人

图5-11 设备主数据

员的现场数据校对、用户在日常使用中对数据问题的发现及警示，来保障设备管理系统所用的功能位置、设备、备品备件清单、维修任务清单、测量点各类文档资料等数据收集的及时性、完整性和准确性；并通过将各类设备管理系统进行集成，在建立和修改各类设备主数据的同时，触发这些系统中各类设备主数据的同步更新，确保各系统中各类设备主数据的一致性，从而保证业务处理和分析结果的正确性。设备基础数据是用来定义在企业设备管理中所用到的全部静态数据，主要包含八大类数据，如图5-12所示。

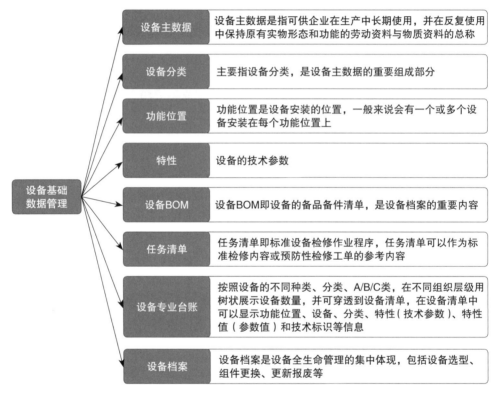

图5-12 设备基础数据管理

（3）资产主数据。

固定资产主数据是全过程工程咨询企业资产管理的应用基础，固定资产编码包括固定资产分类编码和固定资产明细编码。其中，固定资产分类编码适用于固定资产的管理、清查、登记、统计等工作；固定资产明细编码是对固定资产数据进行系统识别和检索的唯一标识。固定资产分类编码应包括企业所拥有的全部固定资产，并以资产的自然属性为第一分类原则，兼顾管理要求与实用性。自然属性是指资产的物理或者化学方面的属性，如经济用途、所有权、使用情况等。固定资产分类还应适应固定资产全生命周期管理的需求，适应信息系统集成、整合、应用一体化管理的要求，做到实用、适用、方便。

（4）财务主数据。

财务主数据主要包括会计科目主数据和银行主数据。

①会计科目主数据。全过程工程咨询企业财务核算与财务预算的应用基础，企业在对会计科目主数据进行编码管理时，应在执行国家统一的一级会计科目的基础上，制定满足本企业经营需要的会计明细科目。会计科目主数据应采用审批制进行管理，其编制标准主要包括编码规则和属性信息两部分内容。

②银行主数据。国内银行和金融机构，以及在境内开展业务的国外银行和金融机构。银行主数据编码由编码规则和属性信息两部分组成。

（5）组织机构和员工主数据。

组织机构主数据应用于全过程工程咨询企业的生产经营管理、人事管理、财务管理，以及企业的决策支持分析。企业组织机构主数据的管理分为组织机构分类编码管理和明细编码管理。

5.7.2 全过程工程咨询元数据管理

随着全过程工程咨询企业的数字化转型，互联网+数字化平台的普遍应用，企业每年收集和使用的数据成倍增长，数据形态多样，标准不统一，多种数据源之间的采集、传播和共享遇到了"瓶颈"。元数据管理作为大数据管控的核心基础设施，是有效管理这些海量数据的基础和前提，在全过程工程咨询企业数字化转型中发挥着重要的作用，并日益得到企业的重点关注。同时，以元数据为核心的大数据管控也被全过程工程咨询企业广泛认可和实施部署。

1. 元数据的定义

元数据最常见的定义是"关于数据的数据"，非常简单也容易引起误解。元数据的信息范围很广，它不仅包括技术和业务流程、数据规则和约束，还包括逻辑数据结构与物理数据结构等。它描述了数据本身（如数据库、数据元素、数据模型）、数据表示的概念（如业务流程、应用系统、软件代码、技术基础设施）、数据与概念之间的联系（关系）。

元数据可以帮助全过程工程咨询企业理解其自身的数据、系统和流程，也可以帮助用户评估数据质量。对数据库与其他应用程序的管理来说，元数据是不可或缺的。元数据有助于处理、维护、集成、保护、审计和治理其他数据。

2. 元数据的分类

元数据通常包括以下三种类型。

（1）业务元数据。

业务元数据包括业务名称、业务定义、业务描述等。业务人员更多关注的是与客户、结算日期、销售金额等相关的内容，这些内容很难从技术元数据中体现出来。

业务元数据广泛地存在于全过程工程咨询企业环境中，来源包括：

①ERP系统。企业资源计划系统（Enterprise Resource Planning，ERP）中存储着大量的业务元数据，比如财务计算公式、过程逻辑、业务规则等。

②报表。报表的表头也是一种业务元数据，特别是那些包含合计、平均数等带有总结性质的列，以及报表中的一些计算公式等。

③表格。与报表类似，Excel的表头和公式也是很重要的业务元数据。与报表不同的是，大多数表格中会有单独一列"描述"，有些表格中还会有一列代码和代码描述，这些都是很有用的业务元数据。

④文件。文件中到处都是业务元数据，比如标题、作者、修改时间等，文件内容中的业务元数据的获取相对比较困难，涉及机器学习等技术。

⑤BI工具。在BI工具中经常会用到的操作就是"钻取"，在向上和向下钻取的过程中通常定义了企业的各种分类结构，例如产品等级和组织结构等级等，这些都是很重要的业务元数据。

⑥数据仓库。数据仓库中也有业务元数据，比如，在构建数据仓库之前，通常需要做大量的调研来研究如何集成多个数据源，这些与数据仓库构建过程相关的文件中存在着大量的业务元数据。

业务元数据使用业务名称、定义、描述等信息表示企业环境中的各种属性和概念。从一定程度上讲，所有数据背后的业务上下文都可以被看成是业务元数据。与技术元数据相比，业务元数据能让用户更好地理解和使用企业环境中的数据，比如用户通过查看业务元数据就可以清晰地理解各指标的含义、指标的计算方法等信息。

下面举两个具体的例子。如图5-13所示，左图是某全过程工程咨询企业中的一张报表，我们可以看到，报表中包含了报表名称、填报时间、制表人和报表表头名称等，这些都是高价值的业务元数据；右图是某公司新员工入职申请表，与报表类似，申请表中的各栏都是业务元数据。

（2）技术元数据。

技术元数据描述有关数据的技术细节、存储数据的系统，以及在系统内和系统之间数据流转过程的信息。以下为技术元数据的示例：

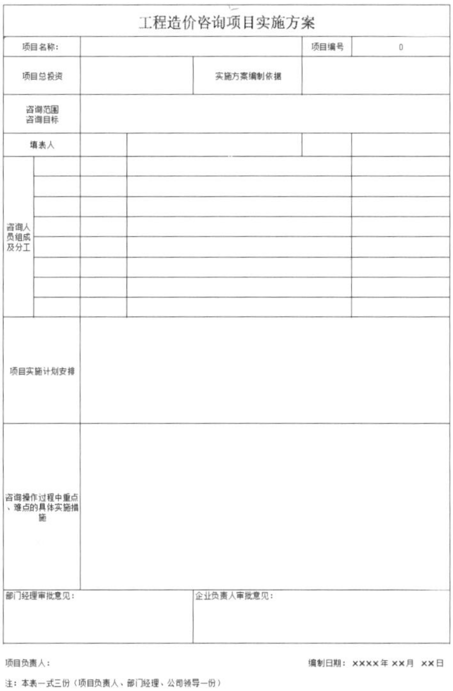

工程造价咨询项目实施方案

项目名称： 项目编号 0

项目总投资 实施方案编制依据

咨询范围
咨询目标

填表人

咨询人员组成及分工

项目实施计划安排

咨询操作过程中重点、难点的具体实施措施

部门经理审批意见： 企业负责人审批意见：

项目负责人： 编制日期：××××年××月 ××日

注：本表一式三份（项目负责人、部门经理、公司领导一份）

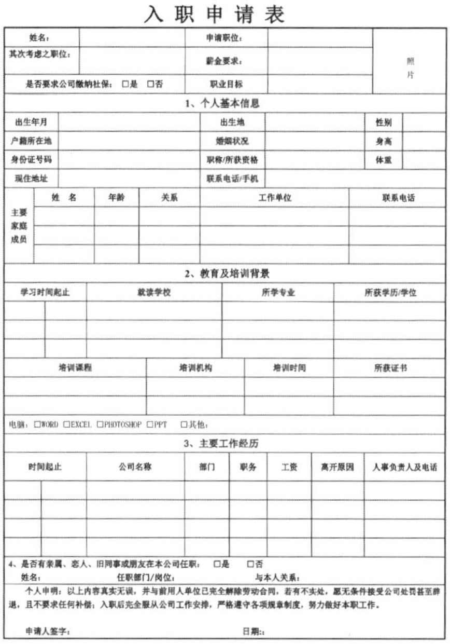

入 职 申 请 表

姓名： 申请职位： 照片

其次考虑之职位： 薪金要求：

是否要求公司缴纳社保： □是 □否 职业目标

1、个人基本信息

出生年月 出生地 性别

户籍所在地 婚姻状况 身高

身份证号码 职称/所获资格 体重

现住地址 联系电话/手机

主要家庭成员 姓 名 年龄 关系 工作单位 联系电话

2、教育及培训背景

学习时间起止 就读学校 所学专业 所获学历/学位

培训课程 培训机构 培训时间 所获证书

电脑：□WORD □EXCEL □PHOTOSHOP □PPT □其他：

3、主要工作经历

时间起止 公司名称 部门 职务 工资 离开原因 人事负责人及电话

4、是否有亲属、恋人、旧同事或朋友在本公司任职： □是 □否

姓名： 任职部门/岗位： 与本人关系：

个人申明：以上内容真实无误，并与前用人单位已完全解除劳动合同，若有不实处，愿无条件接受公司处罚甚至辞退，且不要求任何补偿；入职后完全服从公司工作安排，严格遵守各项规章制度，努力做好本职工作。

申请人签字： 日期：:

图5-13 某全过程工程咨询企业报表和新员工入职申请表

①物理数据库表名和字段名；

②字段属性；

③数据库对象属性；

④访问权限；

⑤物理数据模型，包括数据表名、键和索引。

（3）操作元数据。

操作元数据描述了处理和访问数据的细节，例如以下内容：

①批处理程序的作业执行日志；

②抽取历史和结果；

③调度异常处理；

④审计、平衡、控制测量的结果；

⑤错误日志。

3. 元数据核心能力

认识元数据架构后，还需要能够使用元数据。元数据管理工具基础能力如图5-14所示。

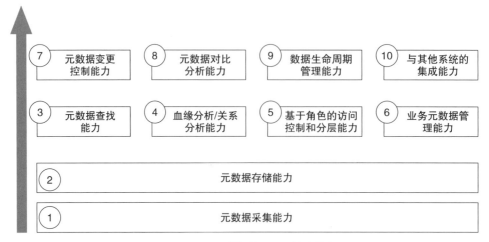

图5-14 元数据管理工具基础能力

（1）元数据采集能力。

元数据采集能力是指从错综复杂的企业环境中自动实时解析和采集各种元数据的能力，为应对各种数据环境，这个环节通常需要使用各种技术和语法来支持大数据平台、关系型数据库、第三方工具、存储过程、脚本、文本文件、表格文件中的自动化数据采集。

（2）元数据存储能力。

元数据存储能力是将采集到的元数据进行统一存储的能力。为支持各种元数据，以及元数据之间关系的存储，元数据存储需要灵活、可扩展的架构支撑。

（3）元数据查找能力。

元数据查找能力是一种提供统一的端口对元数据进行查找的能力。完善的元数据管理工具应该能支持按照企业的各种分类方法来对元数据进行查找。

（4）血缘分析/关系分析能力。

关系分析能力是指分析数据的来源和数据的流向，揭示数据的上下游关系的能力。在元数据管理工具中可以分析、描述并可视化其中的细节，方便用户对关键信息进行跟踪。完善的关系分析需要是横向（当前）和纵向（历史）皆可用的，以方便对同一时期的不同对象进行分析和不同时期的同一对象的变化进行分析。

（5）基于角色的访问控制和分层能力。

元数据的增、删、改等权限的控制是元数据管理工具中需要特别注意的地方。元数据管理工具应该支持访问权限控制，如数据管理员具有所有权限，开发人员可能更关注开发环境、测试环境元数据，而企业管理者可能只关注生产环境的元数据，总经理级别的用户需要访问企业多种环境下的元数据，而部门负责人级别的用户可能只关注与本部门相关的元数据。

（6）业务元数据管理能力。

采集企业环境中的业务元数据，并完成业务元数据与技术元数据的映射，为元数据赋予业务属性，这也是发挥元数据管理工具业务价值的一个关键，如图5-15所示。

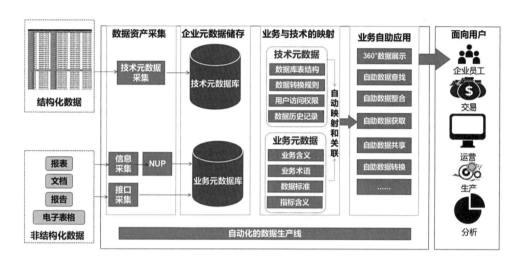

图5-15　技术元数据与业务元数据的映射（祝守宇，2020）

（7）元数据变更控制能力。

当元数据需要变更时，元数据管理工具提供了变更控制能力，明确元数据版本，保存元数据的历史状态，在发生任何问题时可以自动恢复到之前的版本。在某个元数据项发生变更时，可能还需要对该次变更将要产生的影响进行分析和评估。

（8）元数据对比分析能力。

元数据管理工具还可以对不同环境中的元数据进行对比分析，分析其中的异同，必要时还能根据分析结果产生相应的分析报告。

（9）数据生命周期管理能力。

在理想状态下，元数据管理工具应该保留数据"创建→存储→过时"这个过程中被删除/备份等各种状态下的元数据，从而管理数据在整个生命周期中的流动，如图5-16所示。

4. 元数据的价值

元数据管理可为全过程工程咨询企业带来如下改变：

（1）自动采集全过程工程咨询企业元数据，全面梳理企业信息资产。

图5-16 数据生命周期

全过程工程咨询企业数据通常呈现碎片化分布，一共有多少个系统，各个系统之间有什么关系，系统中都有哪些表，哪些表是孤立的可以删掉，是很多企业很难直接弄清楚的问题。

合适的元数据管理工具可以通过自动化的方式，帮助企业完成数据信息、服务信息与业务信息的采集，自动化抽取企业内部所有元数据，为企业展现完整的信息资产视图，从而帮助企业集中管理所有信息资产，在方便数据交互和共享的同时很好地解决了上述一系列问题。

（2）分析数据流向，迅速响应业务数据问题。

在全过程工程咨询企业中，往往会遇到这样的问题：业务人员发现分析报表中的数据有问题，要求信息部门尽快修改。但由于数据修改会涉及多个部门，甚至多个下属公司，且涉及的技术手段各式各样，所以很难定位到该问题数据的相关表和字段。

而元数据管理可以帮助全过程工程咨询企业分析数据流向，具体到字段级的数据解析可以帮助企业分析数据之间的上下游关系，通过可视化的方式可以展现数据上下游的关系图，快速定位问题字段，帮助企业降低数据问题定位的难度。

（3）通过多场景对比分析，消除系统上线隐患。

通常，企业系统建设会分为开发、测试与应用三种场景。在开发过程中，往往会出现开发库、测试库已经测试通过，而在上线过程中又出现问题的情况。若通过元数据管理系统进行上线变更，自动采集并管理这三种场景中的元数据，保证各个场景中元数据的及时性和准确性，对比上线场景与测试场景的元数据，分析上线系统对其他系统的影响，就能够避免此类问题发生。

5.7.3 全过程工程咨询数据指标管理

对全过程工程咨询企业数据管控来说，实现数据指标标准化、统一数据指标标准，可以规范企业业务统计分析语言，帮助企业提升分析应用和数据质量，进而提高企业数据质量和数据资产价值。企业在数据指标应用方面经常存在数据指标口径不统一、指标体系不完整、指标问题追溯难的现象。

数据指标大多经过多重计算得到，有些指标需要经过很长的加工过程才能得出，如果无法追溯指标的加工过程，就不知道指标所用的数据来源，也无法快速找出指标出错的原因和对应的责任部门。指标的一致性、完整性、准确性和可追溯性得不到保证，出现问题时各部间相互推诿的情况时有发生，这些都导致了指标问题难以解决。

数据指标可以打通信息壁垒，加大信息共享力度。指标体系框架设计需从企业发展战略与目标出发，要满足各职能部门业务管理需求，构建"横向协同、纵向贯通"的指标体系。

（1）横向协同：集团相关职能部门结合业务决策、分析、管理工作需要，持续更新、完善、扩展指标体系框架内容，以满足集团化经营管理。

（2）纵向贯通：下属企业提供集团级经营管理所需的数据指标源，支撑集团级业务决策分析和管理。同时，要结合自身业务特点，扩展和完善自身业务指标框架内容。

1. 设计思路

企业级的指标体系并不是一些指标的简单堆积和重组，而是基于业务管理职能的原则建立的。指标体系框架设计是一项系统工程，需要完整构建评价指标体系，如表5-7所示，指标体系框架设计原则应包括以下五个方面。

（1）系统性原则。

充分承接整个企业的战略目标，形成以战略目标为核心的指标体系，指标之间有清晰的关联逻辑，有效促进战略执行。

（2）全面性原则。

全面覆盖企业管理相关因素，含外部环境、核心资源、业务活动、产品服务与经营业绩等方面，推动整体优化运营。

（3）结构性原则。

以数据和信息为基础，将指标划分为战略层、管理层相互支撑的结构。

（4）差异性原则。

区别于下属企业的指标体系，结合了企业的实际业务特点，可以有针对性地建立落地的指标体系。

（5）重要性原则。

选取核心业务，明确与之相关的关联业务，关注管理"瓶颈"与重点，推动集团总部各部门之间的管理协同。

指标体系框架设计原则　　　　　　　　表5-7

序号	建设内容	说明
1	建立指标体系	建立指标涉及的业务域划分、数据指标字典元数据、人员/组织/流程的体系
2	定义指标内容	整理指标的业务属性、技术属性和管理属性,构建指标关系体系和分析体系
3	建立指标规划	持续发展能够支撑横向业务领域划分、纵向加工计算逻辑分层的指标架构体系
4	制定相关规范	建立公司级指标搜集、整理、维护流程,为各类数据应用夯实坚实基础

2. 指标体系框架设计原理

如图5-17所示,全过程工程咨询企业在遵循系统性、全面性、结构性、差异性和重要性原则的基础上,要以企业指标体系框架设计相关理论为指导,从企业战略及运营管理的各层级考虑,构建支撑企业战略决策的指标框架体系,以保障企业战略目标的实现为最终目标。

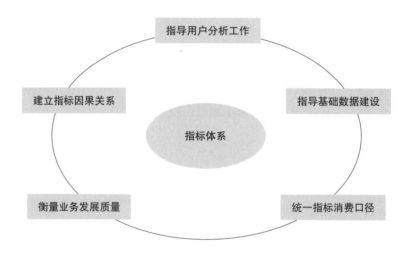

图5-17　指标体系要素框架图

3. 指标体系框架

指标体系框架全面反映企业的整体情况,而不是局限于局部或某些具体方面。它是以企业战略为核心,以各部门的工作职能为出发点,对核心业务逐层分解、分类梳理,并归纳核心和关键业务环节而进行的数据指标分类选取的体系化设计。如图5-18所示,数据指标标准定义框架规范了数据指标标准的分类和属性,具体包括:

(1)数据指标标准分类。

数据指标可以分为以下三类:

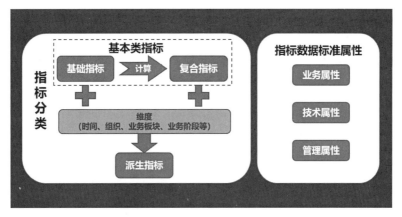

图5-18 数据指标标准定义框架

①基础指标。表达业务实体"原子量化"属性的概念集合,是直接对单一变量的明细数据进行简单计算得到且不可进一步拆解的指标,如项目数、项目金额等。

②复合指标。建立在基础指标之上,由若干个基础指标通过一定运算规则计算得到且在业务角度无法拆解的指标,如签约率、利润率等。

③派生指标。基础指标或复合指标与一个或多个维度值相结合产生的指标,如月计划项目数、月/日均签约金额等。

(2)数据指标标准属性。

数据指标属性包括:

①业务属性。数据在业务层面的定义,描述了数据和企业业务相关联的特性,是数据业务含义的统一解释及要求。业务属性包括指标名称、业务定义、业务规则、主题、一级子主题、二级子主题、参考标准、计量单位、维度、上报频率、数据层次、映射类型、处理逻辑、统计时间。

②技术属性。数据在技术层面的定义,描述了数据与信息技术实现相关联的特性。技术属性包括数据类型、数据格式、数据源系统、数据源表名、数据源字段名。

③管理属性。数据在管理层面的定义,描述了数据标准与数据管理相关联的特性,是数据管理在数据标准管理领域的统一要求。管理属性包括指标编码、数据提出者、数据使用者、数据负责人、颁布日期、废止日期。

(3)指标选取原则及方法。

指标选取需要遵从科学的选取原则,保证指标的正确性、完整性和有效性,同时应遵循数据指标梳理的方法论。

①数据指标选取原则。

数据指标的选取在指标体系框架设计中至关重要。指标选取是否合适,直接影响到指标体系框架的完整性和有效性。指标选取应遵循正确性、唯一性和完整性的原则。

②数据指标选取方法。

数据指标的选取方法包括以下三个步骤。

a. 借鉴行业最佳管理实践，综合考虑内外部环境因素及上级单位要求，建立企业指标体系的总体框架，保证指标体系框架的完整性；

b. 通过对企业战略、管理层及下属企业业务的全面梳理，识别企业生产运作中关键和主要业务环节中的要素，初步形成企业级指标体系框架；

c. 进一步筛选、合并同类指标，去除重复和不重要的指标，通过专家法调整指标，使指标体系框架更加科学、合理。

（4）指标体系评价方法。

指标体系评价是基于一定的评价目标，使用评价指标对特定的评价对象进行评价，并结合专家知识对获得的测算结果进行研判，最终得出科学评价结果的一系列过程。其目标是评价指标体系实施的正确性和有效性，以帮助其持续改进。

如图5-19所示，指标体系评价是针对评价对象的特点及其衡量水平，通过对数据指标的度量得到指标值，形成评价结果，从而实现指标体系的评价目标。

在梳理指标体系的过程中，应结合企业层面的指标管理范围，明确各层级单位的指标项责任，统一实现各指标项的定义、口径及取数来源，保证企业各级管理和决策层能够获得一致的数据理解和数据来源，逐步完善企业指标体系。

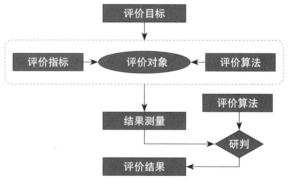

图5-19 指标体系评价方法

4. 指标确定

如图5-20所示，确定指标的工作主要采用自上而下与自下而上相结合的方式。其中，指标分类应从业务管理需求出发，自上而下逐层展开；而具体指标则以业务系统为导向，自下而上逐层筛选。

5. 指标梳理

通过找指标获得了企业中的指标列表，但没有进行分类，指标没有业务含义，指标和指标之间也没有任何逻辑。因此，要形成指标体系，尚需梳理指标。

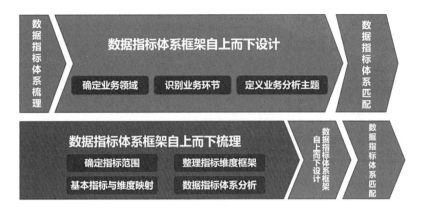

图5-20 指标示意

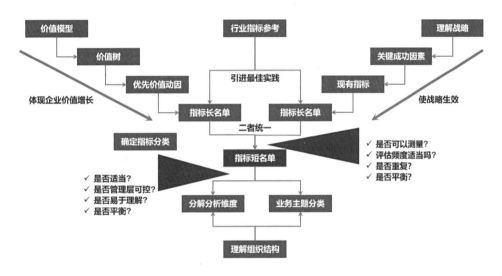

图5-21 指标体系梳理最佳实践(祝守宇,2020)

如图5-21和图5-22所示,在梳理指标时,需要结合企业战略和岗位职责,设定全面的衡量指标,并将指标分解到具体的业务过程中。

另外,如图5-23所示,还需对全过程工程咨询企业中的各业务职能域进行划分,定义业务主题域(如果是集团企业,那么还应该进行行业板块的划分)。

接下来,全过程工程咨询企业需要对业务域的业务流程中的管控目标进行细化,与指标一起形成功能矩阵,标注出指标的产生、引用关系,从而发现指标字典中存在的重复统计、统计口径不同等各种情况。在对其进行处理后,将形成含有分类和业务目标的指标字典。当字典非常庞大时,可以通过指标树的方式进行表示,每棵树表示一个业务域的指标关系,通过链接跳转到相应的详细指标定义信息(图5-24)。

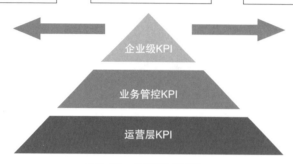

图5-22 全面衡量指标

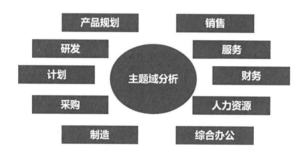

图5-23 定义业务主题域

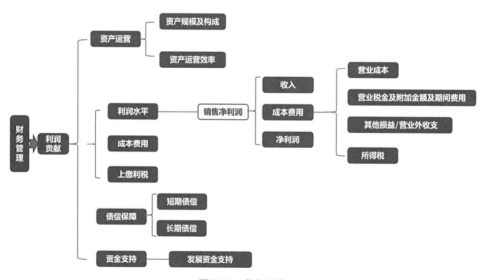

图5-24 指标明细

6. 指标管理

类似基础数据标准管理，在全过程工程咨询企业的数据指标标准管理中，同样需要数据管控归口管理部门来牵头负责数据指标标准的制定工作，并建立业务归口部门与技术主管部门的协作机制。其主要涉及以下三种管理部门。

（1）数据管控归口管理部门。

将技术管理与业务管理的相关人员协同起来，完成数据标准制定工作。为数据标准制定提供资源协调、统筹安排等便利。

（2）指标标准业务归口管理部门。

对于业务涉及多个板块的指标，以指标产生部门对数据标准进行归口管理；对于多个部门同时计算的指标，以业务牵头主管部门进行归口管理。其职责主要包括确定数据指标的使用部门、基础属性、业务含义和业务口径等标准，并对指标的技术口径统计结果进行测试和确认。

（3）技术主管部门。

对指标的取数方式和指标条件进行确认，并统筹数据指标标准的落地实施工作。

通过制定指标管控制度和流程，可以明确指标责任人、指标用户、指标管控团队在各项管控活动中应遵循的管理要求和工作流程。

7. 指标应用

全过程工程咨询企业仅仅制定指标体系并不能起到规范数据的作用，只有将指标体系落实到信息系统中才能发挥其管理作用，因此，构建指标体系往往与应用系统建设同步进行。如图5-25所示，通过数据指标体系的应用，可以规范企业内指标的使用，提高数据的准确性、一致性和可追溯性。

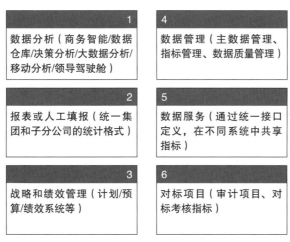

图5-25　数据指标体系应用场景（指标体系包含但不限于以上应用场景）

5.7.4 全过程工程咨询时序数据管理

1. 时序数据管理概述

全过程工程咨询企业开展监理业务时,会获得各种数据(现场隐蔽工程施工监测数据的日报、周报、月报等)。这些数据是周期或准周期产生的,有的采集频率高,有的采集频率低。这些采集来的数据一般被发送至服务器中进行汇总并实时处理,对系统的运行做出实时监测或预警。这些数据也可以被长期保存下来,用以进行离线数据分析。比如分析基坑等隐蔽工程变形规律;分析基坑等隐蔽工程变形报警原因;分析能耗,即分析如何降低监测成本;分析潜在的安全隐患,以降低故障时长。图5-26所示为典型基坑监测时序数据。

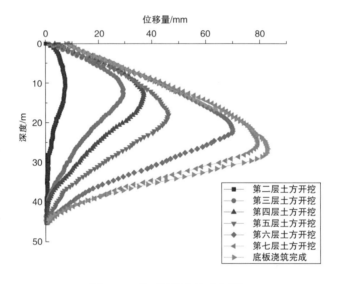

图5-26 典型基坑监测时序数据

这些通过设备、传感器采集来的数据有一个显著的特点,即数据是按照时间顺序产生的,是一个按时间分布的序列数据,因此被称之为时序数据(Time-Series Data)。时序数据有别于企业资源计划系统(Entrise Resource Planning,ERP)、客户关系管理系统(Customer Relationship Management,CRM)的数据,有很多显著的特点。其中一点就是数据量大,因为它是机器自动产生的,只要机器在运行,就会源源不断地产生。在监理项目中,90%以上的数据都是通过各种渠道采集的时序数据。

2. 时数据的特点

全过程工程咨询领域的时序数据具有鲜明的特点。

(1）数据时序性。

联网监测设备按照设定的周期，或受外部事件的触发，会源源不断地产生数据。每个数据点是在哪个时间点产生的，这对于数据的计算和分析十分重要，必须记录。

（2）数据结构性。

物联网设备产生的数据往往是结构化的，而且是数值型的，比如无线传感器采集的基坑变形、土压力数据就可以用4Byte的标准的浮点数来表示。

（3）数据严谨更改性。

物联网设备产生的数据是机器日志数据，一般不允许修改。

（4）数据源唯一性。

一个物联网设备采集的数据与另外一个设备采集的数据是完全独立的。一台设备中的数据一定是这台设备产生的，不可能是人工或其他设备产生的，即一台设备中的数据只有一个生产者，数据源是唯一的。

（5）数据重记录性。

对于互联网应用，物联网设备产生的数据不一样，一般是计算、分析程序自动读，而且计算、分析的次数不多，只有在分析事故等场景中才会有人主动看原始数据。

（6）数据时段性。

对于一条银行记录，或者一条微博内容，对其用户而言，每一条都很重要。但对于物联网数据，每个数据点与数据点的变化并不大，一般是渐变的，大家更关心的是一段时间（比如过去24小时、一周）内数据的变化趋势，一般对某一特定时间点的数据值并不关注。

（7）数据期限性。

采集的数据一般都有基于时长的保留策略，比如仅仅保留一天、一周、一个月、一年，甚至更长时间，为节省存储空间，系统最好能自动删除过期数据。

（8）数据查询和分析往往是基于时间段和某一组设备。

对于物联网数据，在做计算和分析时，一定会指定时间范围，不会只针对一个时间点或者整个历史进行。而且往往需要根据分析的维度，对物联网设备的一个子集采集的数据进行分析。

（9）数据处理特殊性。

与典型的互联网相比，还有不一样的数据处理需求。比如要检查某个具体时间的无线传感采集的某个位移值，但传感器实际采集的时间不是这个时间点，这时往往需要做插值处理。还有很多场景需要基于采集量进行复杂的数学函数计算。

（10）数据量巨大。

以基坑无线监测为例，一台智能监测传感器每隔15分钟采集一次数据，每天自动生成96条记录。整个基坑工程有接近200台智能传感器，每天生成近19200条记录。时序数据是典型的流式数据，就像视频流，而且单个数据点的价值很低，甚至丢失一小段时间的数据也不影响分析的结论及系统的正常运行。但看似简单的事情，由于数据记录条数巨大，导致数据的实时写入成为"瓶颈"，查询分析极为缓慢，成为新的技术挑战。需依靠集群技术，投入更多的计算资源和存储资源来处理，使得系统的运营维护成本急剧上升。

3. 时序数据的应用

对时序数据进行实时处理和分析后，可以得到很多有价值的信息。但存在诸如高并发、高吞吐量的写入能力、数据高速聚合、降低存储成本、多维度的查询能力等方面亟须解决难题。现在流行的做法是使用专门的时序数据处理工具（如TDengine）来处理。

5.7.5 全过程工程咨询数据质量管理

在全过程工程咨询企业数字化转型的过程中，数据质量问题成为重要的影响因素之一。对数据进行质量管理及优化也是企业数据应用工作的重点。当前，全过程工程咨询企业在数据质量管理体系建立过程中遇到的问题和难点主要有以下七个方面。

（1）企业系统众多，在数据模板、物料编码等方面没有统一的标准，各系统都自成一套体系，执行工作标准化难度大；

（2）各系统的编码体系存在重复、错误、不一致等现象，且数量众多，数据清洗难度大；

（3）缺乏IT手段支持数据标准化管理，没有统一的数据管理、优化系统，数据管理平台建设经验少；

（4）随着企业数字化进程的发展，结构化和非结构化数据越来越多，需进一步建立业务规则以进行划分；

（5）建立数据管理系统时无响应的数据质量管理组织，系统上线后无自动化的标准化处理体系；

（6）在进行数据质量管理时未能打破旧思维，存在管理制度松散、执行标准化力度不够等现象；

（7）企业数据质量管理人才缺乏，员工的数据质量管理意识淡薄。

互联网、智能手机及智能监测设备的快速普及，使得每一个人和每一台接入互联网的设备都在产生数据，这些数据被相关企业或组织通过合法的渠道收集、存储并加以分析，进而产生价值。"数据即资产"的概念得到了人们的广泛认同，并且对数据的重视程度被提到前所未有的高度。然而不是所有的数据都能成为资产，数据的价值与数据质量密切相关。

1. 数据质量需求

近年来，随着人工智能技术的兴起，数据质量管理技术和人工智能技术开始融合，这使得数据质量管理开始向"智能化"转变。具体包括：

（1）在检查数据质量时，可以针对少量、核心的检查规则，从大数据中选取训练数据样本，利用机器学习算法进行深度分析，提取公共特征和模型，定位影响数据质量的因素，预测数据质量问题，并进一步形成知识库，进而增强数据质量管理能力。

（2）在数据模型的管理过程中，通过机器学习技术可以分析数据库中数据实体的引用热度，通过聚类算法可以自动识别数据模型间的内在关系，也可以对数据模型质量进行检测和评估。

（3）在数据传输监控中，利用机器学习技术可以对数据历史到位情况进行分析，预测数据的到位时间，为保证数据处理的及时性和应对数据晚到的影响提供支撑。

（4）在数据问题发现方面，可以应用自然语言处理技术对住址、单位名称等数据进行词性、句式、语义分析，避免隐私数据泄露；在出现数据不一致等问题时，提供数据质量管理线索，增强咨询企业的数据质量和数据安全管理能力。

利用人工智能技术还能提取数据质量评估指标。改善数据质量最理想的模式是从数据源中剔除脏数据，但是这在现实中并不可行。因为数据源众多且难以控制数据源的数据质量，而且直接从数据源中改善数据质量付出的成本过大。因此，根据业务期望，全过程工程咨询企业应有针对性地提升各个业务线上数据流的数据质量。利用机器学习可以通过提取有效的数据质量评估指标，最大化地提升该指标下的数据质量。同时，监督学习、深度学习也可以实现对数据清洗和数据质量的效果评估，进而改善转换规则和数据质量评估维度，并随着数据量和业务期望的逐渐变化，动态更新数据质量提升方案。

2. 数据质量检查

通过数据质量检查，用户能够了解各种数据的状况，轻松确定数据与具体业务规则和既定数据标准的符合程度（主要针对数据的完整性、一致性、及时性、准确性、有效性、唯一性等）。通过数据探查和数据剖析可以检查数据质量情

况,主要检查项包括:

①数据内容及背景分析;

②数据结构及路径分析;

③数据成分及业务规则合规分析;

④数据间的关系及相关资源匹配;

⑤识别数据转化机制;

⑥建立数据有效性及准确性规则;

⑦校验数据间的依赖性。

3. 数据质量分析

数据质量分析的主要任务是检测原始数据中是否存在脏数据(不符合要求以及不能直接进行相应分析的数据)。一般包括缺失值、异常值(离群点)、不一致的值、内容未知的值和无效值。

通常情况下,原始数据中都会存在数据不完整(有缺失值)、数据不一致、数据异常等问题,这些脏数据会降低数据的质量,影响数据分析的结果。如图5-27所示,可以通过数据标准的符合程度对数据质量进行分析,从而发现潜在的数据问题。

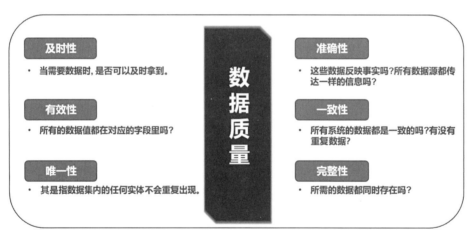

图5-27 数据质量分析指标

4. 数据质量提升

数据质量提升对于全过程工程咨询企业的任何数据系统或应用程序都适用,其强大的兼容性还支持企业全球化的数据质量管理,提升渠道包括以下五个方面。

(1)数据清洗与标准化。

数据清洗与标准化可以帮助全过程工程咨询企业统一和规范数据的各个方面,

制定跨行业通用及行业定制的数据标准，规范数据的采集、录入、传输、处理等过程，进一步更正、修复企业系统中的错误数据，并对数据进行归并及整理，使企业在数据应用上更方便，企业内的信息交流更高效，以加快数据变现的速度。

（2）数据匹配。

通过使用在线数据匹配工具，可以轻松地把不同来源的企业信息数据匹配到统一的编码下。

（3）数据校验和补充。

基于全过程工程咨询企业对数据完整性的需求，可以引用具有时效性的第三方权威数据资源，如地方管理部门公布的项目信息、项目概况等。通过比对第三方数据与企业原始数据，可以确保数据的完整性与有效性。

（4）查找和删除重复数据。

通过清理信息系统中近似重复的企业信息（如客户数据、项目数据等），可以保证数据的一致性和正确性，支持信息系统进行正确的决策和应用。为了提高数据质量，必须要查找重复数据和删除重复数据，确保企业有效使用数据。

（5）关联与统一服务。

在企业对数据质量优化完成后，还需要进行持续的数据质量监管，往往通过数据报告与记分卡来监测以及时管控数据质量。

5. 数据质量评估

业界通常基于完整性、一致性、及时性和准确性四个维度来评估数据质量。如图5-28所示，从企业数据的采集、存储及应用等环节进行全方位的评估，并根据该企业数据能力的制度建设、过程监督和管理、组织人员的建设、工具的应用等多个方面进行评分，然后根据评分的结果汇总成数据能力成熟度等级分布，通过数据能力成熟度的评估，企业可以更加准确地发现自身存在的问题、与相关企业在数据质量管理和应用方面存在的差异，以及自身的优势，从而明确下一步改进的方向，为数据资产的价值变现和提升奠定了基础。

5.7.6 全过程工程咨询数据安全管理

构建完整的全过程工程咨询行业互联网安全体系，是实施数据安全管理的重要保障。如图5-29所示，根据行业特点和管理要求，可将全过程工程咨询行业互联网安全体系架构分为全过程工程咨询行业互联网合规保障体系、组织建设、数据安全管控、全过程工程咨询行业互联网云平台、人员能力、技术工具。

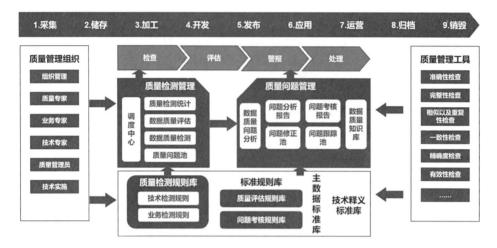

图5-28 数据管理能力成熟度评估模型——数据质量应用范例

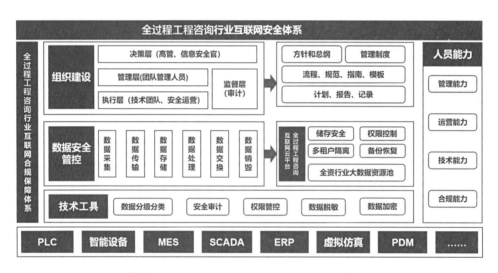

图5-29 全过程工程咨询行业互联网安全体系架构图（王静，2019）

1. 全过程工程咨询行业互联网合规保障体系

构建全过程工程咨询行业互联网安全体系框架，就是在以法律法规为基础，融合业务需求的同时，通过建设组织能力和使用安全技术工具，进行全过程工程咨询行业互联网云计算平台和数据安全能力的建设，同时配备相应的安全运营人员，最终实现对全过程工程咨询行业互联网安全的全生命周期监管。

2. 全过程工程咨询行业互联网组织建设

建立数据安全组织架构和职责分配，以及沟通协作机制。组织可分为决策层、管理层和执行层三层。其中，决策层由参与业务发展决策的高管和数据安全官组成，负责制定数据安全的目标和愿景，在业务发展和数据安全之间做出良好的平衡；管理层由数据安全核心实体部门及业务部门的管理层组成，负责制定数据安全策略和规划，以及具体管理规范；执行层由数据安全相关运营、技术和各业务部门接口人组成，负责数据安全工作的推进和落地。

3. 全过程工程咨询行业互联网技术工具

与制度流程相配套并保证有效执行的技术和工具，可以是独立的系统平台、工具、功能或算法技术等。需要综合所有安全域整体规划配套的技术工具，且要与组织的业务系统和信息系统等进行衔接。其包括适用于所有安全域的通用技术工具和部分阶段或安全域试用的技术工具。

4. 全过程工程咨询行业互联网人员能力

为实现上述安全组织、制度和技术工具的建设和执行的人员应具备的能力。其核心能力包括数据安全管理能力、数据安全运营能力、数据安全技术能力及数据安全合规能力。企业可以根据不同数据安全能力建设维度匹配不同人员的能力要求。

5. 全过程工程咨询行业互联网数据安全管控

数据安全能力支撑数据安全体系框架，为全过程工程咨询行业互联网云平台中的数据提供安全保障，其中的安全措施覆盖全过程工程咨询大数据的全生命周期。

（1）数据安全体系框架。

数据安全体系框架通过了三个维度构建而成，包括政策法规及标准规范、技术架构层面和安全组织与人员，如图5-30所示。构建数据安全体系框架，就是在

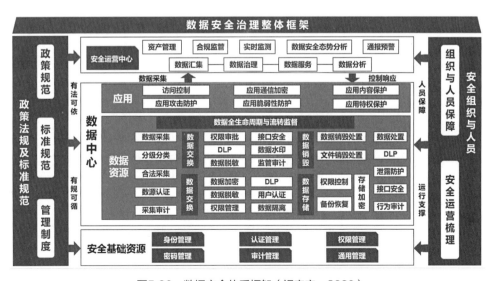

图5-30 数据安全体系框架（祝守宇，2020）

符合政策法规及标准规范的同时，还需要在技术上实现对数据的实时监管，并配备经过规范培训的安全组织与人员。

数据中心分为数据资源和应用两个层面，数据资源在支撑应用的同时，覆盖数据生命周期的六个阶段。

①数据采集阶段。要明确数据采集规范，制定数据采集策略，完善数据采集风险评估及保证数据采集的合规合法性。在数据采集规范中要明确数据采集的目的、用途、方式、范围、采集渠道等内容，并对数据来源进行鉴别和记录。制定明确的数据采集策略，体现在采集周期和采集内容的定义，只采集经过授权的数据并进行日志记录。还要对数据采集过程中的风险项进行定义，形成数据采集风险评估规范，包括评估方式和周期细节等。

②数据传输阶段。使用合适的加密算法对数据进行加密传输。其中主要用到的是对称加密算法和非对称加密算法。

a. 对称加密算法。加密和解密使用相同密钥的加密算法，有时又叫传统密码算法，其加密密钥可以从解密密钥中推算出来，解密密钥也可以从加密密钥中推算出来。主要的对称加密算法有DES、IDEA、AES、SM1等。

b. 非对称加密算法。需要一对公开密钥和私有密钥，因此，非对称加密算法的加密和解密使用的是两个不同的密钥。常用的非对称加密算法有RSA、ECC、SM2。

③数据存储阶段。制定存储介质标准和存储系统的安全防护标准。存储介质标准需要覆盖存储介质的定义、质量，存储介质的运输、使用记录及管理，以及存储介质的维修规范。对存储系统的安全防护标准，需要包括数据备份、归档和恢复，以及对存储系统的弱点识别及维护。

④数据处理阶段。明确需要数据脱敏的业务场景和统一使用适合的脱敏技术是数据处理的关键。在这个阶段中，要根据不同的场景统一脱敏的规则、方法，评估提供真实数据的必要性和脱敏技术的使用。

⑤数据交换和共享安全阶段。建立数据交换和共享的审核流程和监管平台。在此阶段要建立数据导入/导出的流程化规范，统一权限管理、流程审批，以及监控审计，确保对数据共享的所有操作和行为进行日志记录，并对高危行为进行风险识别和管控。

⑥数据销毁阶段。从整个销毁过程管理和技术保障措施上进行管理。

首先，数据销毁要符合工业企业的数据销毁管理制度、办法和机制，对销毁对象、原因和流程需明确；

其次，在整个销毁过程中要进行安全审计，保证信息不可被还原，并验证效果；

最后，针对物理销毁的介质，要进行登记、审批和交接工作。

一般在技术上采用删除文件、格式化硬盘、文件覆盖和消磁等方法进行数据销毁，且最后要保证数据无法被复原，防止可能出现数据泄露的风险。

（2）数据安全防护策略。

全过程工程咨询行业互联网云平台在实现了数据大集中的同时，也导致了数据风险的大集中。如何识别数据风险，进而采取有针对性的数据安全防护控制措施来缓解、转移、规避数据安全风险，是数据安全防护体系建设必须考虑的一环。

从数据安全的全生命周期角度来看，数据的采集、传输、存储、处理、交换、销毁各个阶段，均面临着不同程度的风险。

①采集和传输阶段。采集前端存在仿冒、伪造的行为，导致数据交换共享平台存在被入侵的风险；传输链路被监听、嗅探，导致数据被篡改、窃取。

②存储阶段。数据库管理员等特权用户越权访问、违规操作、误操作，数据库或文件未加密，导致数据泄露。

③处理阶段。终端用户通过USB、蓝牙等外部设备发送敏感数据，或通过截屏、拍照等方式窃取数据；内部人员通过应用系统违规窃取或滥用数据；BI分析人员越权、违规操作数据。

④交换阶段。传输链路被监听、嗅探，导致数据被篡改、窃取；外部应用系统假冒数据接收对象获取数据；敏感数据分发给外部单位。

⑤销毁阶段。重要存储介质在维修/报废前缺乏数据销毁管控，未做到安全删除，存在数据泄露风险。

从传统全过程工程咨询行业粗放式管理模式到全过程工程咨询行业信息管理系统，再到数字化应用。其中的数据的流动面临着各种风险。要以全过程工程咨询行业大数据为核心，构建覆盖数据全生命周期的安全防护体系，则需要在数据采集、传输、存储、处理、交换和销毁环节采取相应的安全技术防护策略，保障数据安全，主要防护策略介绍如下。

a. 数据识别与分类打标策略。根据数据识别和数据分类的结果对数据进行打标操作。首先通过数据识别分析出每个字段的数据类型，例如姓名字段、身份证字段、邮箱字段等，然后根据数据分类信息，给每个字段打上对应的标签。

b. 数据访问控制策略。对接LDAP等第三方身份管理系统，从第三方身份管理系统里同步用户身份信息。根据常见的组织关系对用户进行管理，包括多级部门、姓名、ID、级别、电话、邮件等，为用户认证提供依据。

c. 数据库审计策略。主要对用户的数据库操作行为、网络行为监控、网络传输内容进行审计。通过系统事件的记录能够更迅速和系统地识别问题，并且它是事故处理的重要依据，为网络犯罪行为及泄密行为提供取证基础。另外，此策略也是对网络潜在威胁者的威慑。

d. 数据脱敏与加密策略。从保护敏感数据机密性的角度出发，此策略包括以下两类场景：

（a）在生产环境中，敏感数据要在脱敏后展示；

（b）在测试、培训等环境中，敏感数据要在脱敏后使用。

在进行数据展示时，应用系统需要对敏感数据进行模糊化处理，特别是对姓名、手机号码、身份证号码等个人敏感信息。当需要查询原始敏感信息时，需要应用进行二次鉴权。业务系统或后台管理系统在展示数据时需要具备数据脱敏功能，或嵌入专门的数据脱敏技术工具。在测试区进行系统测试或数据挖掘算法验证时，需要对生产数据进行批量脱敏并导入测试环境。针对敏感数据在网络中传输面临中间人攻击、数据窃听、身份伪造等安全威胁的情况，需要采用专线传输数据或者加密的方式传输数据，如SSL的加密方式。

e. 数据防泄密（泄露）防护策略。数据防泄密（泄露）防护策略主要通过数据梳理服务模型（图5-31）及数据风险控制框架（表5-8）来实现数据资产分类分级及对数据泄密（泄露）风险的控制。

图5-31 数据梳理服务模型

数据风险控制框架表　　表5-8

序号	类别	级别	管控措施或思路
1	1类	极度敏感级别	实施严格的技术和管理措施，保护数据的机密性和完整性，确保数据访问控制安全，建立严格的数据安全管理规范及数据监控机制；此类数据严格控制外传
2	2类	敏感级别	实施较为严格的技术和管理措施，保护数据的机密性和完整性，确保数据访问控制安全，建立数据安全管理规范及数据标准监控机制；此类数据在满足相关安全条件下，可以外传
…	…	…	……
N	N类	低敏感级别	实施必要的技术和管理措施，确保数据生命周期安全，建立必要的监控机制；此类数据在满足相关安全条件下，可以外传

数据防泄密（泄露）防护（Data leakage prevention，DLP）策略主要分为终端数据安全和网络数据安全。终端DLP通常包括敏感数据的识别、威胁监控、日志审计及终端外设的端口管理等。网络DLP通常以旁路镜像流量或串联的方式来发现是否有敏感数据在网络中传输，对于网络中传输的低敏感级别数据采取网络审计策略，对于高敏感级别数据采取阻断和告警的安全防护策略。

（3）数据安全审计。

数据安全审计包括以下六个方面。

①账号审计。根据账号管理要求，在安全管理平台中实现对应用与系统账号的集中管理，实现"一人一账号"，以及账号创建与销毁符合企业管理制度，并通过定期开展账号管理审计，防止出现违反账号管理要求的问题。

②授权审计。根据账号授权管理要求，系统责任人在安全管理平台中负责对账号权限分类、实现对账号最小化权限控制、保证账号授权到账号责任人，以及通过定期开展账号授权审计，防止出现账号权限滥用和责任人缺失等问题。

③认证审计。根据账号认证管理要求，维护人员在安全管理平台中登录并访问资源，禁止绕过安全管理平台直接或跳转访问资源的违规行为，通过定期开展账号认证审计，防止出现违反账号认证的访问要求等问题。

④访问控制审计。根据访问控制管理要求，通过制定基于地址、端口等多维的访问控制策略加强对重要资源的访问控制，实现对重要资源的多层安全防护；通过定期开展重要资源访问控制审计，防范重要信息泄露风险。

⑤重要操作审计。根据安全运维操作记录要求，全面记录运维人员的维护操作记录，通过定期开展重要操作、违规操作审计，防止出现安全事件无法追溯到责任人的问题，以及对内部违规行为产生威慑。

⑥敏感信息审计。根据客户信息安全保护管理要求，全面分析业务敏感信息，在前/后台维护中加强对敏感信息的查询、删除、导出等操作行为的安全管控，以及通过定期对敏感信息操作审计，防范客户敏感信息泄露风险。

（4）数据安全风险评估。

数据安全风险评估要具有综合漏洞扫描能力，涵盖系统漏洞扫描、Web漏洞扫描、数据库漏洞扫描、基线扫描等功能。

①系统漏洞扫描。系统漏洞扫描主要用于分析和指出有关网络的安全漏洞及被测系统的薄弱环节，给出详细的检测报告，并针对检测到的网络安全隐患给出相应的修补措施和安全建议；全方位检测信息系统存在的主机和软件的安全漏洞、安全配置问题、弱口令，以及不必要开放的账户、服务和端口。

②Web漏洞扫描。Web漏洞扫描可以帮助用户充分了解Web应用存在的安全

隐患，建立安全、可靠的Web应用服务，改善并提升应用系统抗各类Web应用攻击的能力（如注入攻击、跨站脚本、文件包含、钓鱼攻击、信息泄露、恶意编码、表单绕过等）。

③数据库漏洞扫描。数据库漏洞扫描可帮助用户充分了解数据库存在的安全隐患，通过定期进行安全检测与评估，提升各类数据库的抗风险能力，同时可以协助用户完成数据库建设成效评估，协助数据库安全事故的分析调查与追踪。

④基线扫描。基线扫描全面覆盖操作系统、数据库、中间件、防火墙、路由器、交换机等设备类型，支持Windows系统中的离线检查，无须对每台设备建立任务，即可一键提取系统配置信息，并可导入远程安全评估系统及出具修复加固建议报告。

另外，全过程工程咨询行业互联网产生的数据都被存储于数据库中，还要对它进行安全评估服务。具体包括：

a. 数据库监测。建设全过程工程咨询行业互联网云平台租户的业务数据库监测能力，为用户提供数据库漏洞扫描、弱口令检查、扫描策略管理等能力。

b. 数据库漏洞检测。根据当前配置的漏洞库，对数据库进行扫描，判断是否存在相应的漏洞。安全相关信息展示是对数据库系统中与安全相关的信息进行深入分析、提取，通过列表的形式展现给用户。比如Testl、Systest1是非默认的拥有数据库管理员权限的用户。

c. 弱口令检查。通过对数据库口令的存在形式（明文、MD5加密、Hash加密）可能的存储地址（数据库表、历史文件、环境变量、配置文件、客户端）口令的算法（允许的长度、Hash生成规则）等进行深入的分析，生成其特有的口令字典。根据已经存在的口令字典完成数据库默认账号的识别，以及数据库登录账号长度较短及强度不高的弱口令的识别。内置的口令字典支持用户自定义设置，用户可按需增加、删除或修改口令字典。

d. 扫描策略管理。策略即数据库检测的依据和标准。通过策略管理可以灵活制定不同的检测标准，可以根据用户的实际测试目的，定制不同的策略，并可以自行添加策略项扩充策略库用于检测数据库的安全漏洞。

e. 检测结果输出。实时结果展现是在扫描过程中，数据库漏洞扫描工具会实时显示详细的扫描和检测结果。

f. 自身安全控制。

自身安全控制主要包括以下内容：

（a）用户管理功能。提供管理员、操作员、审计员三种不同的角色，分配给具有不同使用需要的用户，合理管理用户的使用权限，防止对系统的滥用和误用。

（b）屏幕锁定功能。在扫描过程中，如果用户停止操作10分钟，则程序将自动锁定屏幕（并且锁屏时间可配置）。用户可以离开运行扫描系统的机器而无须担心信息泄露及扫描系统被非法使用。

（c）日志管理功能。具有日志管理权限的用户可以查看所有系统日志。其中提供按照日期检索的功能，并且可以将系统日志导出为CSV文件进行备份。

最后，数据安全风险评估会根据用户的各类日志进行综合深度分析，发现潜在的威胁，起到追根溯源的目的，并可作为案件的取证材料。

（5）数据应急保障。

全过程工程咨询行业互联网数据安全事件的应急保障是指对全过程工程咨询行业互联网数据在存储、传输或使用过程中被泄露、篡改或破坏，可能或已经对全过程工程咨询行业信息管理系统和全过程工程咨询行业互联网系统等造成经济损失或不利影响的事件的应急组织管理、事件先期处理和后续跟踪、事件信息发布等保障。

全过程工程咨询企业应根据自身情况，制定数据安全事件应急保障预案，指定专门的部门或人员负责应急处理，明确内部应急处理流程、规定各项应急处理措施和管理应急事件的信息发布等内容。另外，还需要将第三方机构也纳入本机构数据安全事件的应急处理范围，建立与第三方机构之间的应急处理流程，并监督其落实数据安全管理要求，配合应急预案措施的实施。

5.7.7　全过程工程咨询数据标准控制

1. 标准的发布和访问

数据标准是数据模型定义的基础，在定义数据模型的过程中，数据标准的制定需要一些前提条件。

（1）标准技术规范。

数据标准已经具有详细的技术规范，包括数据元属性及取值范围定义，支持物理数据模型设计，可以直接应用在物理层，并已经建立逻辑数据类型到不同数据库的映射。

（2）标准主题。

标准主题其实是标准的应用范围和检索目录，具备条件的企业应该设计好逻辑模型，对数据标准进行业务组织。

（3）标准发布。

标准已经经过讨论并进行公开发布，具有流程上的正式性和权威性，已经在组织内部充分贯彻。

2. 模型设计中的应用数据标准

数据模型是一个很好的数据字典,其向上承接业务语义,向下实现物理数据,不但包含数据字典,更包含业务主题、业务对象、数据关系,以及数据标准的映射。所以,模型工具的运用不但是企业数据管理是否成熟的重要标志,也是数据标准落标的重要依托。通过创建一个模型工具,可以在开发阶段自动管理数据字典和模型,实现以下三个标准落地操作。

(1)建立标准和数据的映射。

①标准落地的属性继承。一般情况下,数据字段标准在落地时要引用数据标准中的内容,还要包含数据的标准代码。

②物理字段的落地衍生。对于一个标准落地的物理字段,如果语义和业务规则没有变化,但是为了满足系统环境需要而加上了特定/限定环境,则被称为物理字段的落地衍生,比如"电话"在供应商的表里叫"供应商电话"。在此种情况下并不需要创建一个新的数据标准。

(2)建立代码的标准引用。

对字段中数据类型的引用代码进行标准化,坚决杜绝手工写代码的情况。

(3)标准化命名。

对字段的命名进行标准化。

3. 数据标准应用情况的自动检核

模型设计工具记录了当前设计的模型库对数据标准的引用情况,并根据每个模型对数据标准的引用记录统计模型遵从度以及给出详细的报告。

4. 自定义标准的发布管理

数据标准通常是在事后制定的,因此,一定会有新数据没有对应数据标准的情况出现。在实际解决方案中,数据标准可以采用先创建后验证的模式。

如图5-32所示,通过建模工具,开发人员可以提交自定义的数据标准到数据管理平台。模型评审组在数据管理平台对其进行评估,通过验证后可以发布到企业级公共数据标准库中,并不断补充及完善企业数据标准库。

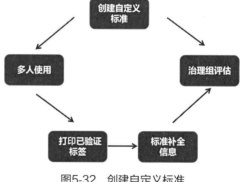

图5-32 创建自定义标准

5.8 全过程工程咨询数据资产价值评估

作为资产的一种新形式,数据资产将成为全过程工程咨询领域一种重要的战略资源。然而数字资产价值存在不确定性强、非量化指标多等特点,因此难以对其准确评估。主要体现在:

(1)全过程工程咨询数据资产与一般无形资产的价值构成不同,它由全过程工程咨询企业主体控制,需要有形资产来依附;

(2)全过程工程咨询数据资产在企业成本、价值形成过程、提升价值的能力、价值转化过程等环节中存在一次性、不确定性、模糊性、风险性等特征,从而使得数据本身、数据成本、数据使用等均会影响数据资产的评估,增加了评估工作的难度。

综上,为实现全方位、标准化地评估全过程工程咨询数据资产,须分析不同因素对数据资产评估的影响规律,构建完整的全过程工程咨询数据资产评估指标体系。

5.8.1 全过程工程咨询数据资产价值关键影响因素

与一般无形资产的价值构成不同,全过程工程咨询数据资产主要由企业主体控制,并需要有形资产来依附。数据资产价值评估工作复杂,主要原因是由于影响因素众多。因此,要实现全过程工程咨询数据资产价值评估,首先要分析数据资产的影响因素。研究发现(王丹,2020),数据量、数据质量、数据挖掘、数据成本四个影响因素对数据资产评估影响显著,在进行评估时应予以考量。

全过程工程咨询数据资产影响因素要能反映数据产生过程中所需要的成本,完成从海量数据中过滤、分析、挖掘、存储等一系列操作后得到所需数据,因此,全过程工程咨询数据资产价值应该包含获得数据这个过程中所产生的成本费用;与此同时,大部分的数据价值在于它通过分析和挖掘所带来的价值,而不仅仅是数据的本身,数据资产价值评估影响因素也要考虑数据分析所产生的应用价值。于是,结合全过程工程咨询数据资产的特点及对全过程工程咨询企业数据资产实际情况,可以从数据成本和数据应用两个方面对全过程工程咨询数据资产进行建模,同时从数据量与数据质量、数据分析能力两个方面对全过程工程咨询数据资产进行评估。具体包括:

1. 全过程工程咨询数据资产成本

数据资产的成本指标是动态的,受到众多其他不确定因素的影响,并随之变化,其中很多因素具有不确定性。在数据交易市场不活跃的情况下,数据价值没有明确的计算方式,卖方出售数据首先考虑获取数据时的成本。全过程工程咨询数据资产成本主要来源于数据信息统计成本、数据战略分析成本、数据资产运维成本三个方面,因此可从这三个方面对全过程工程咨询数据资产成本进行评估,如表5-9所示。

数据资产成本评估指标体系 表5-9

评估难度	评估指标	
数据资产成本	数据信息统计成本	统计环境建设成本 数据创建成本 数据安全维护成本
	数据战略分析成本	数据归档成本 数据销毁成本 数据故障检修成本
	数据资产运维成本	数据技术运维成本 数据业务操作成本

(1)数据信息统计成本。

数据信息统计成本包括统计环境建设成本、数据创建成本和数据安全运维成本。

(2)数据战略分析成本。

数据战略分析成本包括数据归档成本、数据销毁成本以及数据故障检修成本。其中,数据存档(Data Archiving)是将不再经常使用的数据移到一个单独的存储设备来进行长期保存的过程。

(3)数据资产运维成本。

数据中心的运营是一个复杂的生态系统,包含数千台相互依赖的设备。为了保证数据中心正常运行,不仅需要全过程工程咨询企业的运维人员操作及时,更需要维护好数据中心设备和系统,所以该部分包括业务操作成本和技术运维成本。

2. 全过程工程咨询数据资产应用

数据可无限再利用是全过程工程咨询数据资产价值的关键。固然数据资产成本对数据价值的影响非常重要,但是大部分的数据资产价值在于通过数据的分析、挖掘、清洗比对等过程后所带来的潜在价值。数据使用者不同,数据应用方面不同,使得数据带来的价值也不尽相同。因此,研究数据资产价值构成时,必须考虑数据资产的应用,其主要根据数据的统计质量、分析质量、资产使用情况、深化应用效果四个方面作为数据资产应用的主要评估指标,如表5-10所示。

数据资产应用评估指标体系 表5-10

评估维度		评估指标
数据资产应用	数据统计质量	数据信息完整率 数据信息准确率 数据更新及时率 数据信息冗余率
	数据分析质量	分析工具多样性 分析过程便捷性 分析结果合理性
	数据资产使用情况	数据使用次数 数据产权 数据使用对象 数据资产分类 数据使用效果评价
	数据深化应用效果	数据基础应用效果 数据常规应用效果 数据高级应用效果

（1）数据统计质量。

数据统计质量是保证数据应用效果的基础。衡量数据质量的指标体系有很多，典型的指标有及时率、完整率（数据是否缺失）、准确率（数据是否错误）、（数据是否按照时间的要求进行上传）、冗余率（数据是否是重复的）。数据质量是描述数据价值含量的指标，就像原油的质量，其质量越高，炼出来的石油就会越多；反之，原油的质量低，不但炼出来的石油少了，同时也增加了提炼的成本。高数据质量意味着高数据价值。

（2）数据分析质量。

数据分析质量的指标包括分析工具多样性、分析过程便捷性、分析结果合理性。高的数据分析质量给予数据更大的价值。

（3）数据资产使用情况。

数据使用情况不同，价值也会随之不同。数据的价值也随着不断提高数据使用次数而提高，数据使用次数的增加会使得数据中潜在信息被更深入的挖掘。大数据的使用情况受其产权直接影响，其评估值随着买方获得的权利越大而提高。企业管理者应用数据的能力决定了使用效果，数据资产和产品或者服务不能直接转化，因此，数据的使用价值的高低不是由数据本身决定，而是体现在企业管理者运用数据并进行决策时的辅助，或囊括在产品或服务中。因此，数据资产的使用效果很难与其他因素剥离和进行直接观察。通常来说，数据资产的价值伴随着企业管理者运用数据能力的增大而提高。

根据不同的研究问题,可以对全过程工程咨询数据资产进行不同的分类,比如数据来源,数据获得方式,数据所属专业等维度。数据资产所属的类别越多,数据可挖掘的价值也就越大。

(4)数据深化应用效果。

数据应用效果是描述在具体场景下数据集的经济价值,由于不同数据应用程度具有差异性,因而不同场景下的数据集,其价值会相差很大。数据只有应用在具体场景中,才会体现其价值。通过比较不同场景下的应用经济效果与多场景中最大经济效果价值,判断数据应用效果的经济型。

综上,全过程工程咨询数据资产价值构成及主要影响因素如图5-33所示的结构示意。

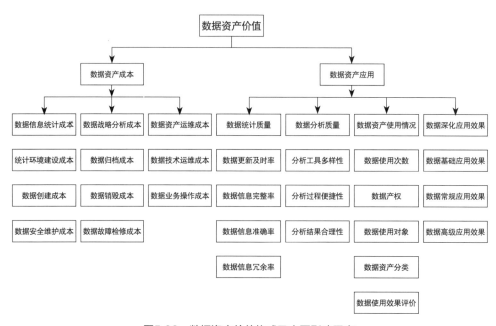

图5-33 数据资产价值构成及主要影响因素

5.8.2 全过程工程咨询数据资产价值评价指标

在进行评估前,需对评估指标设立不同评语等级,并规定评估结果的选择范围。

如表5-11所示,可将全过程工程咨询数据价值评估指标分为五个等级进行评价:

$V=\{v_1, v_2, v_3, v_4, v_5\}=\{1,2,3,4,5\}=\{$极低价值,低价值,中价值,高价值,极高价值$\}$

数据资产价值评估指标赋值定量化标度及含义　　　　表5-11

赋值	等级	定义
5	极高价值	花费成本较大，运用很高的技术水平，在市场上具有较高的垄断性，时效性很强，价值稍纵即逝的数据
4	高价值	能为企业带来较高价值，但数据时效性较强，具有一定垄断性的大数据
3	中价值	市场上对此类数据的供需基本持平，需要一定的技术对数据进行搜集处理，具有一定的收益风险
2	低价值	数据的获取不需要先进的技术，但数据质量不高，有时是数据残缺，有时是数据冗余，收益风险也比具有一般价值的数据高
1	极低价值	经过处理达到交易要求所花费的成本较其获得的收益高，且处理后的数据在市场上很难找到购买方

5.8.3 全过程工程咨询数据归一化处理

为了使数据具有可比性，消除不同量级造成的结果不同的影响，让处理后的数据能够进行比较和加权，需要对数据进行归一化。常用方法包括：

1. 比例归一化法（Proportional Normalization）

对正项序列$x_1, x_2, \cdots, x_n$进行如下变换：

$$y_i = \frac{x_i}{\sum_{i=1}^{n} x_i} \tag{5.1}$$

新序列$y_1, y_2, \cdots, y_n \in [0,1]$且无量纲，并且$\sum_{i=1}^{n} y_i = 1$。比例归一化方法针对全部数据为正值的序列。

2. Min-Max归一化法（Min-Max Normalization）

在Min-Max归一化法中，Max表示数据的最大值；Min表示数据的最小值。经过Min-Max处理变换后原始数据的结果取值范围落到[0, 1]的区间内。

Min-Max方法的缺陷是可能会增加计算时间，当有新的数据加入到样本数据中，可能导致Max和Min会发生变化，需要重新计算所有值得归一化结果。

3. Z-Score归一化法（Z-Score Normalization）

其计算公式为：

$$y = \frac{x - \mu}{\sigma} \tag{5.2}$$

其中，μ是所有数据的均值；σ是所有数据的标准差。

经过处理后的数据符合标准的正态分布，Z-Score要求原始的数据集近似为高斯分布，否则结果会不正确。

4. 对数函数归一化法（Log Normalization）

其计算公式为：

$$y = \frac{\lg x}{\lg x_{\max}} \quad (5.3)$$

其中，$x_{\max}$是数据中的最大值，所有的数据都要大于或等于1，数据结果会落在[0,1]的区间范围内。

对比以上几种归一化的优劣势，考虑到实际模型的数值在[1,5]范围内，下面采用比例归一化方法对全过程工程咨询数据进行处理。

5.8.4 全过程工程咨询数据资产价值评估模型构建

1. 层次分析法

如图5-34所示，层次分析法（Analytic Hierarchy Process，AHP）由美国运筹学教授Satty提出，是将与决策有关的元素分解成目标、准则、方案等层次，在此基础之上进行定性和定量分析的决策方法。其原理是根据问题的性质和要达到的目标分解出问题的组成关系，并按因素间的相互关系将因素层次化，组成一个层次结构模型，然后按层分析，最终获得最低层因素对于最高层（总目标）的重要性权值。

（1）层次分析的基本结构：

第一类：最高层，又称顶层、目标层。

第二类：中间层，又称准则层。

第三类：底层，又称措施层、方案层。

（2）具体步骤如下（林锦兰，2018）：

①根据需求对目标层进行分解；

②建立层次结构图，及判断矩阵；

③计算权重系数（主要基于德尔菲法，对各指标要素的权重进行赋值）；

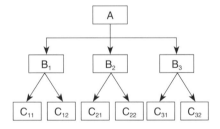

图5-34　层次分析法的基本结构模型

④进行一致性检验，满足研究需要，进入下一环节；

⑤计算合成权重，即全局权重。

2. 专家打分法

专家打分法又称德尔菲法，是一种采用通信方式分别将所需解决的问题单独发送到各个专家手中，征询意见，然后回收汇总全部专家的意见，并整理出综合意见。随后将该综合意见和预测问题再分别反馈给专家，再次征询意见，各专家依据综合意见修改自己原有的意见，然后再汇总。这样多次反复，逐步取得比较一致的预测结果的决策方法。

专家打分法依据系统的程序，采用匿名发表意见的方式，即专家之间不得互相讨论，不发生横向联系，只能与调查人员发生关系，通过多轮次调查专家对问卷所提问题的看法，经过反复征询、归纳、修改，最后汇总成专家基本一致的看法，作为预测的结果。这种方法具有广泛的代表性，较为可靠。

专家打分法的具体步骤如下：

（1）组成专家小组，按照课题所需要的知识范围确定专家。专家人数的多少，可根据预测课题的大小和涉及面的宽窄而定，一般不超过20人。

（2）向所有专家提出所要预测的问题及有关要求，并附上有关这个问题的所有背景材料，同时请专家提出还需要什么材料。然后，由专家做书面答复。

（3）各个专家根据他们所收到的材料，提出自己的预测意见，并说明自己是怎样利用这些材料并提出预测值的。

（4）将各位专家第一次判断意见汇总，列成图表，进行对比，再分发给各位专家，让专家比较自己同他人的不同意见，修改自己的意见和判断；也可以把各位专家的意见加以整理，或请身份更高的其他专家加以评论，然后把这些意见再分送给各位专家，以便他们参考后修改自己的意见。

（5）将所有专家的修改意见收集起来，汇总，再次分发给各位专家，以便做第二次修改。逐轮收集意见并为专家反馈信息是德尔菲法的主要环节。收集意见和信息反馈一般要经过三四轮。在向专家进行反馈的时候，只给出各种意见，但并不说明发表各种意见的专家的具体姓名。这一过程重复进行，直到每一个专家不再改变自己的意见为止。

（6）对专家的意见进行综合处理。

3. 模糊综合评估法

模糊综合评价法是一种基于模糊数学中的隶属度理论将定性评价转化为定量评价的综合评价方法。模糊数学用于对受各种因素制约的一个或者多个对象进行总体评估。模糊综合评价法具有清晰的结果和较强的系统性等特点，适合解决模糊问题和难以量化的问题，以及解决各种不确定性问题。

模糊综合评价法可以应用到数据资产评估中，通过研究影响数据资产评估的因素，确定评价指标体系，将评估对象的实际值对评价指标进行模糊处理，从而得到最终结果。模糊综合评价法流程图如图5-35所示（林佳奇，2020）。

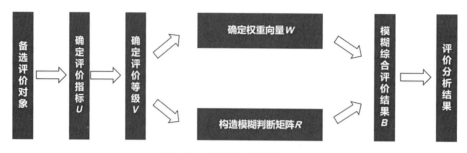

图5-35 模糊综合评价法流程图

模糊综合评价法步骤如下：

（1）确定被评价对象的评价指标和评价等级：假如评价对象为I，评价指标为$U=\{u_1, u_2, \cdots, u_n\}$，评价等级为评语集$V=\{v_1, v_2, \cdots, v_n\}$。

（2）通过确定各个评价指标的权重及评价指标对评语集的隶属度，构建判断矩阵。基于评价指标论域U与评语集论域V之间的模糊关系，构造评语集判断矩阵：

$$R_i = (r_{i1}, r_{i2}, \cdots, r_{ij}, \cdots, r_{mn}), i=1,2,\cdots,m; j=1,2,\cdots,n \quad (5.4)$$

其中，r_{ij}为因素u_i相对于v_j的隶属度，即重要程度，$0<r_{ij}<1$，因而矩阵R的第i行r_i（$r_{i1}, r_{i2}, \cdots, r_{ij}, \cdots, r_{in}$）为第$i$个因素$u_i$的单因素模糊判断矩阵，（$r_{i1}, r_{i2}, \cdots, r_{ij}, \cdots, r_{in}$）为$V$上的模糊子集。

（3）把得到的判断矩阵和评价指标权重经过模糊算子进行模糊处理，得到模糊综合评价结果。假若模糊评价指标论域U上的模糊子集为：

$$W = \frac{w_1}{u_1} + \frac{w_2}{u_2} + \cdots + \frac{w_i}{u_i} \cdots + \frac{w_m}{u_m} (0 \leqslant w_i \leqslant 1) \quad (5.5)$$

其中，w_i是评价指标u_i相对于模糊子集的隶属程度；W为评价指标U的模糊权重向量。

设评语集合V上的评语模糊子集为：

$$B = \frac{b_1}{v_1} + \frac{b_2}{v_2} + \cdots + \frac{b_j}{v_j} + \cdots + \frac{b_n}{v_n} (0 \leqslant v_j \leqslant 1) \quad (5.6)$$

其中，b_j为被评价的对象I相对于v_j的模糊子集的隶属程度；而B是综合评价结果。

综上，将权重矩阵W和判断矩阵R经过模糊合成算子计算，得到模糊综合评价结果向量B：

$$B = W \circ R \quad (5.7)$$

其中，$\circ$是模糊合成算子，可以根据具体实际情况选择合适的算子进行运算。最后，根据最大隶属度原则或者加权平均原则等方法确定评价最终结果。

5.9 全过程工程咨询数字运营应用

数据资产运营（数字运营）指通过获取和分析数据资产，挖掘其背后的价值—可视化运营、数据服务、咨询赋能等。全过程工程咨询企业数字运营的关键在于充分利用全过程工程咨询行业项目数量多、覆盖面广，以及知识与数据积累立足于高维度管理视角的优势，结合大数据和人工智能等前沿技术，将工程经验和知识整合更新，成为共享的知识库，有效解决全过程工程咨询中的知识积累和知识运用问题。

5.9.1 可视化运营

把可视化工具及相关方法用于全过程工程咨询领域内，通过分析与呈现大量的、即时化的多维项目数据，能够快捷呈现出实际所需的特征及结果信息；在模拟计算与数据分析中应用视觉交互方法，显著提升全过程工程咨询工作执行过程的简洁性，有益于提升工程管理质效；结合数据计算与处理过程，达到可视化实时模拟。通过"可视化"的方式，将复杂的项目数据进行有效表达，准确高效、简洁全面地传递某种信息，甚至帮助业主发现某种规律和特征，挖掘数据背后的价值。

如何有效利用数据资产，充分发挥数据价值，并将先进的信息技术、智能技术等进行深度融合和综合展示，不仅是数字化发展的要求，也是全过程工程咨询企业亟须解决的问题。与此同时，构建可视化运营为全过程工程咨询企业运营管控提供有效支撑，成为企业在大数据时代智慧运营的必然路径。因此，五洲工程顾问集团有限公司自主研发了天目数智全过程工程咨询平台，以可视化为目标，有机结合物联网、大数据、BIM、云计算、区块链等技术，打造智慧全行业数据可视化管理平台，实现智慧工地、智慧楼宇、智慧城市等数字运营。

1. 智慧工地

随着建筑施工行业对数字化建设探索的不断深入，数字应用逐渐趋向于具体工程项目，于是智慧工地应运而生，其基本特征可以从技术和管理两个层面来描述：

（1）技术层面。

聚焦工程施工现场，紧紧围绕人、机、料、法、环等关键要素，以岗位级实操作业为核心，综合运用BIM、物联网、大数据等软硬件信息技术的集成应用，实现资源的最优配置和应用（图5-36）。

（2）管理层面。

通过应用高度集成的信息管理系统，基于物联网的感知和大数据的深度学习

BIM应用管理落实情况

序号	项目BIM应用点 应用点	实施节点	序号	项目BIM应用点 应用点	实施节点
1	设计BIM模型搭建	完成	13	施工工序与工作面协调	完成
2	BIM招投标	完成	14	综合碰撞检查	完成审查归档
3	BIM管理平台	完成搭建，运行正常	15	管线优化	完成审查归档
4	设计BIM资料移交	暂定8月30日	16	净高分析	完成审查归档
5	BIM施工标准	完成审查归档	17	重点工程量统计	完成
6	BIM实施方案编制与审核	完成审查归档	18	室内外效果漫游	完成
7	BIM实施资源部署	完成部署	19	施工可视化交底	完成
8	施工BIM模型深化	完成	20	施工项目群现场协调管理	按进度进行
9	场地平面布置	完成	21	工期模拟及进度对比分析	完成
10	场地机械设备走线分析	完成	22	VR安全教育培训	完成
11	施工方案模拟	完成	23	智慧工地应用	完成
12	施工重要节点模拟	完成	24	质量、安全、变更等管理	完成
			25	BIM竣工模型与资料	完成

图5-36　基于BIM应用的智慧工地管理落实情况

系统等支撑工具，"了解"工地的过去，"清楚"工地的现状，"预知"工地的未来，与施工生产过程相融合，对工程质量、安全等生产过程以及商务、技术、进度等过程加以改造，提高工地现场的生产、管理效率和决策能力，对已发生和可能发生的各类问题，给出科学的应对方案。

智慧工地通过对先进信息技术的集成应用，与工业化建造方式、机械化、自动化及智能化装备相结合，提升工程项目建设的技术和管理水平，对推进和实现建筑产业现代化具有十分重要的意义，将成为建筑施工领域改革的重要内容之一。具体来讲，可以将智慧工地简单地概括为施工图纸立体化和施工人员App智能化两方面。其中的工程建筑施工图纸立体化主要指的是将整个工程施工图纸上的所有信息通过现代化、专业化、数字化的信息终端设备，将智能建筑系统平台中的所有信息、数据全部以一种立体图形呈现出来，无论是工程建筑的技术设计人员还是施工人员，都可以随心所欲地在整个建筑物内实现信息交流、数据漫游，包括其中工程各项目的设计构件、设计缺陷都一目了然，实现可视化运营。在智慧工地施工图纸立体化系统网络平台的构件过程中，起到关键作用的就是BIM技术的应用，利用BIM极大降低重新修建房屋成本，并且为工程建筑物的质量提供强大保障，使用寿命也会显著增长（图5-37）。

现以工程项目管理的规划、勘测、设计、施工四个阶段为例，具体展示智慧工地数据的可视化过程。

（1）规划阶段。

由第2章可知，开展工程项目规划的目标是梳理工程建设活动中的各种空间

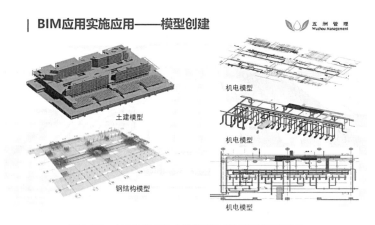

图5-37 基于BIM技术的智慧工地模型创建示意

关系。联合国教科文组织的有关文献曾表明，人类活动所产生的信息，80%以上与地理空间位置有关，而地理信息数据可看作为承载各类专题信息的基础数据，利用卫星系统反馈的遥感数据与地理信息强大的空间分析和管理功能，我们可以精准测算出项目的主要技术经济指标。例如：旧城区拆迁整改中需拆迁的具体数量，新工厂设施建造时划拨用地的来源、所属性质、规模大小及其对周围居民日常生活与生态环境产生的影响等，能科学、系统地规划设计城市道路的施工路线等，合理规划新扩改建建筑物或构造物的范围，实现对工程施工进度的宏观控制等。

（2）勘测阶段。

勘察人员前往工程现场通过规范化测量获得各种数据，并将其统一输送至数据库内。针对项目测量所得的数据结果，有特殊授权的高层管理人员可以对数据库内储有的测量数据进行增减、删除等操作，按照名称、级别、坐标、高程、观测精准度等差异，随时查阅观测数据。在项目现场施工时，实体工程的很多数据处于不断变化状态，比如，构造物的沉降量、水平及倾斜坐标移动、局部裂缝等，将以上属性的变化数据整合至数据库内，结合项目施工需求实时更新、修改，并即时生成模型变化过程图、观测值对照图及变形分布图等，进而帮助管理人员更加直观地开展数据分析工作。在工程施工结束后，测量已完工处的平面、高程位置等信息，通过数据库系统存储数据实现对项目施工图形及属性的双向查询。

（3）设计阶段。

3DGIS能够通过三维立体化形式呈现出工程地质勘测状况与设计方提供的设计方案，在分析设计方案时可以进行演示与对照，并且和各设计方案的成本及工期信息相关联，进而更能客观地评估方案，做出最优选择。针对项目设计方案内设定的分项施工次序与具体操作方法，及时将其呈交给项目建设方，便于其尽早进行科学的统筹安排。GIS能立体化呈现出各分部、分项工程施工方案的执行过程，有益于提升相关人员决策的合理性、有效性。GIS能结合工程施工进度计划的部署情况，快捷分析出各分项工程的最早及最晚开工时间、自由时差与总时差，并应用三维模型将其直观地呈现出来。针对重要线路上的主要工作内容、前后自由时差偏小的项目，理论上均要运用稳定系数较高、风险低的施工方案。

（4）施工阶段。

施工阶段的可视化主要包括：

①进行工程项目的施工拆迁范围、施工控制点位呈现及复测结果对比，呈现局部沉降量观测值及沉降点布设等情况，项目管理人员主要将被查询实体的属性信息输入数据库系统内，采用范围、目标、SQL、缓冲区查询等多种办法，便能在工程施工现场快速探寻到目标，为相关人员决策提供可靠的信息支持。

②开展进度管理工作。将施工进度计划与双代号网络规划图输入服务器自带的数据库系统，将其和工程现场实际施工进度进行对比分析。用户将分项工程名称输入客户端界面程序，就能快捷地调取出所需信息，执行相应的计算对比工作，自动呈现出该分项工程是否处于网络规划内的关键路线。若得到的是否定答案，计算机会智能提醒采用调整本体总时差的形式规避给工程进度带来的影响；如果答案为肯定的，计算机系统就会提醒通过合理调控当前工作内容以确保后期总进度符合设计要求。利用双代号网络规划图将人、料、机等计划及现场实际应用、调配、供应状况添加到数据库内，经统计总结后直观地呈现出计划进度与实际进度两者之间存在的差异。

③参与质量管理控制的过程。在终端软件的协助下，用户能把项目建材、机械设备及施工质量检测信息等传送至服务器的数据库系统。依据实际情况设定施工方名称、分项名称及检验批等信息，进而智能地生成统计报表、直方图等，为广大用户查询分析创造便利。

④辅助工程项目的管理。具体是把计划完成成本和工期、设备租金、人工劳务费信息输送到关系数据库内，并依照工程现场施工进度执行情况及其他要素精准计算出已完计划及实际成本，而后将其统一纳入数据库，与计划完成成本做对比分析，据此测算出进度指数和费用指数，自动生成相配套的统计报表。五是可以进行三维可视化演示。把项目的二维地图整合至GIS内，利用点、线、面等二维数据集等多种形式表示GIS内的部分地形和物体。把高程字段添加至前期已经录入的二维数据集属性内，将其作为新的补充信息，并且为其赋予相应的字段。通过创建数字高程模型，能帮助用户在可视化过程中更全面地了解空间数据之间存在的关系，能形象逼真地显示建筑物与地理形态，进而协助项目管理者实现身

临其境的交互式操作，在工程没有完成之前就全面、立体化地呈现出工程形态，为管理人员的决策与控制提供可靠的工具支撑。图5-38所示为项目施工现场示意。

2. 智慧楼宇

作为一种新的用能管理方式，智慧楼宇（图5-39）包含多学科、多行业的技术融合。通常呈现以下特点：

（1）综合管理系统；

（2）使用智能数据采集设备（如智能空调、智能电表、水表、燃气表等）；

（3）采用较低的成本为用户提供舒适的工作环境；

（4）利用传感器、传输设备等物联网技术获取楼内子节点的各类信息资源，再通过楼宇管理系统处理、决策，将信息汇总到统一调度平台，从而实现楼宇用能统一调度，综合管理的目的。

图5-38　项目施工现场示意

图5-39　智慧楼宇模型展示

智慧楼宇从整体上可分为应用层、数据层和通信层。通过这种方式实现智慧楼宇通信物联交互，提高了数据物联应用能力。具体而言：

（1）应用层。

应用层主要为智慧楼宇提供智能服务，对环境和智能设备间监控，对各个场景进行视频监控和入侵检测。在应用层中设置监控摄像头、温湿度传感器、红外监控、人脸识别模块、消防联动等不同的物联网设备，这些数据信息通过路由节点实现底层不同设备数据局信息的交互与传递，将见到的数据信息通过不同的数据信息节点传递到上层管理。

（2）数据层。

应用文件服务器、数据库服务器和管理服务器，存储和管理智慧楼宇产生的实时数据，与其他系统数据共享完成其他部分的联动，提供统一的数据交换标准支持整个数据层的运行。在具体设计中，文件服务器是指档案伺服器，该硬件设备能够在计算机网络中（尤其是错综复杂的文件信息数据信息内），将计算机网络不同数据节点内的所有用户，在不同时间，不同位置能够获取其内存储的文件存储设备，该技术能够将智慧楼宇数据信息通过网络数据节点或者网络存储部件检索或者存储文件。为了提高应用能力，还可以在节点接入边缘计算。边缘计算技术是在云计算基础上延伸的一种技术平台，具备云计算的各种能力，包括计算、存储和网络通信，是一种开放式平台，遵循就近原则，满足客户需求，能够对用户数据进行数字化处理，提高通信能力和数据安全能力。数据库服务器是建立在数据库系统基础上，具有数据库系统的特性，数据特征应用效果好，在该技术原理中，能够实现系统配置与管理、数据存取与更新等。具有不错的数据完整性管理和数据安全性管理能力。在管理服务器中，可以在其内安装不同的数据软件，设置、配置不同的服务器，进而实现楼宇数据信息管理，提高了用户的应用能力和维护能力。

（3）通信层。

该层中具有多个路由节点完成消息的转发，智慧楼宇各层中的智能设备作为数据节点，完成数据采集后汇聚到路由节点再发送到数据层。为了进一步避免数据信息的叠加和累计，这些数据信息之间可以动态交互，提高了数据处理和计算能力。

智慧楼宇中的数字运营主要体现在以下三方面。

（1）为楼宇提供云服务。

楼宇大数据的采集和分析使楼宇云服务的提供成为可能。智能楼宇的系统网络可对物业数据进行自动追踪，了解物业员的偏好，自动配置照明、暖通、电梯等系统。此外，智能楼宇行业也渐渐注重被传统楼宇企业忽略的客户数据，通过追踪客户的作息时间、消费行为等数据，给客户提供更好的服务体验，甚至为商家创造商机。

（2）提升楼宇节能效果。

由于建筑等级的提高，楼宇中各种新设备的数量有所增加，实现互联互通之后，通过收集、整理、挖掘这些设备的运数据，结合云计算、云存储等新技术，应用大数据分析，可以找出同类型建筑的能源消耗，这对于设立各种类型的建筑节能标准具有指导意义，通过物联网技术，可以有效地提高建筑的智能化和节能效果。

（3）使楼宇高度集成。

通过物联网形态化，智能建筑中如照明、暖通、安防、通信网络系统等子系统，已经可被集成到同一平台上进行统一管理监控，实现相互间的数据分享。这一趋势不仅要求系统集成商能够提供标准协议接口，开放集成其他应用，而且要求其不断完善开发统一平台，提供更优质的整合解决方案。

可视化智慧楼宇综合管控平台对楼宇进行了集中监管、能源管理、运维管理等,实现各系统联动控制、协同处置;降低能源消耗、运维成本,提升楼宇环境舒适度,延长设备设施寿命,打造安全、舒适、便捷、智慧的楼宇,实现精细化管理目标,为人们提供安全、高效、便捷、节能、环保、健康的环境。

3. 智慧城市

"十四五"规划进一步指出,加强数字社会、数字政府建设,提升城市服务、社会治理等数字化智能化水平。在此背景下,智慧城市作为连接数字政府与智能社会的纽带,成为通向治理能力和治理体系现代化的重要桥梁。

当前智慧城市发展正处于数字赋能与治理驱动的交汇点,传统的治理方式正面临严峻挑战,智慧城市(图5-40)的多样化场景,包括数字政务、智慧交通和智慧医疗等,不断呼唤新治理理念和治理方式。数字技术持续驱动治理创新,以电子治理和数字治理为代表的治理理念受到广泛关注。在此过程中,新的数字资源和数字技术不仅赋能,更是能够赋权城市治理中的各参与主体。一方面,数字革命改变了用于城市治理的各类社会资源的表现形式和传播机制,治理网络中的参与主体有更多参与表达和行动的方式。另一方面,数字技术为复杂系统中的协同提供有效的工具和手段,进一步推动智慧城市发展过程中多元主体共治的新局面出现。数字技术成为"十四五"期间推进国家治理体系和治理能力现代化的关键力量,也为智慧城市高质量发展指明了方向。

图5-40 智慧城市三维模型

城市建设和管理最核心的工作之一就是对于城市基本信息的获取和管理,对交通、能源、商业等重要公共领域的监控显得非常必要。虽然许多现代化都市已经将摄像头布置到了各个角落,但由于设备、技术等因素的限制,获取信息的质量并不理想,对于管理工作的帮助也非常有限。智慧城市(图5-41)是运用信息和通信技术手段感测、分析、整合城市运行核心系统的各项关键信息,从而对包括民生、环保、公共安全、城市服务、工商业活动在内的各种需求做出智能响应,实现城市管理工作的智能化。而海量数据的处理工作由人工进行处理显然不现实。而数字化处理不仅能节省人力,还可以为城市管理者提供丰富的分析、预测支持,甚至实现部分管理工作的自动化。智慧城市建设可显著提升城市公共服务水平,包含智慧城管、智慧交通、智慧安防、智慧教育、智慧医疗、智慧政务、智慧环保、智慧旅游等细分领域。

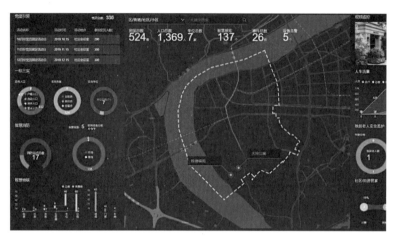

图5-41 智慧城市实时监测图

5.9.2 数据服务

随着大数据技术的发展，全过程工程咨询企业数据逐步汇总到大数据平台，形成了数据采集、计算、加工、分析等配套工具，建立了元数据管理、数据共享、数据安全保护等机制，并开展了数据创新应用。全过程工程咨询企业内分散的数据源可以通过数据移动平台实现数据快速进入到数据库中，并进行初步的数据抽取和加工，可以进一步对数据进行多方面的服务和利用。

1. 构建一体化的数据供应链平台

数字化时代，随着各行各业数字化转型升级，5G、大数据、AI等新一代信息技术的不断深化应用，带动了供应链的数字化升级和模式创新，不断提高企业资源组合和配置的效率，促进企业降本增效，提升企业核心竞争力。因此，基于完整的数据架构和全方位的数据内容，充分利用数字化技术将碎片化、零散式、高复杂的数据进行去中心化整合分析，进而实现供应链转型升级。需要以数字化手段为支撑，深化应用信息技术，积极探索构建供应链服务平台新模式。通过打造数据供应链服务平台，整合相关区域、行业、企业的数据资源，覆盖产业链上中下游，为产业链相关方提供交易、融资、结算、物流配送、库存管理、市场营销、信息技术等数据提供一体化综合性服务，实现供应链上中下游各企业在项目设计、项目招标投标、项目施工、项目运行及服务等方面的高效协同和优势互补。一体化的数据链工业平台主要呈现以下特点。

（1）供应链平台新模式。

数字化新技术的深化应用可使得数据供应链的各构成部分都能对外单独开放，

作为"即服务"的提供者，为数据供应链服务平台的发展带来巨大机会。数据供应链各参与方可通过数据供应链平台获取高质量的专业服务数据，提高对供应链整体的适应性和效率，而无须专门投入较高固定资产搭建相关供应链数据结构。

通过数据供应链平台（图5-42）的链接，各参与方也均可成为"即服务"的提供者，将自身外溢的数据提供给其他合作伙伴，实现新的利润来源。需要特别注意的是，数据供应链服务平台模式的兴起，给运营数据供应链服务平台的企业组织管理带来了较大压力，需要根本性的组织变革和一整套成体系的组织能力来管理规模庞大的供应链平台网络。

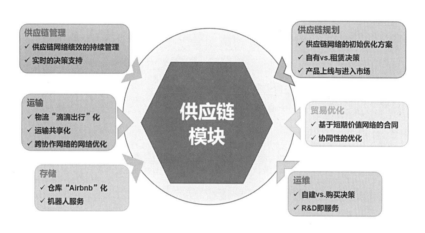

图5-42　数据供应链平台

（2）基于数据供应链平台的服务能力。

未来，数据供应链服务平台会对供应链各个领域均带来深刻影响，这一点主要得益于平台具备的广泛业务服务能力：供应链平台正在增加协作模式的范围。第五方物流5PLs将出现在客户、企业和供应商之间运营联合供应链平台，通过数据供应链服务平台进行外包，提供广泛的功能即服务（图5-43）。

除此之外，全过程工程咨询企业也可以成为供应链服务数据的提供商，向建筑行业其他企业提供本公司的供应链服务数据资产，以利用闲置产能并建立新的收入来源。成为供应链服务数据的提供商可以将成本中心转变为利润中心。巩固企业在自主选择的供应链领域中作为关键参与者的地位，并在扩大新客户范围时带来数量效率，形成一个良性循环，在其中获得更高利润。

未来供应链数据管理服务在企业自身乃至工程咨询产业发展中的角色将愈发重要，通过提供"供应链平台新模式"构建一站式咨询服务，用"数字化"颠覆传统，从顶层设计到执行落地，帮助企业重新思考，推进供应链管理与服务的重塑与升级。

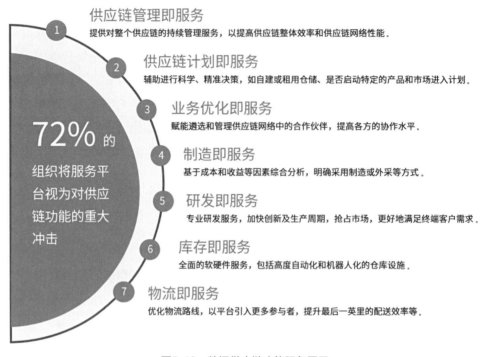

图5-43 数据供应链功能服务展示

2. 数据驱动全生命周期的场景化运行

随着数字经济在各行业蓬勃发展，传统的建筑行业近年来从决策、设计、施工、运营管理逐步转向数字化、智能化。基于企业本身丰富的工程经验和足量的数据内容，未来建筑行业的数字化转型将从单一业务节点到一体式整体布局，进而实现建筑建造业务数字化技术应用。围绕建筑建造全业务流程，从投资决策、规划设计、施工阶段、运营维护管理的四个阶段进行应用场景数字化模拟。

当前建筑建造业的数据驱动场景化应用主要可以拆分为服务于数据采集与集成、服务于针对特定业务场景及服务于综合协同管理的三类应用（图5-44）。第一阶段，通过智能物联设备及产业大数据构建底层建筑数据；第二阶段，运用特定场景下收集到的业务数据实现局部提效；第三阶段，则是汇集阶段内所有生产、管理要素的数据，实现单一业务阶段内的多参与方协同。

首先，对工程项目全生命周期的数据进行采集，并将存储的数据进行整合分析，进而对处理后的数据进行场景化应用建设（图5-45）。其次，整合多个触点和不同来源的数据，形成统一工程数据，为项目建设、业务分析、数据可视化以及数据驱动精细化营销提供数据支持，并且基于全过程工程咨询数字化平台，对整合后的数据进行精细化处理，形成闭环式的数据库。

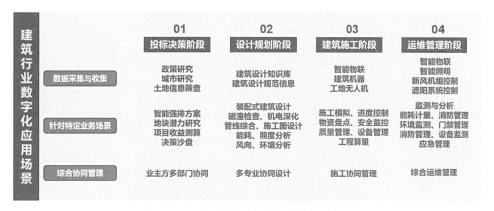

图5-44 建筑行业数字化各阶段应用场景

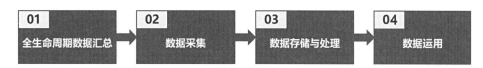

图5-45 全生命周期数据整合流程

3. 全过程工程咨询数据产品化价值利用

(1) 展示类数据产品。

展示类数据产品的核心目标就是以产品化的形式,降低数据使用者获取数据的成本,直观地展示企业所需要的数据模型。

首先,确定一个数据标准的指标体系,例如:按照工程项目主体不同可以将数据指标划分为医院数据指标、学校数据指标、公寓数据指标、仓库数据指标等;然后,将不同类的数据进行归类划分,也可以按照工程项目全生命周期的不同阶段划分为决策阶段、设计阶段、施工阶段、运营阶段等,根据不同阶段所需的数据模块进行归类;再将以可视化图表模型的形式进行展现;最后对页面布局进行进一步的精细化处理(图5-46)。将这些数据经精细化处理、整合、分类之后,可以作为公司专有的工程项目数据资产去中心化处理后,可最终形成企业对外销售的一种数据产品。

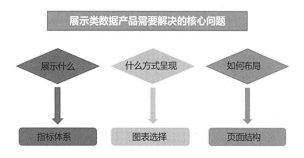

图5-46 展示类产品解决流程

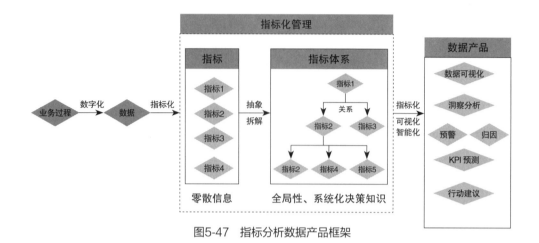

图5-47 指标分析数据产品框架

将数据进行拆解和整合，可建立起一套指标分析数据产品框架（图5-47），成为一种具备数据采集、计算、存储、展示和分析等功能的展示类数据产品，对外部企业出售。

展示类数据产品主要包括以下两种。

①静态展示型数据产品。这是一类相对简单的数据产品，它展现给用户的是一种静态图表，没有深入的动态交互功能，如图表PPT、信息图、数据可视化大屏等。这类数据产品通过简单的数据呈现就可以展示数据产品想要传达的信息。

②动态交互型数据产品。这是一类专业综合型的数据产品，如项目模型、数据决策系统、设备进出场管理系统、施工调度系统等。这类数据产品的受众需要具备一定的业务知识才能很好地理解这些数据产品想要传达的信息。

（2）分析类数据产品。

分析类数据产品就是从对全过程工程咨询数据资产中提取有具有价值的信息，并对其进行研究和总结，形成全过程工程咨询业务所需数据产品。其他企业通过购买这些数据产品可以直接分析和总结出所需解决的工程项目的有关规律，发现自身在管理过程中所存在的潜在问题，降低企业发展的风险，同时还可以利用这些已经处理整合过的数据产品，进一步提高企业的运行效率，加快工程建设。

分析类数据产品有以下四点作用。

①提供决策信息，帮助全过程工程咨询企业找准发展方向。企业通过购买数据分析产品，减少自身在数据分析方面的资金投入，同时发现企业在发展过程中所存在的不足，进而帮助企业全面了解自身发展状况，促进领导层做出更精准的发展决策，确保企业的长期稳定发展。

②提高业务管理水平，促进全过程工程咨询企业长期稳定发展。通过购买数据分析产品，可以实现对企业业务的进一步挖掘。此外，运用数据分析类产品，可以为企业管理人员在施工和运营中提供借鉴和参考，避免管理人员在管理过程中出现失误，提升企业的业务管理水平。

③提升全过程工程咨询企业风险防控意识，降低风险的发生率。在业务管理的过程中，通过使用数据分析判断企业未来的发展趋势，挖掘企业在管理过程中存在的风险因子，有效降低企业发生风险的概率。因此，数据分析具有防范企业风险的主要作用，并且通过数据分析，还能有效地提升管理人员的风险防控意识，规范管理人员的风险行为。

④建立健全管理制度，为企业发展提供制度保障。利用数据监控技术、分析技术等实现对市场发展动态的实时监控，并对相应的业务数据进行分析汇总，帮助企业实现阶段性或者流程性的评估，进而实现对相关管理制度的改进与完善。

（3）智能决策型数据产品。

智能决策型数据产品是可以根据数据分析结果自动执行决策和行动的一类数据产品。这类数据产品往往不是将数据分析的结果直接呈现给项目方，而是根据数据分析的结果进行决策并行动，其反馈的是行动后的结果，而不是数据分析结果。智能决策型数据产品的数据分析结果一般是看不到的，用户只能看到最终行动后的结果。因此，普通用户并不能直观感受到这类数据产品的存在，通常也不会将这类产品视为数据产品。只要是能够发挥数据价值辅助用户做出更优的决策或者是直接行动的一类产品都可以被称为智能决策型数据产品。

按照产品形态的不同，该类产品可以被分为两种：一种是软件型智能决策型数据产品，如定制化模型推荐系统、安全监测报警系统；另一种是软硬件结合智能决策型数据产品，如无人驾驶运输车、远程自动化搭建平台等。

智能决策型数据产品可为企业提供洞察、风控和预测等场景化数据服务构建，如风险监测和风险预警与控制、预测趋势等全方位的解决方案，助力企业构建数据智能服务能力。未来，全过程工程咨询企业将致力于将核心业务动态数据化，对业务场景进行系统化设计，通过算法实现业务逻辑并利用机器学习进行自我优化，数据通过服务进行多样化的便捷交付，使业务人员快捷地参与到数据应用中，基于数据的洞察发现变得更加及时、深刻和具有启示性，企业管理者、执行者将更加依赖数据进行数据决策服务。智能决策型数据产品将与业务系统进一步融合，驱动业务活动自动执行减少人为参与，实现业务的智能闭环。

5.9.3 咨询赋能

赋能是通过组织、流程的有效设计，使得企业的组织能够敏捷、有效完成工作目标，从而有效达成组织的使命和战略目标，其理论内涵是通过去中心化的方式驱动企业组织扁平化，最大限度发挥企业的潜能。咨询赋能是全过程工程咨询企业利用其高效的数据库挖掘更深层次的应用，最大程序开发数据的价值。

1. 数据产品

数据产品是在属性数据、空间数据基础上构建的可以应用在不同领域的专题数据。目前，大多数公司都以项目思维方式处理企业数据。每当业务职能部门遇到想要用数据解决的问题时，组织就会启动一个项目来获取数据、清理和准备数据，然后针对特定用例对其进行分析。每次出现新的业务问题时，都会遵循类似的流程来获取、准备和分析数据以满足其特定需求，这种方法速度慢，造成大量的重复工作。与数据项目相比，数据产品具有更高的投资回报和更低的单次使用成本，因为它们将随着时间的推移而发展，以支持多个用例（软件工程或系统工程中对系统如何反应外界请求的描述，是一种通过用户的使用场景来获取需求的技术）。数据产品可以帮助组织创造新的收入来源，改进决策，提高效率。为有效地创建和管理数据产品，全过程工程咨询企业需要正确的技术和正确的战略。数据产品是通过使用数据来促进最终目标实现的产品，它包含了人们理解数据和使用数据解决新用例所需的一切——即使此人在不同的团队中工作或完全不在业务范围内。与消费产品一样，数据产品也是为特定目的而设计的。

数据产品为公司提供了一种更好的方式来满足其数据需求，其设计考虑了整个组织的数据需求，并且可以重复使用，以支持跨多个功能的众多用例。数据产品可以是以下三种。

（1）数据集。

数据集是全过程工程咨询企业可以向用户交付的数据的集合，通过API的方式提供来自各种来源的数据，它旨在简化对数据的访问，提供了可用于多种格式的数据集或数据流，可重复使用的数据集（例如用于设计、制造、财务和运营）是典型的数据产品。

（2）代码。

代码是程序员用开发工具所支持的语言写出来的源文件，是一组由字符、符号或信号码元以离散形式表示信息的明确的规则体系，特征代码和转换片段（小块可重用代码）或数据模型（显示不同数据元素如何组合在一起的逻辑结构）都可作为数据产品。

（3）分析模型。

分析模型是对客观事物或现象的一种描述，可重复使用的机器学习模型（例如用于基坑工程预测性维护）是具有较大前景的一款数据产品。

2. 人工智能——合成数据

在当今世界，数据真正让世界运转起来，这几乎是我们所做的一切的基础。数据在共享时具有更大的力量和重要性，然而原始数据由于涉及隐私、采集难度大以及耗时久等问题难以取得。

在全过程工程咨询行业，对数据使用和客户隐私的限制较高，因此企业可尝试使用合成数据来辅助确定合适方案。合成数据是由经过真实数据集训练的AI算法人工生成的数据，而不是在实际生产中采集或实际生活中调研得来的数据。全过程工程咨询行业可通过合理设计程序，促使合成数据具有许多有利于解决问题的特征。如数据类型可以是数值型的、二进制的或明确分类的，数据的特征数量或数据集的大小可以是任意的，数据分布可以是随机的，且这种随机性可精确控制。对于分类问题，类的数量可控；对于回归问题，可用复杂的、非线性的过程拟合数据，随机噪声能以可控的方式注入合成数据，而这种合成数据的使用有助于企业避开原始数据涉及隐私使用门槛高的难题。

这种通过算法人为合成出的符合真实世界情况的数据，具有与真实数据相似的统计学特征，且在机器学习领域的应用越来越普遍。它的目标是通过对其概率分布进行建模并对其进行抽样来重现现有数据集的统计属性和模式，该算法本质上创建的新数据具有原始数据的所有相同特征并能导致相同答案，至关重要的是，任何原始数据都不可能从算法或它创建的合成数据中重建。因此，合成数据具有与原始数据相同的预测能力，但没有限制大多数原始数据集使用的隐私问题。合成数据主要有以下优点：

（1）安全性。

合成数据最明显的好处是消除了暴露关键数据以及损害公司和客户的隐私和安全的风险。只要原始数据在起作用，就总是存在以某种方式损害或暴露它的风险。合成数据不会伪装或修改原始数据。

（2）速度。

合成数据消除了隐私和安全协议的障碍，这些障碍通常会使获取和使用数据变得困难和耗时。

（3）规模。

规模是安全性和速度的副产品。安全、快速地访问数据可以扩展用户的可分析数据量，进而扩展用户可以解决的问题的类型和数量。

虽然今天合成数据的应用仍处于初期阶段，但它有望在未来几年实现大规模增长，因为它在使用数据和人工智能时为公司提供了安全性、速度和规模。这种通过算法人为合成出的符合真实世界情况的数据，具有与真实数据相似的统计学特征，在真实数据稀缺或过于敏感的领域，如医疗记录或个人财务数据，合成数据可用于训练人工智能模型，解决相关难题。

5.10 本章小结

数据资产的构建应建立在信息化与标准化相融合的工作模式上，信息化实现了文档资料的数字化存储，标准化促使了数据信息的规范化，而实现全过程工程咨询设计管理数字资产的构建，则应充分依托数字化平台的建设与应用。本章首先归纳总结了全过程工程咨询数据资产的概念，然后详细介绍了工程各阶段（决策、设计、发承包、竣工验收、运营）对应的数据资产及类别，接着列出了全过程工程咨询数据管理体系，制定了相应的控制标准，此后分析了全过程工程咨询数据资产价值关键影响因素，建立了全过程工程咨询数据资产价值评估模型，最后通过获取和分析全过程工程咨询数据资产，挖掘其背后的价值：可视化运营、数据服务、咨询赋能等。在这方面，五洲工程顾问集团有限公司率先采用先进的互联网、信息技术、软件技术、人工智能等科技手段以及先进的管理手段，对工程咨询服务过程以及咨询单位的管理资源进行有效的整合提升，实现全过程工程咨询管理协同、业务融合和集成化管理，将数字化交付的模型和核心信息纳入运营管理系统，服务于运维管理，形成了集总体策划、前期咨询、设计管理、项目管理、组织协调为一体的数据资产，为全过程工程咨询企业数字化转型提供参考。

6 案例分析——五洲工程顾问集团有限公司全过程工程咨询数字化转型

6.1 五洲工程顾问集团全过程工程咨询数字化平台转型背景

6.2 五洲工程顾问集团数字化转型历程

6.3 五洲工程顾问集团数字化平台建设

6.4 五洲工程顾问集团全过程工程咨询数字平台应用成效

6.5 五洲工程顾问集团数字化平台迭代升级规划

6.6 本章小结

6.1 五洲工程顾问集团全过程工程咨询数字化平台转型背景

五洲工程顾问集团有限公司（简称"五洲工程顾问集团"，图6-1）是一家专业从事建筑服务的新型企业，总部位于浙江杭州，公司目前拥有20多项甲级资质，是国内为数不多的资质全、实力强、服务广、发展快、创新多的综合性工程项目管理品牌服务商，综合实力位居浙江领先、全国前列。

凭借全资质全过程项目管理能力，五洲工程顾问集团为客户提供"3+3+3+X"细分服务产品：以工程设计、工程监理、工程代建为核心业务，以工程咨询、工程招标、工程造价为基础业务，以医院项目管理、住宅项目管理、绿色建筑管理为创新业务，以各项业务的自由组合为客户提供阶段性或一站式的项目管理服务。

图6-1　五洲工程顾问集团有限公司

6.1.1 五洲工程顾问集团数字化转型的初衷

1."十四五"国家发展战略背景影响

"十四五"时期是生态文明建设负重前行的关键期，更是国家大力推动数字经济、推动产业数字化转型的关键时期，同时也是我国落实"双碳"战略的关键期、窗口期。绿色化、数字化、低碳化交汇成为未来我国的发展主旋律。建筑业为什么要做数字化转型？工业化、数字化、智能化，是建筑行业走向现代化的必然路径。"十四五"规划纲要勾勒出我国数字经济发展的宏伟蓝图，为数字经济发展指明了方向、注入了动力。

"十四五"规划和2035年远景目标明确强调"为数字经济带来新效益"，充分利用海量数据和丰富的应用场景，推动数字技术与实体经济深度融合，促进传统产业转型升级，形成新产业、新业态和新模式，拓展经济发展的新引擎（图6-2）。"十四五"期间，建筑业将继续推进数字化转型。依据"十四五"规划纲要的建设目标，要建成现代化的产业体系，建筑业是其中一个重要的构成部分。要构建现代化的基础设施，谁来做？同样是建筑业。建筑工程行业作为国民支柱的传统行业，具有体量大、管理粗放、企业利润低等长期问题。在这样两化融合、数字化的大趋势下，建筑行业与数字技术深度融合，用数字化提质增效，赋能转型，实现建筑行业精细化管理、精准决策、完成作业流程数字化、项目管理系统化，是当下迫切的任务。

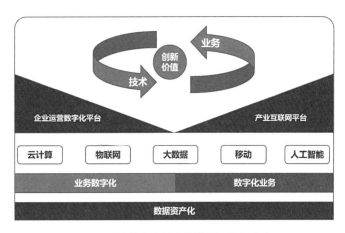

图6-2 传统企业数字化转型思想与方式

然而，目前建筑企业数字化转型主要面临四方面问题：一是建设工程因地域、规模、类型等因素不同造成的经验式管理难复制、实时监管不到位、人为因素影响大的问题；二是因建材产品种类繁多，传统供应链不透明、效率低等造成的采购成本偏高问题；三是建设项目周期长、部门多、人员流动大等因素造成的企业内部协同工作难的问题；四是建筑行业体量大、产品种类繁多、项目建设分散等导致的行业宣传推广难的问题。

因此，建筑企业的转型需要数字化平台作为载体，通过数据集成应用各种数字化技术，对内产生新的洞察，创新业务模式，使业务可量化、可视化、可优化；对外提供新的服务，创造更大价值，实现多种数字化技术集成应用，产生协同效应，最终实现大幅提升生产力水平的转型目标。

2. 建筑行业数字化转型整体趋势

何为数字建筑？《数字建筑白皮书2021》指出，所谓数字建筑，是基于数字孪生理念，全面运用5G、BIM（建筑信息模型）、物联网等前沿技术，实现建筑的全过程、全要素、全参与方的数字化、智能化，从而构建项目、企业和产业的平台生态新体系。"十四五"开局之年，建筑业也在蓄力奔向高质量发展路径。与会代表认为，推动建筑业可持续高质量发展，数字化转型是必由之路，而行业正面临机遇，必须牢牢把握住正在到来的战略发展机遇期，在新技术、新制造、新基建、新业态等方面取得新突破，抢占未来发展制高点。

我国加快部署推进新基建，培养壮大数字经济新动能。近年来，数字经济规模占GDP的比重持续攀升，到2025年有望突破55%。数字经济已成为我国实现"变道超车"的关键举措。2021年，各项政策红利加持，"十四五"规划新增了数字经济核心产业增加值占GDP的比重等新经济指标。2021年10月18日，习近平主持中央政治局第三十四次集体学习时指出,"世界正在进入以信息产业为主导的经济发展时期。要把握数字化、网络化、智能化融合发展的契机,以信息化、智能化为杠杆培育新动能"。以数字化转型整体驱动生产方式、生活方式和治理方式的变革是大势所趋。

与此同时,从技术发展的角度看,随着互联网、5G等相关技术的发展与成熟,在数字技术为代表的现代科技引领下,利用新技术破局在新一轮调整中已初见端倪。因此,建筑企业有望在融合数字化基因的过程中,逐渐摆脱粗放的传统标签,实现数字化转型,助推智造强国梦的实现。

3. 五洲工程顾问集团自身需求

(1)外部环境。

①行业现状。随着我国固定资产投资规模的不断加大,对项目建设管理水平要求也日益提高。相应地,项目业主对项目从投资决策、建设到运营中的全过程一体化服务的需求也日趋强烈。然而当前全过程工程咨询暴露出了诸多问题,包括组织关系复杂、协调工作大;投入资金管理不清晰;各方责任不明、分工不确切;计划工作落实难;工程项目管理观念淡薄、法制不健全等,亟须寻找新技术来解决上述难题。

②技术发展。随着全球步入数字时代,数字化正为企业带来了全新的创造力与机遇,为各行业的企业重新构建数字化生态系统。在该生态系统中,客户、合作伙伴、员工、供应商和外部实体之间保持一致和无缝集成,从而为整体提供更大的价值。此外,5G网络建设、移动终端、大数据、人工智能、物联网、区块链等新技术的发展也对业务的运营流程产生了显著影响。然而,目前我国的建筑企业数字化管理研究还处于起步阶段,尤其在全过程工程咨询服务领域,尚处于空白阶段。

(2)内部现状。

为保障企业高质量发展,打破工程咨询行业传统的工作模式,企业围绕"转型高端咨询"这一目标战略目标,已取得以下初步成绩。

①业务沉淀。形成了1+N+X的未来社区全过程工程咨询模式,实践了监理转型第三方巡检业务的模式创新。

②数据积累。围绕工程项目全过程,开展了针对项目过程管理数据、项目文档资料、成功与失败案例的规范化资料管理实践。

③组织结构。逐步形成了完备的组织结构、稳定的人才储备、经过多项目打磨的组织模式。

④人员能力。在企业内部大力传播数字化发展理念,在培养人员专业技能与

管理经验的同时,努力强化其数字化管理意识。

虽然五洲工程顾问集团已率先走在"转型高端咨询"的道路上,但当前企业依旧存在以下障碍亟待破除:

  a. 缺乏标准化的作业体系;
  b. 各种投入—产出评估体系不完备,考核、绩效、奖惩无数据支撑;
  c. 项目的成败过度依赖个体能力;
  d. 项目管理过程控制与实际存在脱机的情况;
  e. 财务结算不清晰,关系错综复杂,往来结算问题遗留。

目前,上述全过程工程咨询行业出现的问题盘根错节,牵一发而动全身,其中的关键问题是全过程工程咨询企业难以将业务、应用、数据、技术等领域紧密关联和结合起来,对市场做出快速和正确的响应。而数字时代的来临有望为全过程工程咨询的升级、实现"转型高端咨询"的战略目标带来新动力。

6.1.2 五洲工程顾问集团数字化转型目标

1. 业务目标

(1)实现各参与方业务协同、数据共享。

通过数字化的手段,针对工程项目管理过程中的重要环节,构建跨层级、多主体的业务协同和数据共享应用场景。如项目管理内部各专业间的协同,项目管理与设计院、施工单位、业主方、政府部门协同。

(2)形成咨询整体作业标准。

基于以上的业务协同、数据共享、知识传承,能真正地形成全过程工程咨询管理的作业体系,无论从作业过程中的标准规范动作,到过程中的项目进度管控,最后的成果考核都能形成标准化的作业规范。

(3)数据决策。

通过数字化平台建设,支持各部门的数据分析需求,对数据进行深度挖掘,发现潜在价值与风险。平台建设数据决策系统,可以大大提升IT辅助决策的能力,降低企业运营和沟通成本。通过全方位的数据展示,帮助管理层便捷准确的进行决策制定,提供其报表维护工具,减轻开发量,提高响应速度。

(4)实现管理知识沉淀与更新,沉淀数据资产。

通过数据在线的方式实现项目建设过程中产生的成果、经验,对教训的反思总结能结构化且永久地保存下来;并且在后续新的项目中能快捷、方便地应用与验证,从而确保所有的知识是随着项目发展而更新迭代、与时俱进,为总结提炼管理手段和管理办法提供科学依据。

（5）数据孵化。

此外，五洲数字化平台将依托大数据、云计算、人工智能等核心技术，从平台运营管理、企业服务、监测运维等方面将数字化手段贯穿平台数字化孵化服务经营管理全链条，提升孵化服务质量和水平，成为以企业技术咨询、管理咨询等服务为主要收益来源的科技企业孵化器。

以垂直孵化、精准孵化、专业孵化理念，通过自主打造五洲数字平台，将运营集成化、服务平台化有效提升平台服务质量。将新基建设施、科技研发服务、运维服务、政策资源通过数据化方式进行整合归纳；有效传递、精准匹配，形成数字平台、孵化管理、企业为一体的开放空间，以数字化手段赋能工程建设、创业企业协同发展，立足科技孵化载体，为政府、建筑行业、双创园区以及其他双创服务机构提供数字化基础设施和各类信息服务的新型创业孵化模式。

2. 技术目标

（1）实用性目标。

五洲数字化平台将最大限度地满足实际运营的需要，充分考虑各业务层次、各环节数据的实用性，把满足用户需求、用户体验作为第一要素进行考虑。用户操作界面设计尽可能考虑互联网操作习惯、人体结构特征及视觉特征，界面力求美观大方，操作力求简便实用。

（2）先进性目标。

采用业界先进、成熟的软件开发技术，如MVC架构、数据访问封装、实体封装、业务逻辑封装等多层体系结构；采用面向对象的设计方法，可视化的、面向对象的设计工具；选用业内流行的开发语言；选用MySQL、Oracle等成熟的数据库产品。前端合理使用流行的Ajax和JQuery等技术，以实现更好的用户体验。

（3）可扩展性与可维护性原则。

为适应将来发展需要，确保平台具有良好的可扩展性和维护性，平台设计将尽可能模块化、组件化，并提供配置模块和客户化工具，使应用系统可灵活配置，适应不同的情况，数据库的设计尽可能考虑到将来的需要。

（4）严格遵循统一的代码规范。

整个平台严格遵循OOP面向对象的原则编写，所有代码、逻辑均采用继承、多态等封装，流程清晰，可维护性、可扩充性强。

（5）安全与可靠性原则。

平台与数据库系统的设计做到安全可靠，防止非法用户的入侵。数字化平台将采用多级认证措施，以及密码存储采用无可逆加密方法，管理员无法知道用户密码，也不能逆向推算出用户密码。数据库的备份策略恰当，以防止灾难性故障丢失客户重要的数据。

6.2 五洲工程顾问集团数字化转型历程

建筑企业数字化转型的终极愿景是使建筑企业能实时发现一线业务或管理的问题，并用更少的环节解决问题。从建筑企业数字化转型升级的发展趋势来看：集成应用业务信息化系统、打通数据流实现数据共享以及提升企业数字资源利用效率高居"关注度"榜首，其次是各业务相关信息化系统深入应用，为业务板块提供更具体的价值。

五洲工程顾问集团提出数字化转型"四步走"（图6-3）：第一步，基础信息化，初期应用互联网技术与网络办公软件，构建数据结构化基础，实现核心价值业务环节的办公信息化；第二步，应用数字化，基于信息化应用基础，开展点状数字化平台项目的建设，探索点状智能化应用，实现关键业务流程点状数字化建设；第三步，全面系统化，构建五洲工程顾问集团全过程工程咨询数字化平台，进一步提升五洲工程顾问集团全局可视化及分析能力，逐步开展智能化驱动商业模式创新，实现体系化转型；第四步，智慧生态化，实现全面智能化和均衡普惠，建立成熟的全过程工程咨询数字化平台，不断探索项目建造的智能化，构建数字生态体系。

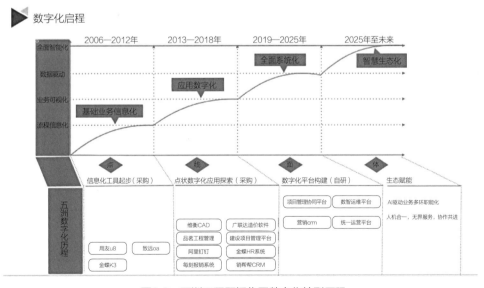

图6-3 五洲工程顾问集团数字化转型历程

6.2.1 五洲工程顾问集团基础业务信息化发展历程

鉴于我国建筑业施工具有复杂性、多发性、严重性、隐蔽性等特点，五洲工程顾问集团于2006年开始投入大量人力和物力进行信息化施工平台以及办公软件的探索与研发，对工程进行精确设计和模拟，减少施工失误和重复施工，最终实现工程全过程可视化智能管理，提高工程管理信息化水平，降低工程风险，改善工程质量。

在2006—2012年的六年间，五洲工程顾问集团在一些传统办公软件、分析程序的基础上进行开发，初步探索建筑工程的基础业务信息化。

1. 简单应用工具软件阶段

从2006年开始，五洲工程顾问集团有限公司最初的信息化仅限于办公室、人事管理和财务管理等方面，是一种基于文本处理、报表打印和数据管理的简单应用。然而随着一些新型的网络工具软件的推出，五洲工程顾问集团有限公司形成了以工具软件为代表的初步信息化，随着各种工具软件的不断创新和迭代升级，信息化呈现出加速增长的趋势。

然而随着信息技术的深入发展，这些工具软件已无法满足五洲工程顾问集团和战略决策发展的需求，全过程工程咨询业务问题愈发突出。在这个阶段，五洲工程顾问集团的全过程工程咨询信息技术仍然没有实现局部应用。

2. 信息化局部应用阶段

2008年，随着信息技术的进步，五洲工程顾问集团与一些当时市场上主流的应用办公软件开展业务合作（如财务管理、人事管理、项目预算管理相关办公软件），并初步取得了良好成效，同时也促进了五洲工程顾问集团初步实现了有关全过程工程咨询业务的计算机办公软件的应用。财务、人事、行政办公等一些主要职能部门率先实现部门业务信息化，不仅提高了部门业务处理的效率，而且打开了内外信息流通的窗口，有效提高了五洲工程顾问集团各部门的办公效率，为建筑企业最初的信息化建设提供了示范，五洲工程顾问集团也由此成为建筑企业信息化的先行者。

但是，由于当时缺乏整体规划和考虑，没有进一步开展更全面的信息化战略布局，为后来信息孤岛出现带来隐患。

3. 上市办公软件合作应用阶段

随着五洲工程顾问集团部分职能部门率先实现信息化，在企业管理和综合实力方面发挥了一定的示范作用，企业对信息化建设的需求日益迫切。然而建筑企业的固有特点——总部办公空间与工程施工现场的分离亟须集团利用交换技术为这些职能部门建立局域网络，实现信息和资源共享，提高办公效率。2010年以后，硬件价格显著下降，与此同时，金融软件、制表软件、分析软件、库存软件和销售软件也相继上市。于是，五洲工程顾问集团采购不同办公软件以适应互联网蓬勃发展的潮流，进一步提高了五洲工程顾问集团的信息化规模，有效推动了集团在全过程工程咨询领域的信息化进程。

然而这些软件也存在着非常明显的分散性问题，于是实现各种应用软件的整合和统一，使分散和孤立的数据彼此连通形成有机统一，成为现阶段建筑施工企业职能部门的关键问题，也是五洲工程顾问集团在今后一段时间内所亟须解决的重要课题。

6.2.2 五洲工程顾问集团初步应用数字化发展历程

1. 五洲工程顾问集团互联网初步应用

在2012年之后，互联网技术快速发展，无线网络应用日趋成熟，促进了工程现场协作办公的建立。与项目实施过程相关的数据和信息可以通过互联网及时传输到公司总部，这为真正意义上的ERP（Enterprise Resource Planning）奠定了基础。Internet给拥有不同资源的企业供应了一个公平竞争的机会，顺应这种发展趋势，互联网应用助推了建筑企业信息化的实现。在此宏观的大背景下，五洲率先投入互联网发展的浪潮之中，并逐步开始利用互联网技术探索构建点状数字化平台的。

2. 五洲工程顾问集团点状数字化平台探索

工程全生命周期涉及"投建营"相关的诸多单位，各主体诉求不一甚至相互矛盾，缺乏明确统一的标准支持，各阶段产生的数据无法得到有效传递。面向单阶段多、全过程应用少，跨板块、跨企业、跨境信息化、数字化发展不充分、应用不均衡，业务应用的深度浅，发展空间大。

建筑企业的数字化系统需要基于企业的流程管理进行建设，如经营管理、工程管理、财务管理、人力管理、项目管理等，从数据采集、管理及分析直至形成大数据平台；同时也需要推进数据融合，破除企业各数据系统间的壁垒，实现各系统业务与数据的相互贯通，应用于企业管理的方方面面。

在建筑行业中，多个数据竖井支撑点状应用现象比较普遍，其中，最常见的是按照工程建设全生命周期的不同阶段、不同要素、不同参与方进行数字化划分和实施（图6-4），进而实现建筑企业运营数字化和建筑建造业务数字化。

从2012—2018年，五洲工程顾问集团基于工程建设全生命周期的应用类型进一步开展点状数字化平台建设，用数据表达工程建造过程中的各类生产要素及管

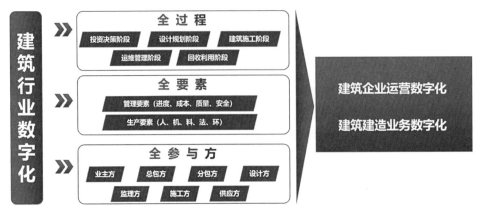

图6-4 建筑行业数字化点状划分

理要素,通过实现作业人员、生产设备、物料、工艺、工法及场地信息数字化,提高生产计划的可靠性,并进一步收集生产数据,对生产进度、成本、质量、安全等管理要素进行指标分析,实现管理决策有据可依。在运用信息化技术进行降本增效的基础上,通过点状数字化平台应用,进一步激活企业内的点状数据要素传递,颠覆组织形态及业务模式,加速构建连接专属于五洲工程顾问集团的点状数字化平台。

3. 五洲工程顾问集团点状数字化平台应用缺陷

随着大数据应用的不断深化,点状应用的建设模式已无法满足全过程工程咨询企业发展需求,具体表现为以下四点。

(1)数据交换难:数据分散在独立平台中,难以形成多维度关联,数据价值降低。

(2)建设成本高:数据重复存储和处理,资源无法共享和统一调度。

(3)管理开销大:每个集群均需要单独的维护人员,如果厂商/架构不同,复杂度更高。

(4)安全风险高:数据分散管理,增加了数据泄露的风险。

五洲工程顾问集团在引入数字化的同时也遇到上述难题,于是如何建设统一的企业级数字化平台,对资源、服务、数据和用户进行统一管理,提供统一的应用开发和运行环境,成为五洲工程顾问集团乃至所有建筑行业的数字化转型需要解决的共性问题。

4. 五洲工程顾问集团数字化平台整合思路

对于五洲工程顾问集团来说,数字化平台整合是一项系统工程,需要统筹考虑管理、业务和技术等诸多方面的要求,有针对性地进行组织管理调整、业务流程设计和平台技术实现。

6.2.3 五洲工程顾问集团构建全过程工程咨询数字化平台历程

2019年开始，五洲工程顾问集团砥砺探索建设全过程工程咨询数字化平台新方向，使建筑施工的各参与方、各要素及全过程管理都可以在一个"可视化、规模化"的平台上进行相互协调，使得原本分散的建筑业，可以实现生产线、商务线和管理线的有效整合，项目数据、管理信息也开始互联互通。助推建筑企业迈向数字化转型升级，将BIM、云计算、大数据、物联网、移动互联网、人工智能等信息技术融合，实现"数字建筑"的有效增值。

1. 建设与数字化平台整合运营相适应的组织架构和体系

构建企业级数字化平台需要成立数字化平台管理与控制（以下简称"管控"）、数字化平台运营和数字化平台技术机构。其中，管控机构负责数字化战略和整体规划；运营机构负责数字化业务规划、数据管理、建设和业务运营等工作；技术机构负责数字化技术研发和运营支撑工作。相关机构协同工作，共同建立面向大数据运营的体系。

（1）五洲工程顾问集团的数字化管控机构。

作为公司最高级别的管理单位，该机构可明确整个公司层面的数字化战略，建立数字化平台组织架构调整，推进大数据跨部门采集和应用、实施统筹、服务保障和考核等体系，为数字化平台运营保驾护航。

（2）数字化平台运营机构。

该机构为公司级别的生产单位，需承担数字化平台业务规划，建设企业级数字化平台业务体系，包括建设数字化平台系统、从各个领域采集大数据、统一治理企业级数据模型、在数字化平台系统上开展各种业务等，为公司内外部提供服务。

（3）数字化平台技术机构。

作为五洲工程顾问集团最高级别的研发和支撑单位，该机构需承担数字化平台系统技术方案和系统集成工作，包括支撑运营机构完成技术和实施方案、技术研发和采购、系统集成工作，在系统上线后，还需支撑数据分析、系统技术服务和运维支撑工作。

如图6-5所示，在整合前，五洲工程顾问集团各部门遵从自己的内部流程；整合后，各部门需要统一遵循公司的统一流程和体系（包括数据获取、应用构建、应用运营和维护等），可以基于一体化工程建造平台快速开展，经由管控和运营机构审核与保障数字化运营。

图6-5 五洲一体化工程建造平台

2. 数字化平台中心运营

数字化平台运营流程重构与实施构建企业数字化平台中心之后，需求单位可以按照云计算方式申请数字化平台中心的计算能力和数据资源，在正常的申请范围内，快速实现业务开通和上线；在数字化平台中心管辖范围之外的数据，还需要数字化管控单位审核开通。

如图6-6所示为五洲工程顾问集团的大数据分析平台业务架构模式，由图可知，整合前，各部门遵从工程项目建设流程，需要经历预算审批、招标投标、集成、数据开通等复杂的流程，时间周期长，不确定性高；整合后，集团可以按照技术服务方式构建大数据业务系统，周期短、效率高、更安全。实现了传统运营业务架构向数字化平台中心运营业务架构的演化。

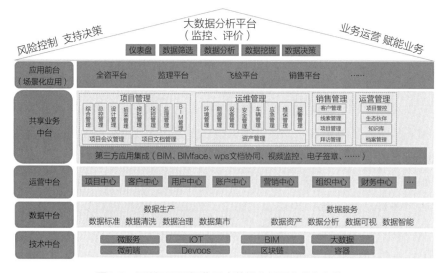

图6-6 五洲工程顾问集团大数据分析平台业务架构

3. 大数据平台技术规划与实现

企业级数字化平台包括管理、业务、数据、开发等所有相关功能，需要具备全局的管理思维、详尽的功能视图设计以及整合复杂的技术体系。数字化平台技术规划与实现可参照开放组体系结构框架（The Open Group Architecture Framework，TOGAF）等业界通用的IT架构设计方法论。在互联网周刊发布的"2022数字化转型推动企业100强榜单"中，腾讯、华为、中国电信、工业富联等企业都榜上有名，并居于前列。数字技术带动大规模的转型，正在持续深入地重塑人类生存的核心领域。尤其近些年在疫情的催化下，各个领域都经历着一场数字化转型的风暴。

在建筑行业中，五洲工程顾问集团率先开始了全过程工程咨询项目数字化管理的探索。经过两年多的自主研发与反复试错，五洲工程顾问集团终于完成了工程咨询管理项目数字化平台的搭建，并进入了最后的内测阶段。

五洲工程顾问集团自主研发的管理项目数字化平台结合项目管理协同平台、数智运维平台、营销平台、统一运营平台为一体，围绕建设工程全生命周期内的咨询，提供总控管理、设计管理、招采管理、监理管理、投控管理、报批管理、BIM管理八大核心业务模块。实现项目计划与执行、工时管理、合同管理、预算与控制、安全质量管理、项目看版等功能，是行业首个基于全过程工程咨询模式的数字化管理平台。

同时，五洲工程顾问集团注重使用数字化手段专注"精细化管理"，将数字化技术纵向与项目管理深度融合，横向延伸向工程的全价值链，如智慧工地等，行业发展过程从过去的可视化应用为主，逐渐转向对"数据载体"和"协同环境"这两大特征的应用。数字化集成平台应用要逐渐深入到各管理阶层，为加速工程项目的精细化管理水平提供更好的技术支持。

6.2.4 五洲智慧生态化建设规划与探索

在2025年以后，五洲工程顾问集团将基于项目管理数字化平台，通过智慧生态化工程建设，不断促进工程建设单位内部生产关系的转型升级，完成与"互联网+"社会生产力的和谐对接，进一步释放五洲工程顾问集团企业员工的创新创效活力，为工程建设管理单位提供可持续发展的源动力。

同时，五洲工程顾问集团从数字化发展角度进行布局，放眼未来，物联网、大数据和人工智能为代表的数字化技术发展，使智慧工程建设具备信息基础和产业基础；同时，不断提升的工业设备智能化水平，也为智慧工程建设创造了良好的技术支撑。五洲工程顾问集团将着重推进业务管理的数字化，不断探索项目建造的智能化，构建数字生态体系，进一步实现项目建造智慧化、场景应用智能化、产业生产协同化。

另外，五洲工程顾问集团也将依托建筑行业产业化，提升战略高度，积极介入、整合外部资源，联合建立"工程建设命运共同体"，构建工程数字化生态圈，通过平台+生态的模式，重构产业全要素、全过程和全参与方，借助数字化转型的"使能者"，逐步接入供应链与产业链系统至数字化平台，推动"投建营"各主体环节的无缝衔接、高效协同。打通处于"孤岛状态"的数据链，迭代提升数字化平台。

6.3 五洲工程顾问集团数字化平台建设

6.3.1 五洲工程顾问集团数字化平台整体概况

在实际项目操作过程中，全过程工程咨询存在业态多、管理界面复杂、参建单位沟通组织协调工作量大、整体管控流程效率提升难等行业痛点，从而严重制约了全过程工程咨询行业的发展。随着工程建筑行业信息化、数字化转型的不断深化，全过程工程咨询如何借转型之东风，聚焦痛点，攻克难点，实现产业升级迫在眉睫。

五洲工程顾问集团以敏锐的行业嗅觉，洞察先机，基于大量全过程工程咨询、工程总承包、1+N+X各产品模块相关项目案例过程管理理念、制度、工具、数据、资料等成果，将管理流程、模式、逻辑与信息技术相结合，并应用于工程项目全过程建设数字管理，建立实现服务一体化、咨询专业化、目标高端化的全过程工程咨询生产管理系统平台——天目数智全过程工程咨询平台（图6-7），在国内率先开展了全过程工程咨询项目数字化管理的探索，为高标准、严要求、高效率、高品质地实现各类建设目标保驾护航。

天目数智全过程工程咨询平台以项目为中心，为项目管理提供全面的数字化决策，并为项目参与各方提供逻辑清晰、责权分明的用户界面和高效、安全的信息沟通渠道，营造全新的数字化管理生态，通过数字化赋能与创新，解决专业割裂、信息传递失准、管控低效、标准规范错位等痛点问题。平台围绕建设工程全生命周期内的咨询服务，提供总控管理、设计管理、招采管理、监理管理、投控管理、报批管理、BIM管理八大核心业务模块，实现项目计划与执行、工时管理、合同管理、预算与控制、安全质量管理、项目看版等功能，是国内全过程工程咨询行业首个基于全过程工程咨询模式的数字化管理平台。

图6-7 五洲工程顾问集团项目管理数字化平台（天目数智全过程工程咨询平台）运行界面

1. 天目数智全过程工程咨询平台

历时一年的研发，天目数智全过程工程咨询平台（图6-8）于2021年底正式上线，目前已完成500多个项目的推广应用，实现了内部项目百分百覆盖，并且从项目、公司两个维度形成了成熟且系统的解决方案。

（1）项目维度。

基于工程项目业主方、总承包方、分包方、咨询方、设计方、采购方和监理方等使用需求，打通业务各环节，建立高标准工作流程，实现工程项目投资决策阶段、设计规划阶段、建筑施工阶段和运维管理各业务阶段全覆盖，为客户提供总控管理、报批管理、招采管理等项目级解决子方案，并为每个场景提供如数据填报、表单、附件、流程、CAD、BIM、数字签名、WPS、视频、工程文件的上传与下载等工具，方便用户在场景中高效、便捷地处理业务，从而实现"一站式"项目管理和"几乎为零"的学习成本。

图6-8 天目数智全过程工程咨询平台业务架构图

（2）公司维度。

通过"平台+互联网"模式，消除企业管理数据壁垒，解决工程企业资金引入难、成本控制难、风险控制难、规模化运营难、经营合规难等工程全周期存在的问题。针对粗放式管理、生产效率低、盈利能力不足问题，形成工程经营解决方案，提供合同管理、资金管理、票据管理、经营分析报表、采购管理等工具；针对沟通成本高、数据不同步、文件管理不规范等问题，形成协同办公解决方案，提供考勤管理、即时通信、工作台等工具。同时，辅以项目会议管理、档案管理、知识库、生态伙伴等支撑模块，帮助企业做大做强，实现产业升级与可持续发展。

2. 天目数智全过程工程咨询平台应用价值

（1）以管理咨询为主，实现全过程在线可视化。

如图6-8所示，平台提供从项目立项开始，围绕决策、设计、招标、施工、竣工和运维等各阶段以及项目策划、设计、招采、报批、投控和现场各个业务板块的整体管理在线化，从而确保项目合同、资金、质量和安全等关键业务环节工作在线、业务在线、数据在线，为项目管理制度和风险控制提供有力保障。

（2）以赋能业务为初衷，实现业务数据标准化。

统一业务流程和审批流程，规范业务协同，简化信息传递。统一植入500多个项目、5000多份标准模板和50000多份优秀案例成果，赋能各专业成果输出。同时，汇集3000多个图纸审查、报批报建、监理巡视等专业工作的知识点，以文字、图片、视频等多种形式赋能专业（图6-9），汇集各专业国标、地标、团标和各类政策规范2000多份，帮助业务部门快速了解标准要求。

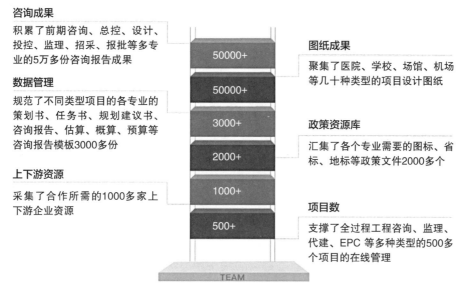

图6-9 天目数智全过程资源赋能

（3）为企业搭建风险控制体系，让风险管控立体化。

结合业务数据，提炼业务管控参数，基于管控参数为企业建立各类风险预警检查模型，变"被动管理"为"主动管理"，变"事后处理"为"事前预警、事中管控"，尽可能地消除风险，形成风险管控体系（图6-10）。

（4）为业主搭建项目管控体系，让数据资产价值化。

提供项目级、专业级、分公司级和集团公司级多维度、多层级的可视

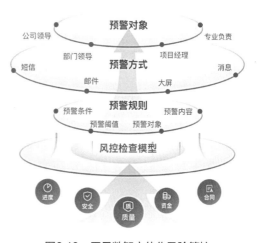

图6-10 天目数智立体化风险管控

化展现。企业管理层、项目管理人员可实时清晰掌握不同维度的项目情况，并且提供不同层级的一键督办，改变原来的逐级汇报→逐级下发指令的管理模式。既沉淀数据资产，为管理赋能，同时也保证决策及时有效，为业务赋能。

6.3.2 五洲工程顾问集团全过程咨询数字化平台系统架构

1. 天目数智全过程工程咨询平台架构方法

天目数智全过程工程咨询平台采用RUP 4+1架构方法，在软件生命周期的各个阶段进行建模，从不同视角（业务逻辑、程序开发、程序运行、物理部署）对系统进行解读，从而形成统一软件过程架构描述，并可按以下四种视图方式进行运作：

（1）用例视图。

用例视图（Use Cases View）主要关注最终用户需求，是整个技术架构的上下文环境，通常采用统一建模语言（Unified Modeling Language，UML）用例图和活动图描述。根据用例视图的设计过程，可以正确识别系统的用户和其他系统（Actor）、系统边界（Boundary）和用例（Use Case），并对系统功能场景进行充分分析，确保系统提供的功能满足用户需求。同时，还可以对需求的关键用例进行标注，为下一步架构设计提供设计目标。

（2）逻辑视图。

逻辑视图（Logical View）主要是整个系统的抽象结构表述，关注系统提供最终用户的功能，不涉及具体的编译、输出及部署，通常使用UML中的类图、交互图及时序图来表述。逻辑视图是技术架构中必不可少的部分，且在设计逻辑视图之前，需先确定通用架构模式。

（3）开发视图。

开发视图（Development View）是描述软件在开发环境下的静态组织，从程序实现人员的角度透视系统，也叫作实现视图（Implementation View）。开发视图需关注程序包，不仅包括提供源程序，还包括可以直接使用的第三方SDK和现成框架、类库，开发的系统软件或中间件以及在UML中的用组件图、包图表述等。开发视图和逻辑视图之间可能存在一定的映射关系。比如，逻辑层一般会映射到多个程序包等。

（4）物理视图。

物理视图（Physical View）通常也叫作部署视图（Deployment View），是从系统工程师解读系统，关注软件的物理拓扑结构，以及如何部署机器和网络来配合软件系统的可靠性、可伸缩性等要求。物理视图和处理视图之间的区别在于：处理视图特别关注目标程序的动态执行情况，而物理视图重视目标程序的静态位置问题，且物理视图是综合考虑软件系统和整个IT系统相互影响的架构视图。

2. 天目数智全过程工程咨询平台架构语言描述

该平台使用UML进行建模，UML独立于任何具体程序设计语言，是一种为面向对象系统的产品进行说明、可视化和编制文档的标准语言。

3. 天目数智全过程工程咨询平台建模工具

该平台使用Visual Paradigm CE（社区版）进行建模，具有模型美观、操作方便并支持Windows系统、MacOS系统，以及支持UML标准图形、图形导出、逆向工程和代码生成等特点。

4. 天目数智全过程工程咨询平台开发技术

该平台主要采用以下技术进行开发：

（1）H5和Web前端：ES6+Vue+HTML+CSS。

（2）Web前端开发工具：Visual Studio Code+NPM+Git。

（3）后端开发：IntelliJ Idea+Maven+Java+OpenJDK11 LTS（JDK11比JDK1.8拥有更高的性能，OpenJDK免费）、SpringBoot、SpringCloud、SpringData、SpringJPA、MyBatis/MyBatis-plus。

（4）代码管理工具：Git+阿里devlops。

（5）服务器与容器技术：Ubuntu Server 20.04 64位 LTS、Docker。

（6）反向代理、Web容器：NGINX（相对于Apache针对每一个访问请求创建一个线程，NGINX采用消息机制，大大地减少了对内存的开销，并使得CPU更高效地进行运算）。

（7）Java运行容器：Tomcat。

（8）文件系统：阿里云OSS、MinIO（统一存储文件）。

（9）关系数据库：阿里云RDS for MySQL（保存常规业务数据）。

（10）NoSql数据库：Mongodb（保存主题数据、报表数据，提高运行性能）。

（11）高速缓存：Redis（缓存常用数据、频繁读/写的数据，提高系统性能）。

（12）消息队列：Kafka（主要用于数据同步，提高系统稳定性）。

（13）搜索引擎：Elasticsearch（主要用于数据分词检索、模糊查询等高速搜索）。

（14）内容分发：阿里云全站加速/PCDN/CDN（加速对图片、文件的访问）。

（15）深度学习：TensorFlow 2.9.1（数据模型各参数的确认和调优，项目进度趋势的预测、危大工程危险源的识别等）。

（16）项目管理工具：阿里Devlops，项目管理、测试管理、需求管理等。

5. 天目数智全过程工程咨询平台系统整体与通用设计

（1）天目数智全过程工程咨询平台系统（以下简称"平台"）整体技术概述。

①平台的可开放性。平台提供多种完整、开放的REST服务接口以供其他第三方系统集成及整合，实现与其他业务应用系统（例如OA）或平台等进行集成。

②平台的可扩展性。

a. 平台选用的技术架构具有开放性和平台性，系统设计模块化、构件化，并且能在统一的平台上集成，形成灵活和可扩展的应用系统平台。

b. 充分考虑到业务应用系统需求多变的特性，平台功能需易于扩充并方便添加，并能为其他业务应用软件提供灵活的接口，当用户需求和系统运行环境变化时，可最大限度地降低由此引发的系统维护。

c. 采用MVC等B/S多层应用开发模式和Spring中间件技术。

③平台的安全性。在平台设计中，采用了良好的安全机制；在网络上，选用多层结构技术，并利用分布式数据库的安全性能，从而确保存储数据的安全性。

④平台的易用性。

a. 业务流程可后台定义。

b. 用户操作界面友好，平台维护界面简单易操作。

c. 具备直观易用的人机交互方式，便于理解与使用。

d. 用户使用简便、易学，具有操作人性化的特性。

⑤平台性能的可伸缩性。在应用系统服务器设计了应用级的负载均衡部署功能，基于SpringBoot框架为Servlet等组件提供了增强的容器调度环境服务，改进的事务处理能够智能地管理多个应用和组件的调度和运行，进行分布式运算，实现负载均衡，可使运行速度大幅提高。因此，将来可以在不变动软件系统设计、业务服务不中断的情况下，只需增加一些硬件设备实现即实现升级，并且原有设备也能充分利用。

⑥平台微服务群等划分。微服务架构设计的首要任务就是合理划分微服务。在划分微服务时，首先需考量微服务的粗细粒度，五洲工程顾问集团平台创建的初始阶段使用粗粒度的方法，按业务功能进行划分；但随着业务的发展及其运营的情况，后期可依据发展规模考虑是否继续细分。目前平台使用水平和垂直划分法相结合的方式创建微服务。具体包括：

a. 在水平方向上，根据业务功能划分微服务，并把这次划分所创建的微服务称为业务微服务。业务微服务负责业务功能的行为设计，主要完成数据管理方面的工作,并通过使用REST协议,对外提供接口服务。

b. 在垂直方向上,再以业务微服务为基础,实现前后端分离设计,创建Web前端微服务,但该服务不直接访问数据,只专注于人机交互界面的设计,其数据存取将通过调用业务微服务REST接口来完成。

这样,经过两次微服务划分,就可以创建出业务和Web前端两种类型的微服务。通过使用这两种微服务,结合高性能设计,再通过微服务的分布式部署,就可以构建一个能适应任何规模访问的、多维度的、稳定牢固的网格结构,并且该网格结构具有弹性、自由伸缩的特性,还可以根据业务的发展规模进行扩充,从而形成一个可持续扩展的系统平台。

(2)高层系统组件设计。

根据平台特征、系统逻辑分布、开发技术选型、实际运行时的网络与服务器扩容、后续系统升级与灰度发布、系统未来的业务扩展、系统未来的适配和移植等,可绘出高层系统技术架构图,如图6-11所示。

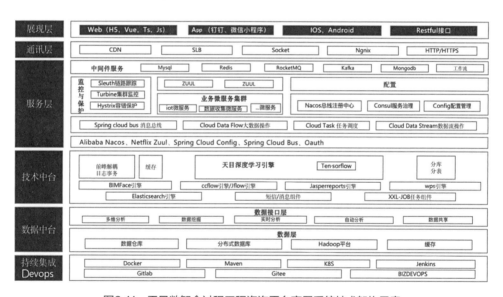

图6-11 天目数智全过程工程咨询平台高层系统技术架构示意

①富客户端程序。该端包括IOS App、Android App、微信小程序、钉钉小程序。

②前端通用组件。除基础框架和常见的开发组件外,根据需求还将封装:

a. 加解密组件。出于使用方便、安全、性能好的考虑,可选用最优的算法,如表6-1所示。

天目数智全过程工程咨询平台系统算法　　　　表6-1

算法类型	国际通用算法	国密算法	本系统采用算法
对称加密/可逆	AES	SM1	AES（强度等同于国密SM1，但不需要硬件芯片支持）
非对称加密/可逆	RSA	SM2	SM2（安全强度高于RSA、速度优于RSA）
消息摘要/不可逆	MD5	SM3	SM3（MD5已经被破解）
分组对称算法/可逆	DES、3DES	SM4	SM4（安全性高于3DES）

b．文件。其主要包括加密、上传、下载、解密、查看、释放、缓存等管理操作。

c．图片。其主要包括压缩、加密、上传、下载、解密、查看（组图、单图）、释放、缓存、管理等操作。

d．视频。主要包括解码、压缩、切片、加密、上传、下载、解密、合并、播放（竖屏和全屏）、释放、缓存、管理等操作。

③负载均衡程序。根据具体硬件环境进行负载均衡程序选定。如果系统部署在云服务器上，推荐使用阿里云SLB；如果系统部署在自建机房中，推荐使用Nginx进行负载均衡。

④API网关。

⑤微服务注册中心+配置中心。

⑥业务微服务集群。根据生命周期和业务相关性，可将业务需求进行第一优先级别拆分，例如：将系统用户账号、角色、角色授权、角色的系统操作分配等功能放在同一个业务微服务中，而将商品等其他业务关联性弱的业务需求放置在其他业务微服务中。同时还考虑将业务逻辑频繁变化、访问高并发、海量数据的业务逻辑模块独立为业务微服务。

⑦基础微服务。基础微服务是逻辑稳定的微服务。为提高系统的可维护性，将非业务需求的基础功能进行抽象，包装成微服务。其包括系统账号与角色授权、灰度发布管理、支付与管控、消息模板管理与推送、文件与内容管理、应用菜单管理与业务配置。

⑧技术平台后端通用组件/引擎。

技术平台后端通用组件/引擎主要包括天目深度学习引擎（TensorFlow）、BIMFACE引擎、Ccflow/Jflow引擎、JasprReports引擎、Wps引擎、Elasticsearch引擎、Xxl-job组件、短信/消息组件。

（3）基于API的前后端分离设计。

本系统是一个规模较大的系统，为尽可能重复利用业务逻辑模块，采用基于API的前后端分离设计。于是，系统被分为前端应用系统和后端API程序。其中，前端应用系统主要为展示代码；而后端API程序主要为业务逻辑实现代码，并使用MVC架构模式实现。

（4）基于MVC架构的设计。

①Model：模型中封装了业务逻辑。模型接受Controller的请求，完成用户的业务功能操作，模型在本系统中对应领域聚合Service。

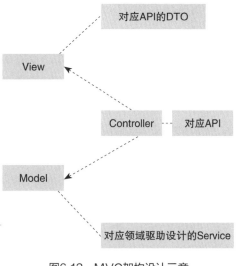

图6-12　MVC架构设计示意

②View：视图是展现给用户的数据对象。在本系统中，View对应API中的DTO。

③Controller：用户和控制器进行交互，通过控制器调用模型的方法，完成用户的功能操作。在本系统中，Controller对应API，如图6-12所示。

（5）基于领域驱动设计。

为清晰划分Model的职责，使用领域驱动设计进行架构设计。将Model分为以下三个。

①Service：封装业务功能的操作逻辑。

②Domain：定义业务功能操作的数据实体类，包括方法请求的入参类、返回值。

③Repository：封装Domain的数据读/写逻辑。

（6）针对接口编程。

在保证接口不变的情况下，为使开发人员更好地优化代码，而不用担心影响调用方的使用，对Controller、Service、Repository进行接口抽象，并且在最后的逻辑架构设计中应包括API定义接口（API）、API实现类（APIController）、领域服务接口（Service）、领域服务接口实现类（ServiceImpl）、领域对象类（Domain）、领域仓储接口（Repository）、领域仓储接口实现类（RepositoryImpl）、关系数据库实体映射类（Domain）、关系数据库实体操作映射接口（Mapper）。

（7）数据库选型。

①业务数据分析。五洲全过程工程咨询数字化平台提供基于移动位置的项目

管理与监理服务。作为移动互联网企业应用，应用过程将积累大量数据，包括静态信息（手机号码、注册信息、手机型号等）；位置信息（行动轨迹、速度、停留时间、地点属性）；与移动终端关联的数据（访问行为、协同行为、交易行为等）；交互特点（报告频率、数据类型与格式等）。其数据容量和特点较传统业务均有较大变化。

②数据来源分析。数据来源包括终端采集的数据和平台在用户访问过程中积累的应用及访问数据。移动终端是企业应用的数据采集器。用户在日常的监理巡检、周检过程中产生了基于位置大量的应用数据、轨迹数据和访问日志数据等。

a．终端采集的数据。终端采集的数据包括轨迹数据（公司标识、用户标识、当前经纬度、地址、定位时间、定位类型等信息）、常规业务数据（巡检签到、工作计划、工作日志、申请、事件提醒、预警信息及提醒、通知公告、巡检报告上报等）、业务附件数据（非结构化数据，包含语音、图片、文本、位置分享等种类）。

b．平台数据。作为服务众多企业的云平台，还有企业租户、企业租户组织、企业租户用户、企业租户用户通信录、用户通信录个性化备注、工作组名片等；平台方面的访问、应用日志等数据需要产生和管理。

③数据特点分析。

a．移动化。与传统PC应用相比较，移动应用数据采集周期短，现场工作人员可通过移动终端采集并上报现场富媒体信息，叠加现场的位置、经纬度等实时信息。

b．非结构化。采集的图片、语音、视频等富媒体数据非结构化，与传统结构化数据、需要事务支持的数据有明显差异。

c．平台级增量化。与传统等企业级应用对应一家企业增量相比，平台级数据增量化带来了数据量巨大的指数级增长。数据的提交峰值变化巨大，比如现场工作人员的轨迹数据可能会在上班时间段内均匀地上传到平台；而签到信息、现场语音、视频数据上传可能会以峰值的方式提交到平台。

基于以上数据分析，天目数智全过程工程咨询平台选用了Redis+MySQL+Mongodb架构的解决方案来解决大容量和非结构化数据特点所面临的存储和数据处理。

④技术说明。数据库是一个按照特定数据结构和规则来存储和管理数据的计算机软件系统，同时具有快速查询功能。在天目数智全过程工程咨询平台开发中，数据库将被用于实例化存储平台运行过程中产生的数据。

a．技术选型。通过比选当前主流关系型数据库，天目数智全过程工程咨询平台采用MySQL作为关系型数据库，主要考虑以下优势。

Ⅰ MySQL可以在不同的系统平台上进行运行工作，包括Windows、Linux、UNIX等；

Ⅱ 底层采用多线程编程编写核心程序，运行速度快，内存分配系统稳定，无须担心数据库的稳定性问题；

Ⅲ 支持事务及索引机制，提供多种存储引擎，数据查询效率高；

Ⅳ 采用标准的SQL数据语言形式，与其他大型数据库的设置和管理相比，其复杂程度较低，容易学习，且便于维护；

Ⅴ 由Oracle甲骨文公司维护，项目长期且稳定，后期有保障；

Ⅵ MySQL是开放源代码，一般可以免费使用（甚至可以免费修改）。

b．Redis。基于内存高速缓存，保存集群中央会话，即时通信离线消息队列，即时通信重发消息集合，用户令牌生命周期管理，应用高频访问数据缓存，H5模板数据缓存，静态应用资源缓存。

c．Mongodb。进行非结构化文档数据存储包括轨迹等主题数据和结合位置数据的非结构化文档数据，需要动态扩展无固定模式的数据，应用日志数据，需要Map-Reduce计算的数据。

⑤可靠性和可用性保障措施。为保证生产系统数据的可靠性和可用性，规避可能发生的Redis+MySQL+Mongodb单点故障。在实际部署中，平台对数据都做了主从备份，并在此基础上采用了KEEPALIVE，通过VRRP协议实现了故障的自动切换。Redis和MySQL配置了主从，Mongodb配置了切片。

⑥分析结论。五洲工程顾问集团平台使用Redis+MySQL+Mongodb架构作为平台数据库存储解决方案，解决了平台中大数据存储和实时云计算的需求。通过使用Mongodb切片的水平动态添加，可在不中断平台业务系统的同时，保障扩容后的查询速度和云计算效能；依据切片键索引分片，并实现各切片独立运算，使大数据下的实时分析成为现实。把高频次访问的数据放在了Redis，有效降低了磁盘I/O，使业务系统响应更快，满足了高并发下应用服务的高吞吐要求，且满足安全可靠等技术目标。

（8）深度学习引擎。

①功能介绍。作为一个标准的全过程工程咨询项目总控计划，每个节点的完成依赖于相应的资源分配和节点完成情况。然而每个节点需要投入的资源数量、时间是很难有明确的模型算法进行计算的，大部分只能依靠经验进行判断，从而无法对该项目节点进行准确的计划和估算。而采用深度学习训练过的神经网络模型预测全过程工程咨询项目各节点需要的资源数量及时间，并根据预测结果有效

地平衡全过程工程咨询项目所需时间和资源,可显著提高预测的精度,从而为平台业务人员提供有效的项目管理数据做参考和引导。

②技术选型。PyTorch和TensorFlow是目前最主流的两个深度学习框架,并且都是基于计算图而建立的。计算图主要包含静态图和动态图两种。其中,静态图是先定义再运行(Define and Run),一次定义、多次运行,这也意味着一旦创建就无法修改,静态图在定义时使用了特殊的语法,就像学习一门新的语言,在构建静态图的同时需考虑所有情况,从而导致静态图过于庞大,可能占用过多的显存,但其运行速度相对较快;而动态图是在运行过程中被定义的,即在运行时可多次构建、多次运行,在构建动态图时可以使用程序语言的if、while、for...loop等常见语句,构建更加简单、直观,同时可以方便地进行修改、调试。目前,TensorFlow 2.0之后的版本已经支持动态图的构建,并且增设了动态图与静态图间的转换功能。另外,动态图的设计模式更加符合人类的思考过程,方便查看、修改中间变量的值,用户可以轻松地搭建网络进行训练。

此外,TensorFlow提供了TensorFlow Serving和TensorFlow Lite,可以让用户便捷地将训练好的模型部署到集群以及移动设备上。PyTorch于2020年4月发布了TorchServe,以帮助用户灵活地进行模型部署。同时,PyTorch对ONNX(微软定义的一种开放式的文件格式)和TensorRT的支持也愈加丰富。然而对于部分复杂的算子,仍然需要重新进行设计。

③分析结论。作为一个相对底层的系统,TensorFlow提供了多种实现功能的方式,同时,TensorFlow开源较早,许多公司已经建立起了完整的使用TensorFlow开发、部署的模式,确保了平台系统的稳定性。另外,有关TensorFlow的文档、教程很多,方便用户学习。因此,天目数智全过程工程咨询平台深度学习框架使用了TensorFlow。

(9)文件服务器。

①技术说明。在天目数智全过程工程咨询平台中,除了需存储平台运行过程中产生的数据外,还应承载用户上传的各类文档资料,比如设计图纸、招标投标文件,往来的书面函件等;在巡检及周检过程中检查现场拍摄的大量的照片、音频、视频等非结构化富媒体数据文件等。对此,平台需单独配置文件服务器,用于对文档资料的存储,实现对文档的统一管理,便于用户访问、查阅和下载。

②技术选项。当前考虑的文件服务器实现的途径主要有应用阿里云对象存储服务和通过FastDFS部署两种。其中,阿里云对象存储服务(OSS)是阿里云对外提供的海量、安全、低成本、高可靠的云存储服务。具备以下特征:

a. 提供标准Rest接口，可以在任何时间、任何地点、任何互联网设备上上传和下载数据。

　　b. 提供SDK及便捷工具，支持开发者进行二次开发。

　　c. 提供图形化管理界面和命令行管理工具。

　　d. 提供实时数据监控界面。

　　e. 支持快速扩容，且无任何扩容风险。

　　f. 背后运营商规模大，用户广泛，包括淘宝、天猫、高德、UC等知名项目，安全有保障。

　　FastDFS是一个开源免费的分布式文件软件，通过在服务器上部署FastDFS实现对文件进行统一管理，可以通过手动添加服务器，实现内存扩容，搭建难度相对较大。

　　③分析结论。

　　OSS跟FastDFS作为文件服务器都是可行的。OSS相对FastDFS更加安全可靠，且后期扩容机制更简单，部署与维护更方便。FastDFS虽然开源免费，但是需要自行采购服务器，投入成本并不低。

　　（10）工作流引擎。

　　①技术说明。工作流引擎是指工作流程作为应用系统的一部分，并为之提供对各应用系统起决定作用的且根据角色、分工和条件的不同决定信息传递路由、内容等级等核心解决方案。工作流引擎包括流程的节点管理、流向管理、流程样例管理等重要功能。在系统实际运行中，当标准工作流不能满足协作需求，需要流程结点中角色判断下一结点流向，此时工作流引擎就可以支持生产人员自定义事项发起、结点会签等功能，满足灵活的流程配置需求。

　　②技术选型。Flowable是一个流行的轻量级的采用Java开发的业务流程引擎，其主要是基于Activity5.0的一个分支开发的。通过Flowable流程引擎，可以部署BPMN2.0的流程定义（一般为XML文件），进而创建流程实例、查询和访问流程相关的实例与数据。Flowable可以灵活地在平台中添加服务、应用、架构等，也可以通过引入Flowable jar包，或者直接使用Flowable的Rest API来进行业务流程引擎的操作。目前Flowable支持加签、动态增加实例中的节点、支持Cmmn和Dmn规范。

　　Activiti是一种新的基于Apache许可的开源BPM平台项目，从基础开始构建，旨在提供支持新的BPMN 2.0标准。Activiti是一种轻量级、可嵌入的BPM引擎，而且还可设计适用于可扩展的云架构。

　　③分析结论。相比Activiti而言，Flowable更加稳定，扩展性更强，更加符合

真实业务场景,因此,选取Flowable作为天目数智全过程工程咨询平台的工作流引擎更合适。

(11)在线文档编辑引擎。

①功能介绍。针对项目生产人员对在线协同编辑文件的需求,如总控管理模块提出协同编辑《管理策划书》、设计管理模块提出协同编辑《设计任务书》的需求等,在平台中嵌入在线文档编辑工具,实现不用线下交流即可基于系统内置板块模板完成特定成果的Word、PPT或Excel文档的协同制作、上传等工作。同时在线编辑有实时保存、多人实时协作、细节讨论、历史追溯等功能,可防止成果内容丢失,方便评论交流,方便后续业绩追溯。

②技术选型。PageOffice和金山WebOffice是目前主流的两款在线文档编辑工具。其中,PageOffice是市场上优质的一款能同时支持IE、谷歌Chrome、火狐Firefox、搜狗等所有流行浏览器的在线Office组件/文档控件。通过在Web页面拉取本地Office工具实现文档查阅与编辑,并支持全部Office相关功能。但是要求使用者在本地计算机中安装Office办公软件或WPS,且不支持手机端使用,因此使用局限性较强。

金山WebOffice是一款强大的在线Office工具,五洲工程顾问集团平台集成WebOffice可让客户脱离于客户端环境,直接从Web端进行文档查阅与编写,支持常用Office办公软件功能。

③分析结论。相比PageOffice,金山WebOffice扩展性更强,使用效果更佳。同时金山作为国内的Office龙头企业,对该产品的技术支持强和维护力度也比较大,因此金山WebOffice作为天目数智全过程工程咨询平台在线文档编辑工具更加适用。

(12)在线审图引擎。

①功能介绍。针对项目生产人员对在线协同审图、评注工程二维、三维图纸的需求,如设计管理模块提出协同编辑《设计任务书》、图纸评审的需求等,在平台中嵌入在线审图工具,实现不用线下交流便可基于系统内置板块模板完成特定图纸的批注、评审、协同工作。同时提供在线编辑、实时保存图纸、多人实时协作、细节讨论、历史追溯等功能,可防止成果内容丢失,方便评论交流及后续业绩追溯。

②技术选型。作为一款云原生的BIM引擎平台,OurBIM实时云计算平台具备BIM/GIS模型数据分析处理、模型可视化写实渲染、多终端自由交互、接口二次开发的统一数据环境(CDE)和PaaS(Platform as a Service)等功能。该引擎平台采用最先进的GPU容器、GPU虚拟化和WebRTC技术,真正实现了BIM模型

的用户体验"轻量化"。

广联达的BIMFACE是一款BIM轻量化引擎，采用了WebGL技术在网页端渲染模型，最大支持10G模型（建筑面积超40万平方米），中等模型杜绝花、卡、闪。因此，用户可以流畅地在浏览器中进行查看模型、测量尺寸、剖切截面、漫游浏览等多种操作。同时支持海量异构数据在云端存储，方便开发人员灵活检索。此外，BIMFACE开放了丰富的二次开发接口，开发者可以基于这些接口进一步发挥模型的价值。

③分析结论。BIMFACE比OurBIM扩展性更强，提供了更丰富的二次开发接口。同时广联达作为国内的工程软件龙头企业，对该产品的技术支持强和维护力度也比较大，因此，五洲工程顾问集团平台采用广联达BIMFACE作为在线审图协同工具。

（13）套打报表引擎。

①功能介绍。针对项目生产人员对报表或成果文件需按一定的格式打印出来的需求，如监理管理模块的《开工准备联系单》《监理通知单》《安全预告单》等国标、省标等文件，按照固定等格式进行打印，保证相关文件的标准性。

②技术选型。传统的报表工具需要用尺子量出数据在套打背景的位置，然后在屏幕上根据尺寸定位数据所在单元格的位置，相当繁琐。FineReport是帆软自主研发的企业级Web报表工具，秉持零编码的理念，易学易用，功能强大，经过多年的打磨，已经成长为我国报表软件领导品牌。FineReport报表可以将套打背景扫描成图片，直接作为报表背景，对应背景插入数据，而打印时只打印出相应位置上的数据，不打印背景及其他格式。

另外，JasperReport是一个强大、灵活的报表生成工具，能够展示丰富的页面内容，并将之转换成PDF、HTML或者XML格式。最重要的是它是开源免费的，并且提供了强大的丰富的二次开发接口，开发者可以基于这些接口进一步开发多级嵌套等复杂的报表套打功能。

③分析结论。JasperReport比FinePrint扩展性更强，提供了更丰富的二次开发接口。代码开源，同时作为报表、套打领域等龙头开源产品，拥有最广泛等互联网生态社区支持。因此，五洲工程顾问集团平台采用JasperReport作为在线报表套打工具。

（14）同步、解耦、削峰及日志处理用消息队列。

①功能介绍。招采、报批、监理等业务模块需调用综合模块的用户信息、项目信息等，同时有互联互通的需求。另外，在各业务模块使用审批等也需要使用工作流引擎的。目前，上述业务模块业界普遍采用的是同步流程，如项目工作人

员发起文档审批后，发现该文档需要修改，需点击取消审批按钮。而由于当前的代码采用的是同步流程，即业务模块取消该审批业务，然后调用工作流引擎取消流程接口，最后等待接口返回结果。由此可以看出，这个同步流程明显依赖于工作流引擎的性能，且业务层面上也没有满足即时得到结果的需求。

消息队列既具备为分布式应用系统提供异步解耦和削峰填谷的能力，同时也具有互联网应用所需的海量消息堆积、高吞吐、可靠重试等功能。因此，五洲工程顾问集团平台引入了消息队列技术。

②技术选型。本平台采用的同步、解耦、削峰及日志处理用消息队列的技术选型见表6-2。

同步、解耦、削峰及日志处理用消息队列技术选型表　　　表6-2

特性	RabbitMQ	RocketMQ	Kafka
设计定位	可靠消息传输类似RocketMQ	非日志的可靠消息传输，例如商品、促销、订单、消息推送、Binlog分发等	系统之间的数据流管道、实时数据处理、例如日志收集系统、监控网站活性跟踪
单机吞吐量	万级	10万级，支撑高吞吐	10万级，高吞吐，一般配合大数据类的系统来进行实时数据计算、日志采集等场景
Topic数量对吞吐量的影响	—	Topic可以达到几百/几千的级别，吞吐量会有较小幅度的下降，这是RocketMQ的一大优势，在同等机器下，可以支撑大量的Topic	Topic从几十到几百个的时候，吞吐量会大幅度下降，在同等机器下，Kafka尽量保证Topic数量不要过多，如果要支撑大规模的Topic，需要增加更多的机器资源
时效性	微秒级，这是RabbitMQ的一大特点，延迟最低	ms级	延迟在ms级以内
可用性	高，基于主从架构实现高可用，采用镜像模式时，数据量大，可能产生性能"瓶颈"	非常高，分布式架构	非常高，分布式，一个数据多个副本，少数机器宕机，不会丢失数据，不会导致不可用
消息可靠性	基本不丢	经过参数优化配置，可以做到零丢失	同RocketMQ
集群管理	—	Name server	Zookeeper
选主方式	最早加入集群的Broker	不支持自动选主，通过设置Brokername和Brokerid实现。Brokername相同，Brokerid为零的为Master，其他为Slave	从Isr中自动选举一个Leader，通过Zookeeper选举

续表

特性	RabbitMQ	RocketMQ	Kafka
主从切换	自动切换	—	—
功能支持	基于Erlang开发，并发能力很强，性能极好，延时很低	MQ功能较为完善，还是分布式的，扩展性好	功能较为简单，主要支持简单的MQ功能，在大数据领域的实时计算以及日志采集被大规模使用

③分析结论。除上述几个方面外，考虑到RocketMQ由阿里提供给APACHE，目前在Java集成项目中应用较广、可持续维护能力强等特点，五洲工程顾问集团平台选用了RocketMQ作为消息队列中间件，并采用分布式事件流处理平台Kafka进行用户行为等日志采集和处理。

（15）平台用户行为日志离线、在线实时分析。

①功能介绍。从系统和安全的角度出发，需要对平台的各种用户行为（访问行为、业务微服务、业务微服务细化模块功能等）进行统计，然后根据统计数据辅助公司中的产品经理、数据分析师、运维人员以及管理人员分析现有项目的情况，并根据用户行为分析结果持续改进平台产品的设计，调整平台的战略和业务。

②技术选型。常用的大数据处理场景有以下三个类型。

a. 复杂的批量处理。偏于注重处理海量数据的能力，对处理速度可忍受，通常需数十分钟至数小时不等。

b. 基于历史数据的交互式查询。通常处理时间在数十秒至数十分钟之间。

c. 基于实时数据流的数据处理。通常在数百毫秒至数秒之间完成处理。

目前，针对以上三种场景需求都有比较成熟的处理框架：

a. 用Hadoop的MapReduce技术来进行批量海量数据处理。

b. 用Impala进行交互式查询。

c. 用Storm分布式处理框架处理实时流式数据。

由于以上三者都是比较独立的，因此维护成本比较高，而Spark能够一站式满足以上需求。

③分析结论。平台使用了Spark技术生态线中最常用的三个技术框架：Spark Core、Spark SQL和Spark Streaming，进行离线计算和实时计算业务模块的开发。实现了包括用户访问Session分析、页面单跳转化率统计、热门业务微服务离线统计、业务流量实时统计等业务模块。

在业务数据实时处理中，平台分别使用阿里的数据同步工具Canal和分布式事件流处理平台Kafka搭建各自针对业务数据库和用户行为数据的实时数据采集系统，使用Spark Streaming搭建高吞吐的数据实时处理模块，选用Elastic Search作为最终的实时数据处理结果的存储位置，并从中获取数据进行展示，进一步降低响应时间。

（16）代码管理工具。

①技术说明。代码管理工具是一种让多个程序员可以同时协作开发，用于管理代码和记录代码编辑历史的工具。代码管理工具首先能实现对代码进行版本管理，记录修改历史，并且可以随时恢复到之前的任意版本；其次能对多人提交的代码进行自动合并和冲突解决，最终实现多人同时协作开发。从而方便管理人员对代码质量及实际开发进度进行管控。

②技术选型。常见的代码管理工具可分为分布式代码管理工具和集中式代码管理工具两类。其中，Git和SVN就是两类的主要代表。

a．Git是一个开源免费的分布式版本控制系统，其主要具备以下特征：

Ⅰ．适合用于敏捷、高效地处理任何大小的项目；

Ⅱ．去中心化存储，每台开发者的本地仓库都有全部代码，不用担心数据丢失的风险；

Ⅲ．操作处理速度快，且不依赖网络，支持本地代码提交；

Ⅳ．底层基于Linux内核开发，性能稳定；

Ⅴ．将内容按照元数据方式进行存储，提供了强大的合并跟踪能力，完美解决了开发过程中代码提交时的冲突问题。

b．SVN是一款开源免费的版本控制系统，通过采用分支管理系统的高效管理，实现最终集中式的信息管理。

③分析结论。相比SVN，Git作为本平台的代码管理工具更加适用，同时平台可依托于阿里云Devops进行软件自动化开发部署一体化。

6. 平台整体信息安全性设计

五洲工程顾问集团平台承载的内容是关键业务数据，对平台的稳定性和机密性要求较高。因此，在进行产品设计时需从系统安全、信息保密、网络安全、主机安全和数据库安全五个角度来制定平台的信息安全策略。

（1）系统安全策略。

①系统选择。采用Ubuntu系统，保证系统出现问题时能够得到准确的诊断和专业的维护。

②系统更新。定期对系统进行检测，及时发现操作系统存在的安全漏洞，同时对响应做出及时正确的处理及升级系统补丁，确保平台长期处于最新的安全状态。

（2）信息保密策略。

①弱口令检测。平台要求用户设定的密码须由8位以上三种不同字符组成，规避弱口令带来的盗号风险。

②存储加密。平台对用户的敏感信息采用三重数据加密算法（AES）存储在数据库中。即使有权限访问数据库数据的人员，也无法得到用户的密码。

③传输加密。PC端采用RSA加密登录消息，在传输消息前，先与服务系统进行校验，获取RSA随机加密KEY，即使是同样的报文消息，加密后的密文每次都不一样，使用复杂加密方法，确保用户的密码不会被轻易猜测和破解。

④客户端加密。客户端同样采用RSA对报文消息进行加密，保证在客户端登录时的用户信息及密码的安全。

⑤数据权限控制。在平台系统层面，通过设置安全角色过滤未被授权人员，确保平台数据可见的人员可控。

（3）网络安全策略。

①IP控制。平台对访问服务器的IP通过白名单机制进行管理，对不在白名单中的IP访问时，经业务方核实后，可在网管端进行屏蔽。

②端口控制。通过防火墙策略配置，服务器进行有限端口的开放。

③访问控制。服务器根据实际访问需要开放公网访问端口。所有服务器必须经过网管资源池防火墙才能进行访问，而对数据库服务器、文件服务器等存储数据和文件的服务器只能通过内网IP访问，降低网络风险。

④入侵防范。安装网络入侵防护系统，对网络入侵进行防护，通过定期检测及时发现系统存在的风险并进行补救，提升网络安全。

⑤网络安全审计。通过日志记录主机及网络设备的运行状况、网络流量、用户行为等事件的日期和时间、用户、事件类型、事件是否成功，及其他与审计相关的信息，方便平台运营维护管理人员追溯问题原因，提升解决问题的效率。

⑥程序规范。依据天目数智平台前后端代码编写规范完成日常编码工作，通过代码的飞检及时发现问题、解决问题。在集成测试、系统测试中加入安全测试，有效避免SQL注入、缓冲区溢出、非安全性代码等问题影响系统的安全和稳定。

（4）主机安全策略。

①身份鉴别。对登录平台系统和数据库系统的用户进行身份标识和鉴别，且密码使用动态密码并由具备权限的用户手机获取。

②日志审计。平台提供用户登录日志管理功能和日志管理工具，让平台运

营维护管理人员能方便地查看到用户访问的历史数据及各种系统日志信息。审计服务接收所有安全事件并决定记录哪些事件和采用何种日志格式。日志文件对进入系统的合法用户操作和非法用户的尝试性登录进行记录，并具备安全保护机制防止篡改。平台运营维护管理人员可以根据日志进行事后分析，从而找到事故的发生原因、责任者或非法用户。系统中设置了专门的日志模块进行管理，对业务日志的数据库进行记录，并利用ElasticSearch引擎提供高效的检索。

③恶意代码防范。安装专业的阿里云杀毒软件，并及时更新软件版本和恶意代码库，定期进行恶意代码检测和查杀。

④资源管理。使用阿里云对网管资源池中服务器的CPU、内存、硬盘资源使用率进行实时检测，当服务器资源达到最小临界值时进行告警。定期对服务器中的冗余数据进行清理，对不足的服务器资源进行及时扩容，保证服务器资源满足平台稳定运行的需要。

（5）数据库安全策略。

①IP控制。数据库访问采用白名单机制，限制内网机器IP才能直接访问数据库，同时禁止数据库通过外网访问。

②数据库备份。数据库采用Master to Master机制进行数据备份，做到秒级数据库实时同步。并保证当其中一台机器出现故障，可以正常切换到另外一台机器使用，保证系统的稳定性。

6.3.3 五洲工程顾问集团全过程咨询数字化平台流程

1. 主流程

主流程以总控的人员组织管理、重大节点进度管理、重大成果文件管理、季度巡查质量管理和项目考核为主线，抓大放小，在更好的磨合协作中为后期管理工作提供完整骨架支持，提高生产项目管理平台落地实用的概率。

2. 子流程

子流程以项目管理中心的各职能部门为主体，满足项目管理领导的管理行为和生产人员日常工作协同需求。本次开发共包含8个模块，73个子流程。其中，6个为待明确的子流程。具体子流程如表6-3～表6-10所示。

天目数智全过程工程咨询平台总控管理子流程　　　　　表6-3

模块	子流程
总控管理	进度预警流程
	进度调整流程
	季度巡查流程
	项目考核流程
	项目回款计划流程

天目数智全过程工程咨询平台设计管理子流程　　　　　表6-4

模块	子流程
设计管理	设计进度情况汇报编制流程
	设计任务编制流程
	编写图纸审查报告流程
	编写专项咨询报告流程
	编写施工交底分析报告流程
	编写设计变更分析报告流程
	编写设计院履约评价报告流程
	设计变更台账流程
	编写设计管理工作总结报告流程
	编制图纸管理台账流程

天目数智全过程工程咨询平台招采管理子流程　　　　　表6-5

模块	子流程
招采管理	项目招标规划编制流程
	单项招标方案策划编制流程
	招标文件基础文本编制流程
	合同主要条款编制流程
	材料品牌表编制部门选择流程
	发包人需求（技术规格书）编制部门选择流程
	工程量清单（含控制价）编制部门选择流程

续表

模块	子流程
招采管理	招标文件评审流程
	招采补充或答疑或质疑编制流程
	招标总结编制流程
	合同签订评审流程
	项目招标进度计划编制流程
	合同交底编制流程
	合同归档（合同编制流程）

天目数智全过程工程咨询平台报批管理子流程　　　　表6-6

模块	子流程
报批管理	根据当地审批要求，对前期报批工作进行分解流程
	根据业主要求及项目实际情况，编制报批专项计划审批流程
	根据项目前期报批事项要求，准备各事项申报材料，进行申报审批流程
	根据业主要求及项目实际情况，编制验收专项计划审批流程
	根据项目专项验收要求，准备各事项申报材料，进行申报审批流程

天目数智全过程工程咨询平台投控管理子流程　　　　表6-7

模块	子流程
投控管理	造价管理计划编制流程
	投资目标评估流程
	控制调整计划编制流程
	概算分解书编制流程
	概算限额控制计划编制流程
	资金使用计划编制流程
	可行性研究估算编制流程
	资金平衡（投资测算）编制流程
	初步设计概算编制流程

续表

模块	子流程
投控管理	清单与控制价编制流程
	工程结算编制流程
	竣工决算编制流程
	合同评估与交底编制流程
	商务报价分析编制流程
	计量支付编制流程
	变更价款编制流程
	签证索赔编制流程
	无价材料
	投资动态报告编制审核

天目数智全过程工程咨询平台现场管理子流程　　表6-8

模块	子流程
现场管理	年度进度计划审批流程
	月度进度计划审批流程
	月度资源计划审批流程
	项目施工管理策划流程
	项目开工方案编制流程
	整改单、回复单审批

天目数智全过程工程咨询平台BIM管理子流程　　表6-9

模块	子流程
BIM管理	BIM咨询进度总计划编制流程
	BIM进度动态监控流程
	BIM成果质量审查

监理管理子流程　　　　　　　　　　　　　　　　　表6-10

模块	子流程
监理管理	编制监理规划流程
	发起项目监理部成立系列文件审批流程
	开工条件审批流程
	施工单位系列文件审批流程
	监理痕迹管理审批流程
	程序管理审批
	检验批验收流程
	分项工程竣工验收审批流程
	分部工程竣工验收审批流程
	单位工程验收流程
	单位工程竣工验收审批流程

6.3.4 五洲工程顾问集团全过程咨询数字化平台功能

1. 利用区块链技术提高项目管理水平

建筑工程全生命周期管理具有复杂性、零散性、突发性、偶然性等特点，区块链技术的去中心化、透明化特征恰好可以使其应用到建筑工程领域，提高建筑工程建设管理水平。

基于天目数智全过程工程咨询平台，将区块链技术和BIM技术相结合，在BIM系统中引入区块链技术，对建筑工程施工的BIM模型进行优化调配（图6-13）。利用区块链技术公开、透明、安全等优点，保障可视化平台运行准确可靠，实现对建筑工程进行全方位、多角度管理和监控。

五洲工程顾问集团以天目数智全过程工程咨询平台为载体，在建筑工程全生命周期管理的过程中，充分利用区块链技术，将所有的参建主体、项目管理进行有机统一，构建建筑工程全生命周期的信息集成平台，为工程建设全过程产生的资金、信息等数据的高效存储、及时传递以及信息共享提供便利，有利于全面提高建筑工程全过程管理水平。

2. 实现全过程工程管控可视化

基于BIM技术，五洲工程顾问集团对工程项目全生命周期的演进与管理进行精细划分，从项目管理、成本管理、组织管理、考核管理四个方面实现工程项目

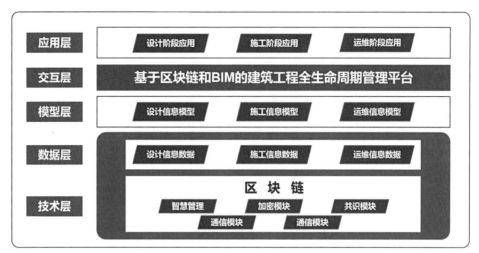

图6-13　基于区块链和BIM的建筑工程全生命周期管理平台运行特点

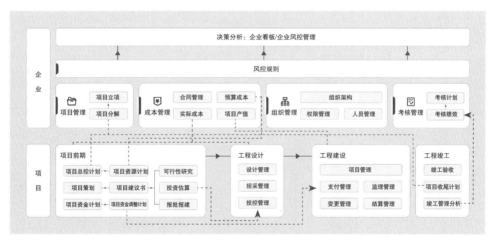

图6-14　天目数智全过程工程在线可视化管控

的可视化管控（图6-14），并进一步进行分级化、分部化分类，整合可视化的建筑模型和项目信息，达到从项目决策、设计、招标、施工到竣工、运营维护等全生命周期的可视化、可量化、信息化的项目管控效果，让项目相关人员可以实时了解到项目状态，进而对各种事件做出及时、准确的反应。

在项目组织层面，五洲工程顾问集团天目数智全过程工程咨询平台可以实现工程项目全过程的可视化管理，提高项目人力的使用效率，同时提升信息流通而带来的沟通合作效率，进而完善项目组织构架。可视化、易理解的三维模型更有利于项目各参与方之间方案的交流与审核，促进项目理解和各方共识的达成，进而提高项目组织与决策效率。同时，在项目决策和管控过程中，通过天目数智全过程工程咨询平台，可以为项目各个参与单位提供全过程可视化的工程动态，并实时更新工程进度，进而有利于决策层在资源管理、施工调配等方面进行更加合理的规划，为决策层创造良好的监管条件。

3. 加强建筑工程数字化设计管理

利用五洲工程顾问集团天目数智全过程工程咨询平台中设计管理模块的功能开发进行分类整合（表6-11），实现全过程工程咨询中设计管理内容的进一步细化。

天目数智全过程工程咨询平台设计管理需求清单　　　　表6-11

序号	工作阶段		设计管理需求清单
1	项目启动		收集《建设用地规划许可证》《选址意见书》等许可文件
2			上传《业主需求和设计条件调研表》
3			上传《全过程设计管理实施策划》
4	工程勘察管理		上传勘察设计单位及项目成员信息
5			上传《工程勘察任务书》
6			提交《勘察成果评估报告》
7			勘察设计成果文件归档
8	方案设计		上传方案设计单位及项目成员信息
9			上传《方案设计任务书》
10			方案设计成果文件归档
11	工程设计管理	初步设计	上传初步设计单位及项目成员信息
12			提交《初步设计任务书》
13			提交《初步设计成果审核报告》
14			上传初步设计评审意见（如有）
15			初步设计成果文件归档
16		施工图设计	上传施工图设计单位及项目成员信息
17			上传《施工图设计任务书》
18			上传节能评估等专项评审报告
19			提交《施工图设计成果审核报告》
20			上传施工图审查单位及项目成员信息
21			施工图设计成果文件及施工图审图合格证归档
22			《建设工程规划许可证》归档

续表

序号	工作阶段		设计管理需求清单
23	工程设计管理	专项设计	上传专项设计单位及项目成员信息
24			上传《专项设计任务书》
25			提交《专项设计成果审核报告》
26			专项设计成果文件归档
27		工程施工	上传《设计交底大纲》及《设计交底记录》
28			上传设计变更文件,生成《设计变更台账》
29			上传技术核定单,生成《技术核定台账》
30		工程竣工	竣工图纸归档

借助GIS、城市信息模型、BIM等技术,五洲工程顾问集团对工程项目在设计阶段的设计条件、设计成果进行数字化表达,搭建集成式、交互式的全过程工程咨询数字化的管理工具,并且带来跨阶段、跨专业的设计成果整合,并将数字化设计成果在天目数智全过程工程咨询平台上进行集成,最终实现对设计过程的集约化管理,达到设计质量与咨询服务质量的共赢。

基于天目数智全过程工程咨询平台,对包括五洲工程顾问集团在内的各参建方的功能和权限进行配置,将不同设计顾问、不同专业在不同设计阶段的成果进行统筹、协调,让各方工作成果及问题沟通通过协同管理平台得到及时反馈,最终提升工作效率,更好地完成工程项目建设。

4. 实现项目数字化进度管理

基于天目数智全过程工程咨询平台将总进度计划划分至二级进度计划,进而划分至周进度计划。各级的进度计划都由相应人员负责,即将责任落实到人;同时进行工程进度的实时跟踪和分析,并通过三维可视化模型进行进度展示(图6-15)。在编制进度计划过程中,可借助BIM进度管理平台整合所有相关信息,实现对进度计划的整理和不断完善,使编制的进度计划更加科学、合理。

同时,通过关联建筑可视化模型与数字化施工管理方案,突出反映工程进度中的施工重点可能存在的问题,以此优化施工方案。尤其在一些复杂工艺上,采用传统施工方法可视性不强,而通过天目数智全过程工程咨询平台可以实现对施工工艺流程的模拟,解决传统施工存在的局限性,提前做好施工规划部署,安排好各专业间的交叉作业,加强对施工现场的协调管理,从而提高整体施工效率。

除此之外,管理人员可将涉及的施工资源导入天目数智全过程工程咨询平台系统,系统则会对资源信息进行整合分析,计算出施工中各工序所需要的资源,

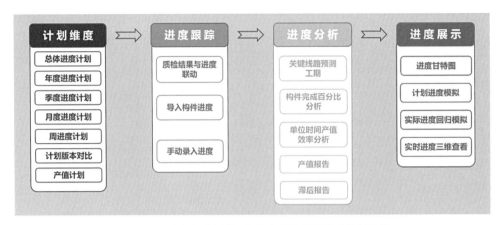

图6-15 天目数智全过程工程咨询平台工程进度编制流程

从而实现资源合理分配,保证施工进度。同时,利用平台可及时了解施工资源的实际使用情况,尤其是当资源供应过度或者资源缺乏时,可以及时进行预警,进行规划调整,保证资源高效利用。

5. 全过程造价管理优化

五洲工程顾问集团将BIM、云计算、大数据、物联网、移动互联网、人工智能等技术进行有机结合,全面考虑造价管理的理论与方法,集成人员、流程、数据、技术和业务系统,实现工程造价管理的全过程、全要素、全参与方的结构化、在线化、智能化,进而构建项目、企业和行业的平台生态圈。

利用天目数智全过程工程咨询平台,五洲工程顾问集团可积极探索工程造价领域发展新方略,以适应后疫情时代的战略发展新方向。在作业端,平台为造价从业人员提供"端、云、大数据一体化解决方案";在市场定价机制的指引下,收集行业市场价格数据,形成市场计价依据体系,保障市场定价的合理性;助力项目建模与计算工作的完成,驱动项目数据互通,实现线上协同、数据智能应用。在治理端,以云平台为基础,集成各个业务子系统,整合各方资源和数据,同时搭建数据采集加工中心,保障市场化数据符合市场行情,形成数据利用统一服务窗口,流转给社会主体进行使用、反馈、答疑,更好地服务于市场主体,实现造价咨询成果数字化,提升企业运营效率、经营质量及造价业务效率和质量。

6.4 五洲工程顾问集团全过程工程咨询数字平台应用成效

五洲工程顾问集团以实现数字化转型为目标,通过分析建筑工程行业管理数字化的具体问题,以"管理标准化、标准表单化、表单信息化、信息集约化"

为实施路径，实现精细化、数字化、标准化的"三化"融合。通过打造全过程、全方位的天目数智全过程工程咨询平台，实时多方位采集过程数据，及时进行多维度的数据对比分析，完成多模式的数据展示、数据监控预警，实现数据"采、存、管、用"一体化，为企业提供完整的项目管理相关业务协同解决方案。与此同时，通过全过程工程咨询数字平台建设，不断促进工程建设单位内部生产关系的转型升级，完成与"互联网+"社会生产力的和谐对接，进一步释放五洲工程顾问集团企业员工的创新创效活力，为工程建设管理单位提供可持续发展的源动力。

6.4.1 基于全过程工程咨询数字化平台实现精细化管理

1. 项目管控精细化

围绕工程项目管理综合业务，实现项目立项、中标、进度、质量、安全、环境、成本、合同、分包、劳务、人员、材料、设备、技术、资料、财务、资金、现场管理等具体业务系统的搭建，满足了项目综合管理业务应用，使数字化平台成为公司业务管理的运行载体，大幅度提升工作效率。通过应用自主研发的天目数智全过程工程咨询平台，彻底改变了成本管理方式不统一、成本归集核算滞后、成本信息准确度低等不良现象，完成了成本以核算对象为依据的分解管理，实现了PDCA管理循环，同时通过成本多维度对比分析，按期间成本自动归集，大幅度提升了成本管理的准确度。

2. 投标决策精细化

五洲工程顾问集团通过全面化、立体化组织、管理以及利用企业机构数据，成功细化了碎片化数据信息的价值，构建了完善的企业画像，从人才结构、业务能力、业务范围、资质能力四个方面确定了企业的基本情况和运行状况，基于天目数智全过程工程咨询平台实现了企业多维度信息的可视化。通过对互联网数据挖掘整合，构建了企业关系网，深度挖掘了包括咨询企业、监理企业、设计企业、施工企业、供应商企业在内的上下游企业关系（图6-16）。

通过从海量数据中识别、发现和推断企业各项业务信息间的复杂关系，围绕五洲工程顾问集团的实体关系建立联系，让数据关联、构建及应用更简单、更实效。依托于五洲工程顾问集团领先的大数据整体解决方案及海量数据资源，实现企业全面的商业信息调查和深度关联查询，实时监控企业并及时获悉风险，为政府、企业以及个人提供专业的数据解决方案。

3. 人员管理精细化

员工画像是基于员工工作行为、需求属性、生活习惯等信息，通过提炼高

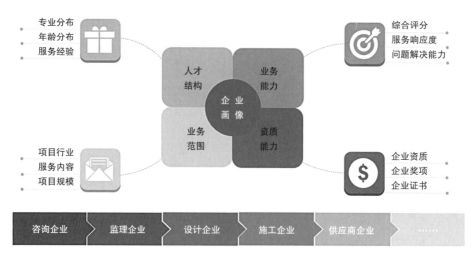

图6-16 五洲工程顾问集团企业画像结构示意

图6-17 五洲工程顾问集团员工画像维度指标示意

精度的员工特征标识,构建数据分析处理后的多维标签化用户模型。如图6-17所示,五洲工程顾问集团通过建立一个有效的员工画像,列举群像的特征与共性,针对企业的服务内容及员工特点做出合理安排,让员工在合适的岗位中发挥最大的价值,实现人尽其才的目标。

天目数智全过程工程咨询平台基于6个维度:基本信息、专业信息、资历信息、经验信息、业绩信息、行为信息,通过50个细化定量指标对公司员工进行全面的衡量,全面展现人才素质,分析员工与岗位之间的符合度,进行精准人岗匹配。五洲工程顾问集团基于天目数智全过程工程咨询平台，实现组织人力资源清晰呈现，全面、立体、直观展现员工多维信息，为组织调整、人才管理提供决策依据，协助提升组织运营效率。

4. 项目服务精细化

五洲工程顾问集团结合行业信息精准服务的应用需求，进行行业画像的模型构建，包括医院、学校、住宅、交通枢纽、水利等模型的构建，将不同模型所展示的项目数据进行整合分析，并从报批、设计、投控、招标、施工、运营等不同方面对相关数据进行精细化处理（图6-18）。项目服务精细化处理可以使复杂零散的行业数据信息精准定位和聚合，对信息源和数据库进行动态管理，建立行业数据理论模型，推动行业数字化服务建设。

图6-18　五洲工程顾问集团的项目服务精细化处理

6.4.2　基于全过程工程咨询数字化平台完成数字化建设

1. 数据仓库

数据仓库（Data Warehouse，DW）是为企业制定所有级别的决策提供所有类型数据的战略集合，是为出具分析性报告和支持决策而创建。数据仓库系统本质上是一种决策支持系统，企业通过管理信息系统中的联机事务处理累积的大量资料；利用数据仓库理论所特有的资料存储架构，做出系统的分析整理；采用联机分析处理、数据挖掘等分析方法协助集团管理层快速、有效地从大量资料中获取有价值的经营管理信息，促进企业制定合理决策并快速回应外部环境变动，最终实现商业智能。

五洲工程顾问集团目前已建成了数据仓库系统和管理信息化集成系统（图6-19），积累了大量的企业经营管理数据，并对建筑行业信息化数据仓库进行了优化升级，扩展了企业云服务平台建设，后期将带动并加快建筑行业数字化转型进程。

图6-19　五洲工程顾问集团数据仓库层级图

2. 数智决策

五洲工程顾问集团以多媒体图像为核心，集成各应用系统数据，以平面图、全景图、BIM模型等为信息载体，构建数智决策平台（图6-20）。数智决策平台运用数字化手段，围绕项目现场施工过程管理，建立互联协同、智能生产、科学管理的施工项目信息化生态圈，将人工智慧、传感技术、虚拟现实等高科技技术植入到建筑、机械、人员穿戴设施、场地进出关口等各类载体中，形成"物联网"，将"物联网"采集到的工程信息进行数据挖掘分析，并与公司信息系统进

图6-20　五洲工程顾问集团数智决策平台

行有机整合，实现工程施工可视化智能管理和工程管理干系人对工程施工现场的远程监控，保证企业沟通在线、组织在线、协同在线，让企业从"管理目标"到"管控落地"，实现全场景管理、企业运营提效降负。

3. 大数据分析平台

经过系统的分析和规划，五洲工程顾问集团的数字化建设已经取得初步成效。目前依托天目数智全过程工程咨询平台，企业开发出了如图6-21所示的大数据分析平台。通过应用前台可以对企业整体运营情况进行汇总，形成项目看板，实现了系统化、多角度的数据分析，能够协助管理者迅速定位问题、分析问题，并提供恰当、及时的预警、提醒以及风险主动识别功能，实现系统集成和协同办公、自动化办公的目标。其中，共享业务平台围绕项目管理、运营维护管理、销售管理、运营管理四个方面进行综合业务的管理服务，实现了从进度、质量、成本等项目具体业务系统的搭建，实现项目数据集中化、标准化、资产化、价值化、服务化，以充分保障数据安全，并持续进行数据资产运营、管理以及业务创新应用，从而保持五洲工程顾问集团在数字化转型中处于持续领跑位置。

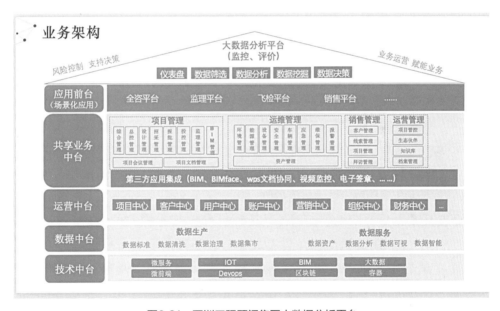

图6-21 五洲工程顾问集团大数据分析平台

6.4.3 基于数字化平台进行标准化管理

1. 标准库建设

五洲工程顾问集团在工程咨询行业积极开展企业创新工作，并在行业内率先成立了企业内部标准化中心,全面启动标准化体系的策划与建设。企业根据《企业标准体系 要求》GB/T 15496—2017等系列国家标准,结合项目管理的特点,依托在工程咨询行业多年来积累的实践经验总结,围绕项目实现这一主线和各专业咨询服务的特性,本着"简化、统一、协调、优化"的标准化基本原则,研究攻克传统专业工程咨询服务条块化分割的痛难点,探索创建了全过程工程咨询企业标准体系,累计研制企业标准近70项(图6-22)。标准体系涵盖项目实现标准子体系、基础保障标准子体系以及关键岗位工作标准子体系。其中,项目实现标准子体系重点关注全过程工程咨询项目实现过程中各阶段和各核心专业工作的衔接、融合与固化,贯穿项目的承接、投资咨询服务、项目管理、工程设计管理、造价投控、招标采购、工程监理等核心业务;基础保障标准子体系侧重于为项目的实现在各阶段以及五洲特色专业提供有力支撑和保障,确保全过程咨询项目服务得以有序实现,囊括企业工程设计、BIM技术应用、绿色建筑评定、医院建筑研究、标准化管理、技术创新与知识产权管理、人力资源等领域;岗位工作标准子体系旨在解决项目实现标准子体系和基础保障标准子体系在每一个岗位上的有效落地问题,明确了关键岗位的具体工作标准,确立了该岗位在具体阶段所要开展的具体工作内容、工作要求、工作方法与工作成果输出等,为岗位人员提供了具体的工作指引和操作样板。

为方便企业员工更直接、更直观地了解企业标准体系,及时获取标准文本并做好贯彻执行,基于企业标准体系涉及的标准,企业在数字化平台中自主开发了标准库,标准文本的检索频次、在线阅读量、下载使用量等指标能够实时在平台中动态统计与呈现,大大提高了标准化管理工作的效率,数字化平台为标准化管理人员在线监测、评估标准的应用价值提供了有力的数据支撑。

2. 标准全生命周期管理信息化系统

企业标准化是一项复杂的系统性工程,主要围绕"标准"而开展一系列工作。纵观标准的全生命周期,大致涵盖标准立项阶段、标准起草与征求意见阶段、审查与公示发布阶段、标准实施阶段、标准复审阶段、标准作废阶段等。为积极响应政府"双碳"政策要求和无纸化办公倡议,五洲工程顾问集团在标准全生命周期管控方面,大力推行降本增效举措,与众多省内外权威标准化机构展开交流,依托数字化平台,自主设计开发了"标准全生命周期管理信息化系统",实现标准的全生命周期闭环管理,做好标准的全面受控(图6-23)。

企业标准化建设初期即确立了"以研究目标为导向,以解决问题为抓手,以突出效益为前提"这一宗旨,无论是立项审查、起草文本,还是标准评审、

图6-23 标准全生命周期管理信息化系统

监督施行,严格执行这一政策,所有标准化活动均通过线上系统运行,并设置了标准化各阶段流程化工作的周期、角色及权限匹配,不仅显著提高了标准化工作的效率,系统能够自动做好过程记录的管控和成果文档的归集,而且在标准化管理方面,减少了不必要的人力、资金和技术等资源投入,取得了良好的成效。

3. 数字化推动标准落地

标准执行难,存在"两张皮"的现象,是众多企业推行标准化过程中普遍存在的难题。数字化恰好能够为标准的实施落地提供有效的应用平台,解决标准执行难,化解企业"两张皮"的问题。五洲工程顾问集团积极探索标准化与数字化的融合,通过数字化平台推动标准的执行,再次走在了行业前列。

为保障和规范项目的总体进度能够有序推进,《建设项目统筹管理标准》中明确规定了总控管理部门应牵头对进度管理实施全面管控,要求编制《项目进度计划》,并对进度计划编制的依据、进度计划的等级划分、各级进度计划编制的时间节点和责任主体以及进度计划所应涵盖的业务内容和相应的审批程序等均做了具体详实的规定。在数字化平台开发过程中,五洲工程顾问集团紧紧围绕标准中规定的1~4级进度计划,区别进度计划关键控制要点并实施差异化管控,上线进度计划控制标准化模板,按编审责任主体匹配相应的任务和审批权限,所有进度计划能够多部门同时在线协同工作,确保及时、准确完成在线编辑和要素匹配,并能够在规定的时限内自动完成审批与知会。传统线下协同分工编制与交叉函件审核(或会审)的时间,往往需要7个工作日,通过数字化平台落实企业标准,进度计划编审时间压缩到了3个工作日,节省了57%的时间。此外,通过平台技术处理与动态跟踪,实现了进度偏差风险预警提示功能,为项目绩效管理提供了有力的数据支持(图6-24)。

图6-24 项目进度控制与预警系统

6.5 五洲工程顾问集团数字化平台迭代升级规划

6.5.1 后疫情时代，五洲工程顾问集团数字化转型思考与规划

1. 后疫情时代，五洲工程顾问集团数字化转型思考

根据IBM《新冠病毒疫情与企业的未来》报告，近59%的受访企业高管认为，新冠疫情加快了其所在企业的数字化转型步伐。新冠疫情长时间席卷全球，改变了人类出行、工作乃至生活的方式，远程办公、协同办公、数智决策等适应多变环境及世界格局的工作方式已变为"刚需"，与建筑工程领域一贯现场办公、集中办公的模式相比，更安全、更高效以及更环保的数字化世界在后疫情时代亟须快速建立。在这一大背景下，传统建筑行业的生存方式亟待更新。自2020年起，建筑工程领域的政策改革动作频频，定额弱化动摇了19世纪50年代以来的行业计价基础；政策转向遏制了建筑产业的发展源头；而资本压缩则限制了建筑工程领域一贯的生存方式。建设工程领域的底层生存逻辑已由劳动密集型产业向提质、增效、节流的精细化管理产业过渡，而数字化转型可以助力实现这一转

变,凭借对其原有业务平台和数据中台的整合与更新,叠加承载工具的使用,从这一长期处于依赖密集劳动产生效用的行业挖掘到更多自身冗余以及新的发展方向,因此这也是建筑工程行业必须进行数字化转型的内因所在。

未来,五洲工程顾问集团的数字化建设技术将进一步遍及建筑、工程、施工、产品设计、制造、传媒领域,从更环保的建筑升级到更智能的产品以及更引人入胜的设计。五洲工程顾问集团自主研发的数字化平台将致力于帮助客户设计并创造一个更美好的世界。未来,五洲工程顾问集团还将继续携手整个全过程工程咨询行业,持续为建筑行业的转型升级和企业的创新发展提供全面的支持,共同推动我国工程建设行业的高质量发展。

2. 五洲工程顾问集团数字化转型进程

自2019年年初,五洲工程顾问集团就提出了"数字化转型"的战略,同时进一步把企业数字化建设分为业务数字化和管理数字化两大部分。经过三年的建设:业务数字化上建设了"天目数智全过程工程咨询平台",结合BIM、大数据、云计算等技术,实现了项目的协同管理,提供项目群管理、项目总控、投资控制、设计管理、质量安全、模型应用、知识管理等应用子模块,实现项目各阶段管理业务的数智融合。管理数字化上,通过统一数据规范,集成人力资源管理系统、财务管理系统、OA系统,实现了企业内部管理(包括人力、合同、财务、风控、行政等)过程数据落地,同时把管理数据和业务数据建立联系使用,提升管理精细化程度。

3. 五洲工程顾问集团数字化建设发展蓝图规划

目前,全球气候变暖、新冠疫情蔓延、全球供应链中断等诸多外部因素,与人口老龄化、生产效率不高、原材料成本上升等内部因素共同制约着建筑行业前进的步伐。对此,国家和各地政府正在积极通过各项政策引导并帮助行业应对重重挑战。2022年1月,住房和城乡建设部印发《"十四五"建筑业发展规划》指出,"十四五"时期是新发展阶段的开局起步期,是实施城市更新行动、推进新型城镇化建设的机遇期,也是加快建筑业转型发展的关键期。《"十四五"建筑业发展规划》要求坚持稳中求进工作总基调,以推动建筑业高质量发展为主题,以深化供给侧结构性改革为主线,以推动智能建造与新型建筑工业化协同发展为动力,加快建筑业转型升级,实现绿色低碳发展,切实提高发展质量和效益,不断满足人民群众对美好生活的需要,为开启全面建设社会主义现代化国家新征程奠定坚实基础。

对五洲工程顾问集团有限公司而言,意味着新的机遇和更大的发展空间。以科技创新为核心,以智慧建造为技术手段的新型建造方式,正悄然改变着工程建设行业的全产业链。由此，五洲工程顾问集团也关注到了越来越多的我国工程建设企业开始聚焦于数字化和智能化的建造方式，有望进一步推动企业的数字化发展和创新性变革。面对后疫情时代的远程协作环境和日新月异的数字化世界，需要通过前瞻性的洞察来帮助五洲工程顾问集团规划企业数字化发展的路线图，并充分利用先进的数字化技术来解决行业面临的种种挑战，以不断满足人们对美好生活的向往。

未来建筑行业由信息化转型数字化发展的变革将重塑建筑领域的业务场景，改变建设方、施工方、顾问方原有的合作商业模式，重构企业的内部和外部环境，更迭行业内的作业方式及使用工具（图6-25）。

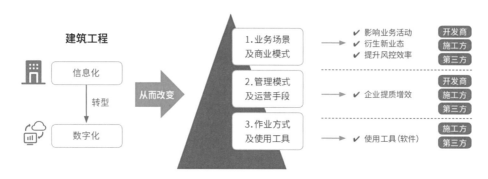

图6-25 建筑工程数字化转型背景下多种模式工具转变示意

6.5.2 五洲工程顾问集团天目数智全过程工程咨询平台发展规划

1. 基于数字化平台实现多群体数字赋能

（1）服务于业主单位。

当业主面临如何设计、使用或翻新改造他们的建筑物或资产等专业问题时，五洲工程顾问集团将基于公司自主研发的天目数智全过程工程咨询平台进行数据筛选分析，整合成涵盖项目全生命周期的一体化"数字产品+服务"平台，助力实现项目规划、建造与运营维护数据的互联互通。项目完工交付后，建造阶段的数据可无缝流转到运营维护阶段，为业主的后续运营提供强大的数据基础。

未来，五洲工程顾问集团将不断深入探索数字赋能技术，跟踪和分析各种材料性能和建筑结构的数据意义，帮助业主和设计师们为他们的下一个项目获得极具价值的指导意见。这项技术的开发应用将赋予业主们一支具有数字赋能经验的内部建筑师和工程师队伍，而这也将使建筑和工程企业更多地扮演在工程运营中数字赋能的角色，与客户建立新的合作关系并创造新的商业机会。同时，对数据进行收集和分析，为业主单位的后续业务进行数字赋能，为业主同步打造建筑工程的数字化管控"操作系统"。

（2）服务于工程建设。

基于深厚的行业积淀，五洲工程顾问集团的天目数智全过程工程咨询平台具备沉淀、处理和对接大量数据的能力。未来将继续研究致力于基于项目全过程咨询的全生命周期数字化管控服务及其他围绕工程行业客户的信息化落地服务，通过多项核心算法专利等技术创新为工程企业打造数字化内核，帮助工程企业直接提高生产力，提升工程效益。

通过天目数智全过程工程咨询平台的赋能，工程项目的建造方式将经历从实体建造向"虚拟建造+实体建造"的转变。实体建造与虚拟建造相互融合，通过"项目大脑"将生产对象、生产要素、管理要素等在各类终端进行链接和实时在线，并对设计、施工生产、商务、技术等管理过程加以优化，提高工程建造的管理效率、决策效率和整体运营效率，助力实现工程项目精益实体建造（图6-26）。

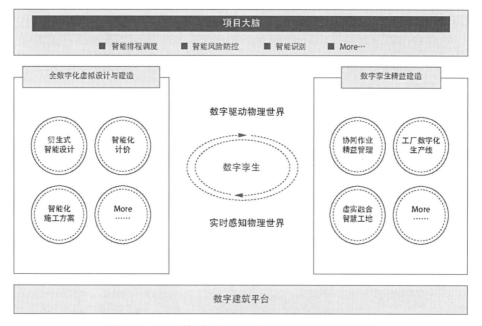

图6-26 天目数智全过程工程咨询平台的典型应用场景

2. 通过建立全生命周期的可视化三维模型实现产业融合

新冠肺炎疫情带来的深刻影响让五洲工程顾问集团决策层意识到，团队远程协作的办公方式将变得越来越重要。对于建筑师和工程师而言，交互式设计的可视化将弥合物理距离并开辟新的机遇,由快速发展的扩展现实所打造的虚拟世界将成为新的工作环境。而这种工作环境更具沉浸感和成本效益,它可以简化复杂项目的管理难度,让设计团队体验建筑环境和原型设计,如:测试外墙的能源性能和可施工性,项目演示也将变得更令人印象深刻。同时,更多的利益相关者可以在项目设计之初就实现虚拟环境中的考察和交流,使得审批也变得更高效。而更具吸引力的视觉化平台还将有助于相关利益者共同设计未来的城市环境,包括从单一空间结构设计乃至到整个城市的布局规划。

五洲工程顾问集团计划基于数字化平台,建设"资源可视中心",通过标准、技术以及数据3个维度实现信息资源统建共享。

(1)标准"一网穿透"。

打造标准规范体系,用标准筑牢基础,用体系推动发展,安全"一网保障",打造安全防护体系,确保网络和信息安全。

(2)技术"一网支撑"。

建设"数据中台、运营中台、技术中台"三大中台(图6-27),打造统建共享、可复用、可扩展的统一技术支撑平台。

(3)数据"一网融合"。

构建数据资源管理平台,全面整合建设行业各业务系统数据,打破数据壁垒,实现数据汇聚融合,提升数据统筹规划、统一管理能力,做到集约共享,减少重复建设,实现建设行业各个业务之间全面的产业融合。

图6-27 五洲工程顾问集团打造三大中台技术架构

6.6 本章小结

项目管理数字化平台的成功研发是五洲工程顾问集团企业数字化转型的重大突破,是企业迈入数字化时代的重要一步,也是公司立足于未来场景,创新沉浸式项目管理模式的大胆探索,更是工程项目数据结构化、信息化、数字化的重要尝试。项目管理数字化平台建设也将为企业未来数据库搭建、数据资产积累夯实基础,它将促进数据、技术、资源、市场等全要素的资料互联与配置优化,转变传统观念,以数据为重要的生产要素之一,通过对数据价值的挖掘,持续优化业务形态,激发模式创新,驱动数字化转型给企业带来更加深入的变革。

参考文献

[1] 林毅夫. 信息化对制度变革的需求[J]. 中国信息界. 2003,（15）.

[2] 尤书生, 朱启才. 国民经济信息化问题研究综述[J]. 经济研究导刊, 2014, 32: 271-273.

[3] 赵苹. 步入21世纪的农业信息化[M]. 北京: 经济科学出版社, 2000.

[4] 郝智星. 全过程工程咨询及实施路径研究[D]. 西安: 长安大学, 2021.

[5] （美）项目管理协会. 项目管理知识体系指南（PMBOK指南）第六版[M]. 北京: 电子工业出版社, 2018.

[6] （美）纽恩多夫. 六西格玛在项目管理中的应用[M]. 北京: 机械工业出版社, 2006.

[7] 何继善, 等. 工程管理论[M]. 北京: 中国建筑工业出版社, 2017.

[8] 杨卫东, 等. 全过程工程咨询实践指南[M]. 北京: 中国建筑工业出版社, 2018.

[9] 鲁贵卿. 工程建设企业管理信息化实用案例精选[M]. 北京: 中国建筑工业出版社, 2019.

[10] 于瑞海. 大型建设项目的设计管理研究[D]. 广州: 华南理工大学, 2012.

[11] 陈晓明. 路面工程施工监理计划范本编制研究[D]. 天津: 天津理工大学, 2012.

[12] 王瑞波. 建设工程监理的现状分析及规范化研究[D]. 郑州: 郑州大学, 2012.

[13] 周笑悦. 试析建筑工程项目建设全过程造价咨询管理策略[D]. 郑州: 郑州大学, 2012.

[14] 马末妍. 基于LEED标准的绿色建筑设计模式研究[D]. 合肥: 合肥工业大学, 2012.

[15] 邢雅熙. 美国LEED绿色节能认证标准在中国的适用性研究[D]. 北京: 北京建筑大学, 2012.

[16] 隋建军. 代建管理模式及代建取费研究[D]. 北京: 清华大学, 2008.

[17] 江潮. 基于河西走廊地域性的绿色建筑设计策略研究[D]. 兰州: 兰州交通大学, 2012.

[18] 于瑶. 关于全过程工程咨询各阶段控制要点的分析[J]. 建筑科学, 2014（18）: 241-241.

[19] 赵晓燕. 工程建设项目施工阶段的全过程造价咨询分析[J]. 企业改革与管理, 2014, 13: 110.

[20] 曾开发. BIM技术辅助全过程工程咨询实施方案的探讨[J]. 江西建材, 2021（10）: 340-341.

[21] 吴振全, 牛耘诗. 对全过程工程咨询服务发展问题与数字化转型的思考[J]. 中国工程咨询, 2021（8）: 43-47.

[22] 陆敏敏. 全过程工程咨询项目数字化管理的实践与探索[J]. 建筑经济, 2020, 41（S1）: 17-19.

[23] 陈寿峰. 全过程工程咨询数字化施工管理研究[J]. 建设监理, 2022（3）: 5-8.

[24] 赵家莹. 全过程工程咨询设计管理信息化初探[J]. 建设监理, 2022（2）: 9-11+16.

[25] 高承勇. 工程咨询行业设计全过程数字化管控平台[J]. 上海市, 华建集团华东建筑设计研究总院, 2013-01-22.

[26] 周翠. 监理企业发展全过程工程咨询业务的关键技术探索[J]. 建筑经济, 2020, 41（7）: 18-23.

［27］邱利瑞，徐震，王者云，等．面向智能油气田的数字化管理体系建设与实践［J］．国际石油经济，2022，30（7）：53-63.

［28］刁玉新．科技赋能农业信贷担保高质量发展——河南农担公司数字化转型的应用实践和整体思路［J］．农村·农业·农民（A版），2021（7）：17-27.

［29］钟佳涛．航空基础研究类院所数字化建设整体架构研究［J］．中外企业家，2016（21）：250-251.

［30］朱小兵．数字化医院整体解决方案［J］．计算机世界，2004（1）：12.

［31］张磊．J企业绩效管理体系优化研究［D］．济南：山东财经大学，2022.

［32］李赞红．中小企业绩效体系指标的构建与应用［J］．老字号品牌营销，2021（12）：131-133.

［33］朱清香．新发展格局下企业绩效评价体系优化研究［J］．会计之友，2021（09）：2-9.

［34］万红．企业绩效体系管理优化研究［D］．武汉：湖北工业大学，2017.

［35］焦金杰．企业绩效管理体系的设计［J］．科技创新导报，2013（11）．

［36］董珊．企业绩效管理体系及与战略执行之间的关系节点研究［D］．北京：北京交通大学，2010.

［37］Inmon W. H. Building the Data Warehouse（第四版）［M］．2005.

［38］（美）麦吉利夫雷．数据质量工程实践［M］．北京：电子工业出版社，2011.

［39］April Reeve．数据集成的技术、方法与最佳实践［M］．北京：机械工业出版社，2014.

［40］中国网络安全与信息化产业联盟数据安全治理委员会．《数据安全治理白皮书》．

［41］中国信息通信研究院．《数据资产管理实践白皮书（4.0版）》．

［42］中华人民共和国国家质量监督检验检疫总局．数据管理能力成熟度评估模型：GB/T 36073-2018［S］．北京：中国标准出版社．

［43］《工业互联网数据安全监管技术方案》，杭州安恒信息技术股份有限公司．

［44］Hoberman S., Burbank D., Bradley C. Data modeling for the business［M］．2009.

［45］冯俊国．现象分析：建筑业为什么要进行数字化转型升级［J］．建筑安全．2019，34（12）：19-21.

［46］Inmon W.H., Daniel Linstedt．数据架构：大数据、数据仓库以及Data Vault［M］．北京：人民邮电出版社，2016.

［47］（美）霍伯曼．数据建模经典教程［M］．北京：人民邮电出版社，2017.

［48］邬贺铨．大数据时代的机遇与挑战［J］．求是，2013（4）：47-49.

［49］陈如明．大数据时代的挑战、价值与应对策略［J］．移动通信，2012，36（17）：14-15.

［50］刘新宇．大数据时代数据权属分析及其体系构建［J］．上海大学学报（社会科学版），2019，36（6）：13-25.

［51］王静，王娟．互联网金融企业数据资产价值评估：基于B-S理论模型的研究［J］．技术经济与管理研究，2019（7）：73-78.

［52］黄乐，刘佳进，黄志刚．大数据时代下平台数据资产价值研究［J］．福州大学学报（哲学社会科学版），2018，32（4）：50-54.

［53］钟加晨，丁康俊．基于全过程工程咨询设计管理的数据资产构建实践路径分析［J］．建设管理，2021，21-24.

［54］王丹. 基于多级模糊综合评价的数据资产价值评估模型研究——以H公司研发中心数据为例［D］. 天津：天津大学，2020.

［55］林锦兰. 发电厂数据资产管理及价值评估研究［D］. 北京：华北电力大学，2018.

［56］林佳奇. 发电企业数据资产价值评估研究［D］. 北京：华北电力大学，2020.

［57］温柏坚，高伟，彭泽武，等. 大数据运营与管理数据中心数字化转型之路［M］. 北京：机械工业出版，2021.

［58］罗涛，马大奎，胡威. 基于可视化技术的楼宇建设动态造价管理研究［J］. 建筑经济，2022，43（S1）：195-199.

［59］李峰，王居林，张颖. 施工安全的可视化技术及应用［J］. 施工技术，2013，42（15）：109-112.

［60］魏德君. 数字新基建下的全过程工程咨询变革探索［J］. 招标采购管理，2021（4）：26-28.